# LE GRAND LIVRE DE L'HISTOIRE DES CIVILISATIONS

Éliane Lopez

# Le grand livre de l'histoire des civilisations

### Deuxième édition

EYROLLES

Groupe Eyrolles
61, bd Saint-Germain
75240 Paris Cedex 05
www.editions-eyrolles.com

Mise en pages : Facompo

# Sommaire

# Partie I

# L'aube des civilisations

# Chapitre 1

# Qu'est-ce qu'une civilisation ?

Le mot « civilisation » date du XVIIIe siècle :

- il désigne alors l'état des êtres humains sortis de la barbarie des sauvages et des primitifs ;
- il tire ses origines du latin *civis*, habitant des villes ;
- il sous-entend, pour les penseurs et les philosophes du XVIIIe siècle, que la civilisation occidentale est l'exemple et le modèle unique de référence.

Aux XIXe et XXe siècles, les progrès des transports, de la connaissance géographique du monde, de l'investigation historique et de l'ethnologie permettent de constater, dans le temps et dans l'espace, l'existence de nombreux peuples, foyers de civilisations différentes.

**Civilisation**

« Forme particulière de la vie d'une société, dans les domaines moral et religieux, politique, artistique, intellectuel, économique » (définition du dictionnaire *Larousse*).

## Identité des civilisations

L'identité des civilisations se manifeste dans deux domaines :

- le domaine **matériel**, somme de progrès accumulés par chaque génération, témoignant de l'intervention de l'homme sur la nature ;
- le domaine **spirituel**, expression des valeurs morales choisies par « une » société, preuves de l'intervention de l'homme sur lui-même.

# Les acquis matériels

## Primitifs *vs* évolués

Une **civilisation primitive** dispose d'outils archaïques. Une **civilisation évoluée** dispose d'outils de plus en plus sophistiqués qui répondent aux besoins de l'homme, à ses désirs sans cesse renouvelés et à l'économie de sa peine par l'ergonomie.

Les acquis matériels sont les progrès techniques de l'Homo habilis, de l'Homo faber. Mais, tout en participant aux progrès techniques, chaque civilisation doit tenir compte des réalités géographiques (reliefs, sols, climats) qui conditionnent son évolution spécifique. C'est pourquoi d'autres distinctions apparaissent.

- Les **civilisations des peuples maritimes** tirent de la mer leur puissance, leurs ressources, leurs richesses. C'est le cas des Vikings, des Phéniciens, des Polynésiens, des Hollandais.

- Les **civilisations du froid** s'organisent en groupes « solidaires » de chasseurs pêcheurs ou de chasseurs éleveurs (les Lapons).

- Les **peuples des déserts chauds** axent leur mode de vie sur le nomadisme pastoral. Ils vivent en symbiose avec l'animal (chameau, dromadaire, yak, chèvre), dont ils tirent leurs ressources. Ainsi les Touaregs au Sahara utilisent-ils la peau de leurs dromadaires pour les tentes, le poil pour le tissage des vêtements, le lait et la viande pour la nourriture, la bouse séchée comme combustible, et la résistance à l'effort pour le transport de l'or, du sel ou de toute autre denrée de valeur.

- Des **civilisations d'agriculteurs sédentaires** peuvent naître sous différents climats. Ils adaptent alors leurs travaux agricoles au rythme des températures et des pluies. Les céréales, comme le blé au Moyen-Orient et en Europe, le riz en Asie ou le maïs en Amérique, sont la base de leur alimentation originelle. Les spécialités culinaires locales sont le résultat de l'adaptation de l'homme à son environnement.

- De nos jours, les **civilisations à haute technologie** semblent surpasser les autres par leur puissance ; elles deviennent des « modèles », rapprochant, universalisant, mais aussi standardisant les sociétés.

## Les composants spirituels

Ils donnent heureusement une « âme » à ces mécaniques que seraient les civilisations.

L'Homo sapiens complète l'Homo faber. Au-delà des progrès techniques, les hommes cherchent à donner un sens à leur vie. La richesse spirituelle des civilisations s'exprime dans les croyances, les religions, les symboles, les valeurs d'appréciation du bien et du mal, et les lois appliquées par les différents types de gouvernements.

Les **valeurs-guides** des civilisations sont nombreuses, mais les hommes, marqués par leur terre natale, en privilégient quelques-unes :

- le **courage physique**, la résistance à la souffrance, la force d'âme, au sens latin du mot « vertu », sont les valeurs sublimées par le Spartiate ou l'Indien d'Amérique ;
- l'**équilibre corporel**, la beauté des formes sont pour les Grecs de l'Antiquité la condition indispensable de l'épanouissement de l'être. Ils l'expriment dans leurs sculptures ;
- la **connaissance** des pictogrammes et la réflexion sur les mystères de la nature (astronomie, astrologie) font du « lettré » chinois ou égyptien un modèle d'intelligence et de réussite sociale ;
- la **domination du corps** (yoga) et la concentration psychique sont pour l'Hindou, quelle que soit sa classe sociale, le chemin de la sagesse et de la recherche de la vérité ;
- le **respect d'autrui**, l'épanouissement de l'homme dans toute société sont les valeurs que le christianisme a développées en Europe. Elles ont entraîné la condamnation et parfois la fin de l'esclavage ainsi que la recherche de formes démocratiques à donner aux gouvernements.

Les peuples et les sociétés continuent d'évoluer. Les penseurs ont encore de quoi exercer leurs talents !

# ÉVOLUTION SPATIALE ET TEMPORELLE DES CIVILISATIONS

## Répartition sur le globe

Chaque civilisation possède son domaine géographique, son aire de développement et de rayonnement culturel. Elle est le reflet des conditions naturelles offertes à l'homme et peut, au fil des influences ou des conquêtes, s'étendre ou s'amenuiser.

Si les atlas historiques délimitent leurs champs d'expansion, les folklores, les coutumes, les traditions orales, les langues, les costumes, les arts dans leur diversité permettent de retrouver leurs racines.

Pierre Teilhard de Chardin, dans son ouvrage *Le Phénomène humain* (Seuil, 1959), expliquait :

> *« Sur terre, par suite de la configuration fortuite des continents, certaines régions existent, plus favorables que d'autres au rassemblement et aux mélanges des races : archipels étendus, carrefours étroits, vastes plaines cultivables, surtout, irriguées par quelque grand fleuve. En ces lieux privilégiés a naturellement tendu, dès l'installation de la vie sédentaire, à se concentrer, à fusionner, et à se surchauffer, la masse humaine... Cinq de ces foyers se reconnaissent, plus ou moins haut dans le passé : l'Amérique Centrale avec la civilisation Maya ; les Mers du Sud avec la civilisation Polynésienne ; le Bassin du Fleuve Jaune avec la civilisation Chinoise ; les Vallées du Gange et de l'Indus, avec les civilisations de l'Inde ; le Nil et la Mésopotamie, enfin, avec l'Égypte et Sumer. »* Il ajoute que *« durant les temps historiques, c'est par l'Occident qu'a passé l'axe principal de l'Anthropogénèse (processus de l'évolution des hommes depuis l'origine) »*...

On peut ajouter à cette évocation bien d'autres civilisations, si l'on considère que chaque peuple, chaque société, peut être « unique », à l'image de l'être humain.

## Évolution dans le temps

Les vestiges historiques, que les touristes admirent si facilement aujourd'hui, nous plongent dans le passé de brillantes civilisations.

La phrase de Paul Valéry dans *Variété III* est gravée dans toutes les mémoires. S'inquiétant des conflits européens, il avouait :

> *« Nous autres, civilisations, nous savons maintenant que nous sommes mortelles... Nous sentons qu'une civilisation a la même fragilité qu'une vie. »*

Bien des raisons peuvent expliquer la décadence des civilisations. Les plus fréquentes semblent être leur faiblesse technique, les guerres, les divisions internes sources de rivalités et d'autodestructions, et la rupture des équilibres naturels.

Ainsi, une désertification, une surexploitation et une diminution des ressources, une surpopulation ou inversement une diminution de la fécondité naturelle, et même une dénatalité volontaire, peuvent avoir des conséquences immenses, en particulier la dissolution d'un peuple dans un nouveau groupe conquérant.

## Une civilisation disparaît-elle vraiment ?

Fernand Braudel a écrit dans son ouvrage *La Méditerranée : l'espace et l'histoire* (Flammarion) :

> *« Une civilisation est une continuité qui lorsqu'elle change, même aussi profondément que peut l'impliquer une nouvelle religion, s'incorpore des valeurs anciennes qui survivent à travers elle et restent sa substance. Les civilisations survivent aux avatars, aux catastrophes. Le cas échéant elles renaissent de leurs cendres. Détruites, pour le moins détériorées, elles repoussent comme le chiendent. »*

# LA CIVILISATION EUROPÉENNE

Elle nous touche au plus près par la communauté de ses caractères et l'originalité de ses expressions locales.

Elle est le fruit d'un effort de plusieurs millénaires qui, siècle après siècle, pierre après pierre, a construit l'homme, le groupe et l'âme de l'édifice européen.

- L'homme de la **préhistoire** a appris à lutter contre la nature, à organiser l'espace, à former des groupes solidaires.
- L'**Antiquité grecque et romaine** a développé l'art de gouverner (gouvernements, pouvoirs, lois), l'urbanisation et la voirie, l'expression de la beauté humaine (arts, sport, sculpture, architecture, danse), la communication par les dialectes et la tradition orale, puis par les langues et littératures.
- Le **christianisme** a sublimé l'amour de Dieu (monothéisme) et l'a exprimé au Moyen Âge par ses églises romanes et ses cathédrales gothiques. Les mœurs se sont adoucies, des nations se sont formées ; dans le secret des monastères ou dans les premières universités, un

minutieux travail de recherche historique, littéraire, philosophique, scientifique, a donné naissance à des progrès, tels que l'imprimerie, la pharmacie, la rotation des cultures.

- L'**humanisme** et la **Renaissance**, en se penchant sur le « mieux-être » et le bonheur terrestre de l'homme, s'orienteront vers la gloire de l'homme et non plus celle de Dieu. L'esprit critique se manifestera dans la religion, les sciences, la politique, créant des tensions que les « diplomates », ces nouveaux venus, tenteront de surmonter. L'Européen deviendra plus libre de ses pensées, de ses croyances et de ses actes ; curieux et courageux, il partira à la découverte des océans et à la conquête des continents, semant les bases des futurs empires coloniaux.
- Au-delà des excès de la Révolution française de 1789, les « sans-culottes » se feront reconnaître comme des « citoyens » et non plus des « sujets ». La Déclaration des droits de l'homme et du citoyen deviendra le modèle universel.
- Les révolutions scientifiques, techniques, industrielles qui se succéderont donneront à l'Europe du XIX$^e$ siècle une puissance mondiale incontestable, et une civilisation prise comme modèle par de nombreux peuples. Les paysages, les sociétés, les mentalités se transformeront, faisant germer de nouveaux sujets de lutte dont le monde sera victime au XX$^e$ siècle.

L'Europe aujourd'hui nous parle de toute son évolution au travers :

- de ses paysages naturels ou modifiés ;
- de ses routes terrestres, fluviales ou maritimes ;
- de ses pierres architecturées en modestes villages ou villes, en châteaux, en cathédrales, en remparts, en halles, en beffrois, en mairies… ou en flèches de béton armé.

Elle est « notre base » de compréhension de l'Homme et des multiples civilisations.

Arnold Toynbee, l'historien et philosophe anglais du début du XX$^e$ siècle, disait, à l'occasion d'une conférence prononcée à l'université de Minnesota, aux États-Unis, en 1960 :

> *« Une grande occasion intellectuelle s'offre ainsi de nos jours aux historiens. Pour la première fois, nous avons la chance de pouvoir contempler deux choses en même temps. Nous commençons*

*à voir en son entier l'histoire des civilisations – ces cinq ou six mille années qui, pour l'humanité, se placent à la fin de cinq cent mille ou d'un million d'années ; au lieu de nous limiter, comme nos prédécesseurs, à quelques-uns des fragments ou taches de cette histoire. En même temps, tous les aspects de la vie humaine nous apparaissent comme autant de facettes d'une nature unique ; et nous ne devons plus, comme nos devanciers, aborder par fragments l'étude de l'homme en la divisant artificiellement en un certain nombre de "disciplines" séparées : histoire, sociologie, économie politique, psychologie, théologie, etc. »*

# Chapitre 2

# La mesure du temps

## CHRONOLOGIE ET MÉTHODES DE DATATION

> **La chronologie** est la science du temps et des dates.

La datation concernant les périodes anciennes et surtout les périodes antérieures à l'écriture s'appuie sur plusieurs méthodes.

## Les méthodes de chronologie relative

- La **stratigraphie** est l'étude des couches successives de sédiments, les plus profondes étant, sauf accident géologique, les plus anciennes.
- L'**observation**, l'**analyse chimique** et la **comparaison** des restes de flore, de faune et de « culture humaine » (série d'objets réalisés par les hommes) permettent de dater les vestiges découverts.

## Les méthodes de chronologie absolue

Elles établissent scientifiquement des datations plus précises.

- La **méthode des varves** consiste à compter les « varves » ou dépôts saisonniers des glaciers. En Scandinavie, par exemple, elle permet de remonter le temps sur 13000 ans av. J.-C.
- La **dendrochronologie** comptabilise les cernes des bois actuels ou fossiles, tout en tenant compte des climats et des régions.
- La **thermoluminescence** mesure la luminescence thermique de matériaux transparents, comme le quartz, et permet de remonter le temps sur 100 000 ans.

- La **résonance magnétique nucléaire** s'appuie sur le pouvoir radioactif de certains éléments :
  - le **carbone 14** permet des évaluations sur 50 000 ans ;
  - le **potassium-argon** permet de retrouver un passé de plus de 3 millions d'années.

C'est cette méthode qui a permis de dater les restes de « Lucie », exemple semble-t-il le plus ancien à ce jour d'Homo habilis africain, découvert en 1974 en Éthiopie.

Les connaissances scientifiques actuelles permettent de penser que :

- de 7 millions à 2 millions d'années, le genre *Homo* se forme, puis se transforme en Homo habilis ;
- de 2 millions d'années à nos jours, l'Homo habilis devient Homo erectus, puis Homo sapiens, pour devenir à la fin des grandes glaciations du quaternaire l'Homo sapiens sapiens, notre ancêtre le plus direct.

## Les systèmes chronologiques anciens et actuels

Ils se sont appuyés sur des événements marquants.

- Notre **ère chrétienne** compte les années à partir de la naissance du Christ.
- L'**ère musulmane** commence en 622 avec l'Hégire qui marque le départ de Mahomet de La Mecque pour Médine.

Avant l'ère chrétienne, les divisions de l'année étaient données par des calendriers lunaires, des calendriers solaires ou des calendriers lunisolaires combinant les différentes observations astronomiques (Égypte, Amérique Centrale). Les années se totalisaient à partir d'un événement important ou du début de règne d'un nouveau monarque. Ces points de repère ont permis la correspondance des systèmes de datations anciens avec notre système moderne.

# LES GRANDES PÉRIODES DE L'HUMANITÉ

Ce sont la Préhistoire et l'Histoire.

## La Préhistoire

Elle reconstruit la vie des hommes avant l'invention de l'écriture ; on n'en connaît pas toutes les étapes mais seulement quelques maillons.

L'homme préhistorique, notre ancêtre, aurait évolué et progressé dans ses modes de vie, de 35000 à 3000 ans av. J.-C.

## L'Histoire

Elle commence vers 3000 av. J.-C., avec l'invention de l'écriture. Les premières civilisations connues nous laissant des documents écrits gravés sur l'argile se trouvent en Mésopotamie et en Égypte.

L'histoire est partagée en quatre périodes qui prennent appui sur des transformations spectaculaires sans occulter pour autant la lente transformation de l'humanité.

- L'**Antiquité**, de 3000 av. J.-C. à 476 ap. J.-C., voit l'épanouissement des civilisations méditerranéennes, puis se termine par la prise de Rome par les Barbares et l'effondrement de l'Empire romain.
- Durant les dix siècles du **Moyen Âge** (v$^e$ siècle – au xv$^e$ siècle), le monde antique disloqué tente, dans l'aire Europe Proche-Orient, de se reconstituer différemment. 1453 marque la prise de Constantinople (Empire byzantin) par les Turcs.
- Les **temps modernes** (xv$^e$ siècle – fin xviii$^e$ siècle) s'ouvrent par la découverte de l'Amérique, puis sont marqués par la domination européenne sur les océans et le reste du monde. Le « décollage économique » qui suit transforme les sociétés et bouleverse les équilibres traditionnels.
- L'**époque contemporaine**, jeune de deux siècles, commence officiellement par la Révolution française de 1789 et ses prolongements en Europe.

L'accroissement des connaissances se poursuit chaque jour entraînant une accélération continuelle des progrès. Le temps historique semble se raccourcir, la population mondiale s'accroît de façon explosive, et les différents types de sociétés cherchent dans l'affrontement une issue à leurs problèmes.

L'homme du xx$^e$ siècle est pris dans cet engrenage, et les philosophes ne cessent de s'interroger sur l'avenir des civilisations au xxi$^e$ siècle.

# Chapitre 3

# La préhistoire

## DÉFINITION, APPROCHE, GRANDES DIVISIONS

La Préhistoire est la très ancienne et très longue période d'évolution des hommes et de leur vie. L'écriture n'existe pas. L'outillage utilisé est formé de pierres éclatées, puis taillées, enfin polies.

Ce sont les progrès des outils façonnés par l'homme, et leur localisation géographique, qui ont permis de dater les grandes périodes de la Préhistoire et de les subdiviser.

### Les plus anciennes traces connues

Les plus vieux ancêtres de l'homme ont 4 millions d'années av. J.-C. Ce sont les **australopithèques**, dont les restes ont été découverts en Afrique australe.

Vers 3 millions d'années, l'**Homo habilis** leur fait suite, toujours africain, et dont le volume cérébral s'est accru (600 cm$^3$ env.).

Vers 1,5 million d'années, un rameau de l'Homo habilis donne l'homme dressé ou **Homo erectus**. Il quitte le continent africain pour l'Europe et l'Asie ; sa capacité crânienne est plus grande (1 000 cm$^3$) ; il maîtrise le feu et façonne quelques outils simples.

De 800000 av. J.-C. à 30000 av. J.-C., l'Homo erectus évolue et devient l'**Homo sapiens**, l'homme doué de raison et dont la pensée s'exerce plus rapidement. L'Homo sapiens se divise en 2 rameaux :

- l'**homme de Néanderthal** européen, dont on perd la trace vers 30000 av. J.-C., sans qu'on sache pourquoi ;
- l'**Homo sapiens sapiens** européen, asiatique, puis américain après avoir franchi le détroit de Béring alors gelé. C'est l'ancêtre mondial

le plus proche de l'homme actuel, on l'appelle aussi le néanthrope. L'homme de Cro-Magnon en fait partie ; ses restes ont été découverts en Dordogne en 1868.

Il se caractérise par :

- une station droite et une taille élevée (1,70 à 1,80 m) ;
- une capacité crânienne identique à la nôtre ; une vision bien développée permettant la perception du relief ;
- une utilisation progressivement intelligente de ses mains, comme support à l'outil.

Le lien cerveau-main-outil est établi. Il devient créateur d'« industries », c'est-à-dire d'objets pour lesquels l'artisan et l'artiste ne font qu'un.

## La connaissance de la préhistoire

Elle résulte d'études récentes et se complète à chaque nouvelle découverte. Le fondateur de la science préhistorique est Jacques Boucher de Perthes (1788-1869) qui, durant trente ans, a effectué ses recherches près d'Abbeville dans la Somme.

Des chercheurs passionnés et patients ont continué son œuvre tels, en France, l'abbé Breuil (1877-1961) et de nos jours, pour n'en citer que quelques-uns, le professeur André Leroi-Gourhan, le professeur Henri de Lumley, Jacques Pernaud, Brigitte et Gilles Deluc.

Les principales observations et découvertes qui se sont succédé depuis la fin du XIX$^e$ siècle concernent autant l'Europe que le monde.

En France, les principaux sites préhistoriques découverts ont été :

- en 1860 celui de la Madeleine (Dordogne), riche en sculptures (os, ivoire) et en grottes décorées. Le nom de magdalénien a été donné à cette période (15000-10000 av. J.-C.) ;
- en 1902 la grotte du Mas d'Azel (Ariège) ;
- en 1940 la grotte de Lascaux (Dordogne) ;
- en 1956 la grotte des cent mammouths à Rouffignac (Dordogne) ;
- en 1964 les vestiges de Pincevent dans le Bassin parisien ;
- en 1966 à Nice, un campement de chasseurs vieux de 400 000 ans a été mis à jour dans les fondations d'un immeuble. Il est devenu le site musée de « Terra Amata » ;

- en 1991 près de Marseille, le scaphandrier Henri Cosquer a donné son nom à la grotte découverte à la suite de plongées sous-marines ;
- en 1994 la grotte de Pont d'Arc, dans l'Ardèche.

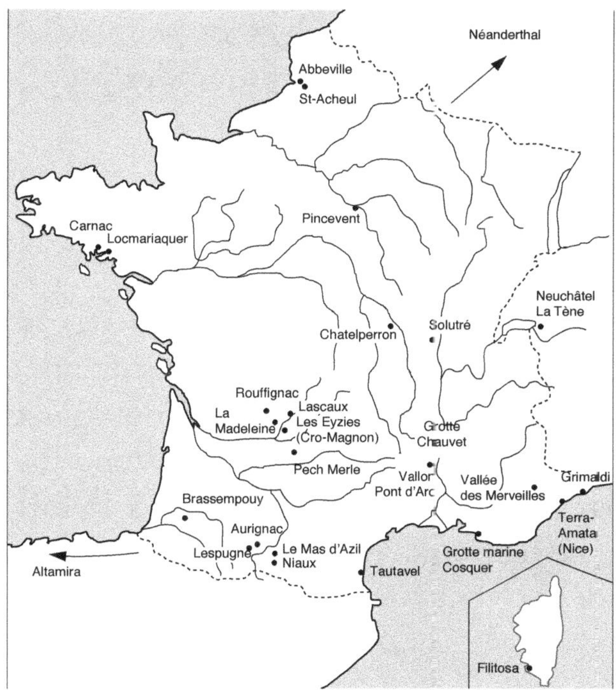


Sites préhistoriques français

## Divisions de la préhistoire

Plusieurs grandes périodes sont déterminées en fonction de l'activité des hommes et de leur production. Ce sont :

- le **Paléolithique**, du grec *paléo*, ancien, et *lithos*, pierre ; cette période a duré de 1 million d'années à 10000 av. J.-C. C'est la période où l'homme utilise comme outil la pierre éclatée, puis taillée ;
- le **Mésolithique** ou Épipaléolithique, de 10000 à 8000 av. J.-C., suivant les lieux ; c'est l'âge de la « pierre moyenne », période de consolidation des acquis techniques ;
- le **Néolithique**, à partir de 8000 av. J.-C., jusqu'à 4000 voire 2000 av. J.-C. C'est le temps de la « nouvelle pierre », la pierre polie. Les outils plus complexes se perfectionnent et se diversifient. L'habitat devient sédentaire ;

- **l'âge des métaux** marque un progrès décisif et correspond à la Protohistoire qui nous achemine progressivement vers l'Histoire. Les minerais découverts dans la roche permettent la fabrication d'outils plus solides et d'armes. Le recensement des ressources entraîne l'invention de l'écriture chez les peuples les plus évolués de l'Est méditerranéen, berceau historique des premières civilisations.

# LE PALÉOLITHIQUE

## Les outils

La nature offre à profusion les galets des rivières et blocs de roches variées (granit, grès, quartz, silex, ardoise, obsidienne). Les galets percuteurs et percutés donnent des éclats coupants ; galets ou silex éclatés sont aménagés en outils avec un côté arrondi tenu bien en main et un côté tranchant irrégulier. C'est un **chopper**, à la fois couteau, racloir, marteau, pic. Il se perfectionne en **biface**. Le bois (bâtons, massues), l'os, les bois des cervidés servent à fabriquer des poinçons ou des hameçons.

## La nourriture

Les hommes, prédateurs nomades, vivent de la cueillette (baies, fruits, champignons), de la pêche et de la chasse : les ossements d'animaux, les outils ou les armes retrouvés sur le sol des grottes, ainsi que les œuvres d'art pariétal (des parois) en sont la preuve.

### La pêche

La pêche en rivière se pratique sans doute à la main, dans les anfractuosités de rochers, mais aussi avec des harpons, des lignes, des filets tressés. Les vertèbres retrouvées permettent d'identifier des saumons, des anguilles, des truites, des brochets, des gardons.

Sur le littoral atlantique s'ajoute la pêche aux mollusques (gisements de coquilles).

### La chasse

On peut imaginer les différentes façons de chasser grâce aux peintures et gravures rupestres, aux débris d'os retrouvés, aux exemples encore actuels de la vie de peuples primitifs (Australie, Nouvelle-Zélande, Afrique, Amazonie).

D'abord charognard, l'homme devient ensuite chasseur. Il utilise les pièges, traquant les animaux vers des fosses, des défilés, des falaises (Solutré), ou vers des enclos où les bêtes se retrouvent prisonnières et blessées. Il les tue grâce à des javelots, des sagaies, des lassos, des boules de pierre et plus tard, au Néolithique, à l'aide de son arc.

Le gibier est abondant, varié, mais dépendant du climat (alternance de périodes de glaciation et de réchauffement).

- Le gros gibier est composé de mammouths, de rhinocéros laineux, d'ours (Pyrénées). Il fallait souvent attendre sa mort naturelle ou accidentelle.
- Plus accessibles, les grands troupeaux de rennes, d'aurochs (ancêtres du bœuf), de bisons procuraient la peau, la fourrure, la viande, les os et les bois, les tendons (pour lier).
- Les plus faciles à tuer étaient les lièvres, les lapins, les castors, les marmottes, les oiseaux sauvages et migrateurs (canards, perdrix, outardes).

Autres ressources probables, les escargots et le miel tiré de ruches sauvages.

## Le problème du feu

L'une des supériorités de l'homme sur l'animal le plus fort soit-il est la maîtrise du feu. Les témoignages archéologiques prouvent qu'il y a plus de 600 000 ans l'homme utilisait le feu.

À l'origine, le feu a dû se produire et se propager de façon naturelle à l'occasion d'orages ou d'éruptions volcaniques. Le problème étant alors de le conserver pour l'utiliser au moment voulu. Différents types de foyers construits et protégés de pierres et de galets attestent de ce souci. Mais quand et comment l'homme a-t-il su « faire du feu » ? Là encore, l'observation de peuples actuels comme les aborigènes d'Australie nous y aide. Il semble que le moyen le plus sûr soit l'échauffement par frottement de baguettes de bois jusqu'à incandescence. Des brindilles d'herbes séchées sont alors enflammées.

La maîtrise du feu, progrès considérable, remonte à 40 000 ans environ. Le feu éclaire, rassure, chauffe, fait fuir les animaux sauvages. Il cuit les aliments, mieux conservés ainsi ; il détruit, par brûlis volontaire, les surfaces forestières à défricher.

On peut aussi penser que le travail des hommes connaît une première spécialisation : ne faut-il pas garder, défendre la possession du feu ?

Enfin les premières techniques nées du hasard et de l'expérience apparaissent, comme le durcissement au feu d'outils ou d'armes de bois, l'éclatement des silex, la modification de la couleur des roches ou de l'argile par la cuisson, plus tard la fusion des minerais contenus dans les roches.

## Démographie et habitat

L'Europe est partout peuplée de petits groupes dispersés dont on a retrouvé les traces. La France aurait compté au maximum 50 000 habitants.

L'analyse des squelettes a permis d'identifier des morts par maladie (tuberculose osseuse), par accidents, des malformations et même des caries dentaires. Cette population ne guerroyait pas, les territoires étant assez vastes pour tous.

Des grottes, creusées le plus souvent dans les roches perméables et à proximité de l'eau douce, servaient d'abris temporaires. Un emplacement pour le feu y était aménagé, des torches permettaient d'y circuler. C'est le réchauffement climatique qui fut la cause de leur abandon. Les hommes développèrent l'habitat de plein air, profitant d'abris naturels ou édifiant des murets de pierres.

## L'art et les croyances

Les témoignages les plus anciens sont les statuettes féminines. On les appelle les **Vénus**. Ce sont probablement des divinités de la terre ou de la fécondité. Elles sont en pierre, en os, en ivoire. Les caractères féminins (seins, hanches, bassin) sont fortement marqués comme pour exprimer une croyance ou souhaiter la reproduction, la naissance, la continuité de la vie.

Les plus belles formes d'art pariétal sont les peintures et fresques datant du paléolithique supérieur. Ainsi, à Lascaux et Rouffignac (Dordogne), à Niaux (Pyrénées), à Altamira (Espagne), au Tassili N'Ajjer au Sahara. Des statuettes, des bijoux, des outils, des armes et des plaquettes calcaires gravées, comme à Parpallo en Espagne, complètent nos connaissances.

Croquis de la « Vénus » aurignacienne des grottes de Grimaldi (Menton)

L'Unesco a classé ainsi, dans le patrimoine de l'humanité, les sites suivants qu'il faut absolument préserver :

- les grottes de la vallée de la Vézère en Aquitaine (147 gisements, 25 grottes ornées) ;
- les grottes d'Altamira (Espagne) de 270 m de longueur totale, aux remarquables peintures animalières ;
- les gravures et peintures sur roche du Val Canonica, près de la frontière suisse, et du lac d'Iseo ;
- les peintures et gravures (néolithiques) du fjord d'Alta en Norvège, près du cercle polaire arctique et site le plus septentrional connu ;
- l'ensemble d'art rupestre du Tassili N'Ajjer (15 000 peintures et gravures) ;
- les sites rupestres du Tadrart Acacus en Libye, sur des massifs montagneux qui prolongent le Tassili N'Ajjer ;
- le parc national de Kakadu en Australie, véritable réserve archéologique et ethnologique.

En Europe et jusqu'en Oural dans les régions tempérées voisines du 45° latitude nord, de nouvelles découvertes de grottes s'ajoutent à la centaine et plus de sites déjà connus.

### Les techniques

Les artistes préhistoriques utilisent la gravure, la peinture ou les deux superposées pour donner plus de vie et de réalisme à leur œuvre.

### Les couleurs

Les couleurs proviennent de morceaux de roches ocrées ou de terre écrasée. Le bioxyde de manganèse donne le noir, tout comme le charbon de bois mélangé à de la graisse animale.

Les couleurs sont appliquées avec les doigts, des bâtons fibreux aux extrémités écrasées, des touffes de poil animal.

### Les graphismes

Les graphismes variés restent inexplicables. Ils peuvent avoir un rôle décoratif ou répondre à un but symbolique ou magique ; de toute façon, le souci de la procréation et de la survie reste évident.

Ce sont des signes géométriques (lignes, croix, losanges, cercles), des mains se détachant en négatif ou en positif sur les parois, des silhouettes d'hommes tantôt rigides, tantôt en mouvement, des représentations animales criantes de vérité, mais jamais de « portrait » de l'homme préhistorique. La grotte de Niaux en France est le plus parfait exemple de l'art paléolithique supérieur.

Par ailleurs, la découverte de sépultures aux corps allongés ou repliés, de cendres, de restes de nourriture, de parures simples semble confirmer une ébauche de croyance en un mystérieux au-delà.

# LE MÉSOLITHIQUE, OU ÉPIPALÉOLITHIQUE

De 8000 av. J.-C. en Orient à 6000 av. J.-C. en Occident, se développe la période dite de la « pierre intermédiaire » et que certains historiens préfèrent inclure dans le Néolithique. Le climat s'adoucit, l'homme du Mésolithique devient semi-nomade et multiplie les initiatives pour vivre.

L'examen des pollens retrouvés en de nombreux sites prouve que l'homme se nourrit de graminées qu'il ramasse, en attendant de savoir les planter. Le gros gibier s'est raréfié mais le petit gibier abonde. On y ajoute coquillages et escargots.

Le niveau de la mer s'élève. Pour s'y adapter, l'homme invente le bateau.

Par ailleurs les sites de vie se multiplient, huttes et grottes coexistent, témoins de l'accroissement de la population. Celle de la France est estimée à 500 000 habitants, dix fois plus qu'au paléolithique moyen.

Les outils et les armes se perfectionnent dans le détail, par exemple de petits éclats de silex sont glissés dans les fentes d'instruments en os et collés avec de la résine ou de la colle animale. Ils en accroissent la solidité et l'efficacité.

Les animaux capturés sont enfermés dans des enclos « garde-manger » et peu à peu domestiqués. On a retrouvé des crânes de bovins aux parois nasales perforées. On sait que cela les rendait plus dociles.

Le chien, fils des loups et des chacals, est apprivoisé. C'est un premier pas vers le dressage.

# LE NÉOLITHIQUE

C'est la période de la « nouvelle pierre » ou pierre polie, qui s'ajoute aux pierres taillées. Le néolithique est un stade précis de la civilisation : les outils sont perfectionnés, affinés, destinés à des usages de plus en plus spécialisés. On a retrouvé par exemple : des herminettes, des faucilles, des pics, des haches de pierre dont le manche est en bois.

## La sédentarisation

Les transformations climatiques post-würmiennes (qui suivent les dernières grandes glaciations) favorisent la vie et la sédentarisation des hommes. Les cultures du blé et de l'orge progressent au Proche-Orient vers le VII$^e$ millénaire av. J.-C.

Les sites de **Catal Huyuk** et **Jéricho** y sont les mieux connus : l'habitat s'y disperse sur plusieurs hectares protégés par des fortifications. Les céréales, les pois, les lentilles sont cultivés.

L'élevage des ovins et caprins, puis la domestication des porcs offrent des compléments appréciables de ressources. Révolution importante dans l'histoire de l'humanité, le Néolithique transforme l'homme de prédateur en producteur.

L'agriculture s'est développée sur divers points du globe de façon indépendante :

- Le **blé** cultivé en premier au Moyen-Orient gagne l'Europe au VII$^e$ millénaire av. J.-C. par les voies naturelles que sont la grande plaine européenne, la vallée du Danube, les côtes méditerranéennes.
- Le **maïs** conquiert le Mexique, l'Amérique centrale, les Andes au VII$^e$ millénaire av. J.-C.
- Le **riz**, au V$^e$ millénaire av. J.-C., trouve son domaine d'expansion : la Chine, l'Asie du Sud-Est, l'Inde, l'Indonésie.
- Le **sorgho** est cultivé en Afrique soudanaise au IV$^e$ millénaire av. J.-C.

Mais les progrès sont générateurs de problèmes : il faut conserver les grains. Comment ? La naissance de la poterie est proche.

## La société

Elle se soumet au partage du travail, se diversifie et se spécialise. Une hiérarchie sociale apparaît.

De nouveaux outils sont créés : la houe et la faucille de pierre à la lame renforcée de pointes de silex. Des meules de pierre, des mortiers, des pilons sont astucieusement inventés pour écraser les grains.

Les fosses-silos creusées dans le sol sont remplacées par des jarres et des poteries variées d'argile crue séchée au soleil, puis d'argile cuite dans des fours. C'est tout l'art du potier qui apparaît.

Les fibres textiles (lin, chanvre) et les lanières de cuir sont utilisées par le tisserand.

La métallurgie du cuivre naît à son tour, complétant le travail de la pierre ; l'étain, l'argent, le fer seront à leur tour fondus, épurés, travaillés, mêlés. L'alliage de cuivre et d'étain formera le bronze, plus solide.

## L'habitat

L'habitat de plein air se généralise, les anciennes grottes sont peu à peu abandonnées.

Les photos aériennes ont révélé les emplacements d'habitat néolithique où, malgré les labours, les sols apparaissent de couleurs différentes, comme dans le Bassin parisien.

Sur place, les fouilles ont permis de déceler les emplacements de vie, les murets de protection, les fosses à usage précis : foyers, réserves, ateliers où subsistent cendres, pollens et débris divers.

## L'art des mégalithes

Comme l'homme chasse moins et ne vit plus dans les grottes, l'art pariétal disparaît. Les œuvres d'extérieur sont les monuments mégalithiques. Il en existe dans le monde entier.

En Europe atlantique, ils sont très nombreux et les premiers datent de 3500 av. J.-C. Étudiés en Bretagne, ils portent des noms bretons rappelés ici :

- Les **menhirs** sont des pierres levées, plus ou moins taillées, de quelques décimètres à 10 mètres de haut ou plus, et parfois gravées. Le menhir brisé (pourquoi ?) de Locmariaquer (Morbihan) atteignait 21 mètres de haut et pesait 350 tonnes. Les alignements de Carnac (Morbihan) comptent 2 935 menhirs répartis en une trentaine de rangées et sur 3-4 km de longueur.
- Les **cromlechs** sont des menhirs disposés en cercle ou en carré.
- Les **dolmens** forment des dalles, des tables de pierre reposant sur des pierres verticales. Ils servaient de chambre funéraire.
- Un dolmen recouvert de terre formait un **tumulus**.
- Un dolmen recouvert d'un monceau de pierres s'appelait un **caïrn**.
- Une succession de dolmens formant couloir (chambre funéraire collective) était une « **allée couverte** ». Par exemple, en Ille-et-Vilaine, la Roche aux fées comprend 41 blocs dressés et une dalle de couverture.

Ces mégalithes sont la preuve de l'existence d'une population sédentaire, organisée, paisible et animée d'un réel sentiment religieux. Le culte solaire s'ajoute au culte des morts. En effet l'alignement des menhirs répondait à un but précis d'ordre astronomique et agronomique. Ils permettaient, par leur direction ou leur ombre, de déterminer la date des semailles ou des moissons.

Menhir

Cromlech

Dolmen

# L'ÂGE DES MÉTAUX, OU PROTOHISTOIRE

Cette période, qui débute au $V^e$ millénaire av. J.-C., met fin au Néolithique. Elle se caractérise par l'évolution du travail des métaux et par la découverte d'inscriptions en écritures rudimentaires.

Le travail de la métallurgie a, semble-t-il, commencé dans les Balkans, d'où il a rayonné par l'intermédiaire des peuples indoeuropéens vers l'Europe de l'Ouest et du Sud.

- Le **cuivre** a été le premier utilisé vers 4000 av. J.-C.
- Le **bronze**, alliage de cuivre et d'étain, a été fabriqué à partir de 2000 av. J.-C.
- Le **fer** a supplanté les autres minerais à partir de 1000 av. J.-C.

Les techniques se sont perfectionnées malgré un retard des Européens sur les peuples du Moyen-Orient. Mais, par la suite, les Celtes ont acquis une solide réputation de métallurgistes.

## L'âge du bronze

Né au Proche-Orient, le travail des minerais s'est ensuite étendu vers le Nord, en Turquie, puis dans l'Est et le Sud (Égypte) avant de gagner toute l'Europe.

L'Autriche, l'Allemagne, l'Espagne possédaient de l'argent et du cuivre.

Dès lors, les activités humaines se multiplient et se diversifient, associant activités agricoles (cultures et élevage) et activités commerciales, nées de l'échange des matières premières et des produits finis.

Le nom des principales civilisations qui suivent désigne un stade de production, de progrès et d'organisation. Ce sont :

- la **civilisation d'Unétice** (Allemagne centrale), bourgade où l'on a retrouvé des poignards de bronze ;
- la **civilisation des tumulus**, entre la Meuse, la Seine, les Alpes, l'Oder. Sous les tertres ou tumulus, recouvrant les tombes de guerriers celtes, ont été découverts auprès des corps, des armes, des bijoux, des objets usuels caractéristiques ;
- la **civilisation des champs d'urnes**, en Europe centrale et en Europe du Sud, caractérisée par de vastes cimetières aux urnes

funéraires abondantes contenant les cendres de Celtes, devenus peut-être trop nombreux pour être enterrés ;

- au **nord de l'Europe**, des « disques solaires » (culte du Soleil), des chars de combat à roues et attelés de chevaux, et des armes enfouies dans les tombes d'ancêtres germains et celtes prouvent une autre forme de civilisation.

## L'âge du fer

Il correspond au premier millénaire av. J.-C. Les spécialistes distinguent deux périodes :

- la **période de Hallstatt**, de 900 à 500 av. J.-C., du nom d'un village autrichien près de Salzbourg, riche en fer et en sel. Les tombes découvertes nous livrent leurs vestiges : chars, mors de cheval, épées courtes, bijoux, fibules prouvant la maîtrise des techniques du fer par les Celtes ;
- la **période de la Tène**, de 500 av. J.-C. jusqu'à la conquête romaine, s'illustre, dans le site de Neuchâtel en Suisse, par des tombes situées sous des dalles plates. On y a retrouvé des armes et des bijoux, en particulier des colliers de métal rigide, appelés « torques ».

Les objets métalliques se diversifient, mêlant influences celtes et influences indigènes locales. L'urbanisation devient plus importante. Peu à peu nous entrons dans l'Histoire.

# Partie II

# La Méditerranée au cœur des civilisations

# Chapitre 4

# Peuples et civilisations du Proche-Orient ancien

Les peuples les plus anciens de l'histoire dont on retrouve la trace ont vécu tout autour de la Méditerranée orientale. Nous connaissons leurs civilisations grâce à des inscriptions gravées sur des tablettes d'argile et grâce aux vestiges de leurs cités, parfois encore enfouies dans le sable.

Leur origine est difficile à préciser ; les recherches relativement récentes (cent cinquante ans) ont été partiellement interrompues par les guerres qui affectent cette région du globe.

## INVENTAIRE DE CES PEUPLES

### Dans la Méditerranée orientale

*Les Sumériens*

Venus probablement de plateaux plus au nord, ils ont occupé la basse plaine du Tigre et de l'Euphrate sur le golfe Persique. Ils ont rompu les premiers (VIII$^e$ millénaire av. J.-C.) avec un mode de vie nomade primitif et sont devenus, grâce à l'eau des fleuves, des cultivateurs sédentaires.

Leur civilisation villageoise puis urbaine a été plus précoce encore que celle des Égyptiens. L'invention de l'écriture les fait entrer dans l'histoire plus de 3000 ans avant J.-C. On appellera plus tard **Mésopotamiens** tous les peuples installés géographiquement dans cette région alluviale limitée par le Tigre (1 900 km) et l'Euphrate (2 800 km) à leur sortie des plateaux d'Arménie.

Pour les historiens, la Mésopotamie (de *mesos*, milieu, et *potamos*, rivière) est une vaste aire de civilisation s'étendant de la Méditerranée au golfe Persique ; on l'appelle aussi **le Croissant fertile**.

### Les Égyptiens

Ils sont les descendants de quelques groupes de populations nilotiques, auxquels se sont ajoutés des peuples nomades sahariens, gênés par le dessèchement du climat et par la désertification progressive de leurs terres. Les sols limoneux et l'eau du Nil les ont fixés dans cette vallée.

Ils parviennent à unifier politiquement le pays au début du IIIe millénaire av. J.-C., créant ainsi les premières monarchies.

### Les Égéens

Ils viennent d'Asie Mineure et ont peu à peu occupé toutes les îles de la mer Égée, assimilant les groupes de populations insulaires. La civilisation la plus originale est celle des Crétois, dont l'apogée se situe vers la fin du IIIe millénaire.

## Dans la Méditerranée occidentale

Les descendants de peuples néolithiques déjà installés sont les suivants.

### Les Ligures

Leur origine est encore mal connue. Ils s'étaient répandus, en tribus, sur une vaste aire d'expansion entre le Rhin, la Méditerranée, le golfe de Gascogne. La Ligurie en Italie du Nord porte leur nom. Malgré leur résistance, ils ont été envahis vers 1300 av. J.-C. par les Celtes au nord, les Grecs et les Italiotes au sud. Ils deviendront des Celto-Ligures.

### Les Ibères

Installés sur une grande partie de la péninsule Ibérique et dans l'Aquitaine, ils ont été eux aussi absorbés par les Celtes au cours de plusieurs vagues d'invasion (Ier millénaire av. J.-C.). Ils formeront les Celtibères.

Il semble que les **Basques** soient des descendants des Ibères, peuple indépendant d'esprit, original par sa langue et par ses coutumes, et qui aurait échappé à l'invasion Celte.

# Les nouveaux arrivants

## Les Sémites

Originaires de la péninsule Arabique, ils forment une famille linguistique. Nomades au début, puis gênés par la désertification de leur terre d'origine, ils se réfugient en Mésopotamie et se mélangent aux Sumériens.

### Qui sont les Sémites ?

Les Arabes sont les Sémites restés dans la péninsule Arabique. Les peuples mésopotamiens, les Assyriens et, en bordure de la Méditerranée, les Phéniciens et les Hébreux sont aussi des Sémites.

## Les Indo-Européens

Originaires de l'Asie centrale où ils formaient les groupes aryens et iraniens, ils se sont, eux aussi, répandus en plusieurs vagues d'invasions, à partir du II$^e$ millénaire av. J.-C. Ils se sont dirigés :

- soit vers l'Orient, créant dès 2500 av. J.-C. les civilisations de l'Indus (civilisations de Harappa et de Hohenjo-Daro) ;
- soit vers l'Occident au travers de l'Europe et du Moyen-Orient.

Les plus occidentaux d'entre eux et dont les langues sont apparentées, sont :

- les **Grecs** (Achéens et Doriens, − 2000) ;
- les **Celtes**, installés vers 1000 av. J.-C. dans l'Europe centrale danubienne et en Asie Mineure ;
- les **Germains**, apparentés aux Celtes et regroupés de la mer du Nord aux Alpes ;
- les **Italiotes**, installés en Italie du Nord où ils se heurtent aux Étrusques ;
- les **Slaves** sont les derniers arrivés vers 200 av. J.-C. Ils s'installent en Europe orientale où, du nord au sud, dominants, ils deviennent les Russes, les Polonais, les Serbes et les Croates.

## Les Étrusques

Ni sémites, ni indo-européens, les Étrusques restent une énigme car leur langue est encore incomprise.

Vers 800 av. J.-C., ils ont développé en Italie la civilisation la plus évoluée du monde occidental, et dont les Romains se sont inspirés. Ils étaient des métallurgistes remarquables, des orfèvres, des sculpteurs, des peintres habiles. Bons architectes, ils avaient construit des villes en damiers et sont probablement les premiers inventeurs de la « clef de voûte ».

Mais leur religion comme leur langue rappellent les peuples orientaux. Ils recherchent en particulier la volonté divine au travers de la nature et de ses manifestations (nuages, orages), ou scrutent les viscères (surtout le foie) des animaux sacrifiés.

Peut-être sont-ils des descendants de Sumériens émigrés ou chassés de Mésopotamie ? De nos jours l'étruscologie continue d'étudier les mystères de cette civilisation.

## LES ANCIENNES CIVILISATIONS DE LA MÉDITERRANÉE ORIENTALE

Ce sont celles :

- des Sumériens vers 3300 à 2200 av. J.-C. ;
- des Akkadiens vers 2200 à 1800 av. J.-C. ;
- des Assyriens vers 1800 à 600 av. J.-C. ;
- des Hittites vers 1500 à 600 av. J.-C. ;
- des Perses, de 540 av. J.-C. au VI$^e$ siècle ap. J.-C.

## Les Sumériens

« L'Histoire, dit-on, commence à Sumer. » La Mésopotamie a connu plusieurs groupes de populations préhistoriques installés dans des sites différents dont ils tiraient à la fois leur nom et leur stade d'évolution.

Puis de nouveaux peuples venus de l'Inde s'installent dans la région de Sumer, d'où leur nom. Ils sont les créateurs d'une civilisation brillante, à la base de toutes les civilisations postérieures qui se contenteront de retoucher le schéma initial reçu.

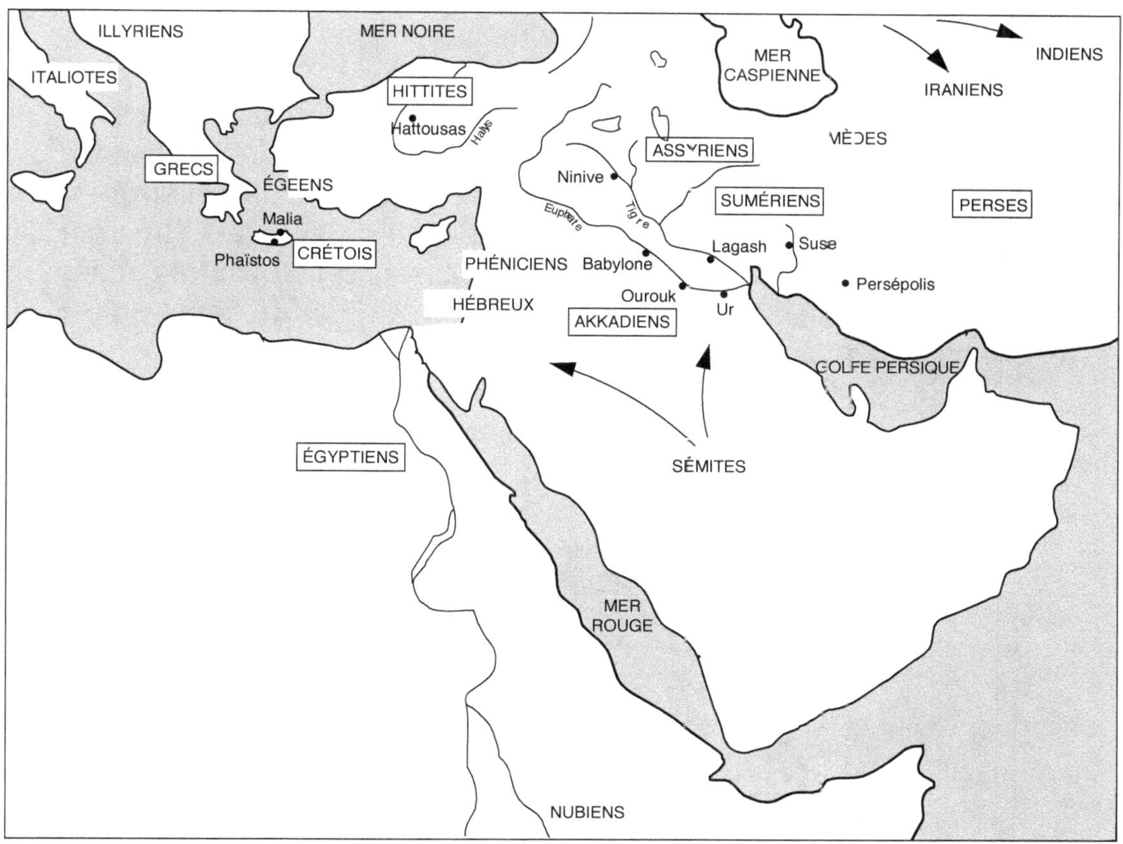


Anciennes civilisations de la Méditerranée orientale

## Organisation

Les Sumériens s'organisent en cités rivales, sortes de « cités-États » dirigées par des princes despotiques. Des questions de frontières et des problèmes d'utilisation des eaux fluviales les maintenaient dans un état presque permanent de guerre.

Les cités comme **Ur** (Our), **Uruk** (Ourouk-Warka), **Lagash** (Tello) étaient importantes. **Ur**, par exemple, réunissait plusieurs villages protégés par des murailles épaisses sur 10 km de longueur. 30 000 à 50 000 habitants y trouvaient sur plus de 400 hectares des temples, des palais, des bazars, des boutiques, des logements.

Les Sumériens connaissaient en architecture l'arc, la voûte, les coupoles, les fondations, les murs épais et solides. La brique crue, d'argile moulée et séchée au soleil, et la brique cuite au four composaient les matériaux de construction. Le bois importé était rare et cher. Les briques étaient jointées par un mortier d'argile, ou de terre mélangée à de la cendre ou à du bitume (pétrole de surface, oxydé, noirâtre, épais.)

## Les ziggourats

Les principaux monuments, les ziggourats, étaient des temples à fonction religieuse, administrative et économique, et peut-être des observatoires astronomiques. Elles comprenaient des salles longues et étroites. Souvent détruites et reconstruites sur place, les ziggourats superposaient plusieurs étages en retrait les uns par rapport aux autres, reliés par des plans inclinés extérieurs au bâtiment. La **tour de Babel** en est un exemple.

Ziggourat

### *La société*

Elle était hiérarchisée et comprenait : au sommet, l'aristocratie princière, le haut clergé, les riches marchands et propriétaires ; à la base, les esclaves, à l'origine étrangers ou prisonniers de guerre, ou même enfants vendus par leurs parents ; entre les deux, toute une classe moyenne de paysans, d'artisans, de pêcheurs et de scribes.

Les ressources de la terre ou du fleuve nourrissaient cette population dont la moyenne de vie ne devait pas dépasser 40 ans.

La nourriture reposait sur l'utilisation des céréales, en galettes de blé et d'orge, arrosées de bière.

Les légumes, les poissons, les produits laitiers et les dattes du palmier complétaient cette alimentation. Les noyaux de dattes, écrasés, servaient de combustible.

## Les progrès de l'agriculture

Ils sont dus à plusieurs inventions sumériennes :

- l'araire, de bronze puis de fer, tirée par un animal, creuse dans la terre des sillons plus profonds que la houe (bâton de bois crochu tenu par l'homme), elle permet l'accroissement des rendements ;
- des canaux d'irrigation complexes détournent les eaux des fleuves ;
- le débit de l'eau est mesuré ;
- le **shaduf**, système à balancier terminé par une outre ou un panier bitumé, permet d'élever l'eau du fleuve à sa rive, irriguant ainsi les champs les plus proches. Ce système existe encore dans plusieurs pays d'Afrique du Nord ou du Moyen-Orient.

Irrigation par shaduf

## L'artisanat et l'art

Le travail du cuivre, du bronze, de l'argent et de l'or se perfectionne. Les pierres semi-précieuses (lapis-lazuli, diorite) sont travaillées en objets, statuettes, bijoux. L'art de l'incrustation (os, nacre, ivoire) se développe ; des fresques décorent l'intérieur des ziggourats et des palais.

La poterie utilise la roue horizontale qui deviendra, en vertical, la roue des chars.

### La vie intellectuelle

Elle s'épanouit, grâce à l'invention de l'**écriture cunéiforme** qui utilise des signes en formes de clous (*cuneus* en latin) gravés dans des tablettes d'argile.

Cette écriture complexe a été totalement déchiffrée au XIXe siècle.

Utilitaire avant tout, cette écriture permettait d'inventorier les ressources royales et de rédiger les lois. Elle était réservée aux familles nobles.

Passionnés d'astronomie, les prêtres-savants utilisaient les ziggourats comme observatoires. Ils s'appuyaient sur un calendrier lunaire de vingt-huit jours et sur l'observation de signes célestes bénéfiques ou non à leur cité et à leur roi. Le sel, les plantes servaient à guérir. Enfin, pour compter, ils avaient établi un système de numération en base 60.

### La religion

Elle tentait d'élucider les mystères de la nature et de l'homme. C'est pourquoi les principales divinités étaient celles du ciel et de la terre.

On pense qu'il y eut plus de 3 000 dieux et déesses pour expliquer les crues des fleuves, les saisons, la végétation, la fécondité, les vertus des hommes, et obtenir la protection des objets usuels.

Tous ces dieux ressemblaient aux hommes mais ils avaient en plus l'immortalité.

Le culte était célébré dans les temples, par des prêtres, savants et puissants, intermédiaires entre les dieux et les hommes. Il consistait en offrandes et dons destinés à nourrir les prêtres, en prières et en invocations, en sacrifices d'animaux, en fêtes saisonnières (fin mars, le solstice de printemps marquait le début de l'année nouvelle).

L'art divinatoire était très développé. La Nature, création divine, était par ses manifestations le seul moyen de comprendre la volonté des dieux concernant la cité ou l'individu. Les viscères des animaux sacrifiés donnaient lieu à interprétations ; et des exorcismes complétaient ces observations.

Cette religion ne se posait pas de questions sur l'au-delà et ne proposait pas de morale, l'essentiel étant le bonheur terrestre et la réussite, de l'homme et du groupe. Pourtant, des objets déposés dans des tombes, peuvent laisser croire à l'idée de survie...

## Les Akkadiens

Mélange de Sumériens et de Sémites, ils développent sur le cours du Moyen Euphrate des villes importantes : **Akkad**, dont ils tirent leur nom, et surtout **Babylone**. Ils continuent l'œuvre des Sumériens, assimilent leurs connaissances et y ajoutent leur propre culture.

C'est en particulier leur supériorité militaire qui leur permet de vaincre les Sumériens et d'unifier la Mésopotamie en une seule nation. Cette supériorité militaire, provenait de l'application d'une nouvelle tactique : la mobilité de troupes armées d'arcs, de flèches, de javelots, qui épuisait les phalanges sumériennes, alourdies par leurs longues lances et leurs boucliers.

Deux rois s'illustrent au IIIe millénaire av. J.-C. :

- **Sargon**, dont les origines rappellent celles du Moïse de la Bible (enfant déposé dans une corbeille de joncs, bitumée et abandonnée au courant de l'Euphrate). Il centralisa le pouvoir et, appelé l'Akkad ou Agadé, il dirigea le pays, honoré comme un roi-dieu ;
- **Hammurabi** régna de 1728 à 1686 av. J.-C. D'origine sémite, il fut le vrai fondateur de l'Empire babylonien. Il donna à son empire une organisation sociale, religieuse, juridique surtout, qui a résisté aux invasions et aux destructions ultérieures. Son code de lois écrites est le premier au monde.

### Le code d'Hammurabi

Complexe et précis, il :
- inclut les décisions royales ;
- précise le rôle des fonctionnaires ;
- organise la procédure et les sanctions ;
- règle les problèmes de la vie familiale (mariage, héritage, séparation) et de la vie professionnelle ;
- instaure la « **loi du Talion** » (du latin *talis*, semblable) qui impose une peine égale à l'importance du crime. Les punitions sont cruelles : fouet, mutilations, langue arrachée ; la peine de mort, souvent appliquée, utilise le pal, le feu, la noyade...

## Les Assyriens

À leur tour, nouveaux conquérants de la Mésopotamie, ils détruisent les villes, déportent leurs habitants ou les mutilent. Ils pratiquent la castration, et l'asphalte bouillante sert à défigurer les insoumis ou les vaincus.

La guerre, de défense ou de conquête, est leur passion. Les bas-reliefs l'illustrent. Cuirassés, casqués de cuir, ils sont archers d'élite et le roi est souvent à leur tête. Ils inventent les « béliers » pour enfoncer murailles et portes. Un bas-relief figure des soldats armés, nageant sous l'eau et respirant grâce à des outres remplies d'air.

Après le règne d'**Assourpanipal** (669-628), l'empire s'effondre, haï des nations voisines. La capitale, Ninive, fut brûlée en 612 av. J.-C.

Les **Chaldéens**, originaires de la région de Babylone, prirent à leur tour le pouvoir.

**Nabuchodonosor II** (605-562) essaya de reconstituer un vaste empire. Babylone fut agrandie et embellie (100 000 habitants). Plusieurs vastes bâtiments furent construits, parmi lesquels :

- un palais royal édifié sur une acropole, dont une partie en terrasses formait les fameux **jardins suspendus de Babylone** (l'une des sept merveilles du monde) ;
- un millier de temples, dont le grand temple dédié au dieu national Mardouk, symbolisé par un dragon ;
- une immense ziggourat dépassant 90 mètres de haut et formée de sept tours pyramidales superposées et successivement plus étroites surmontées par une chapelle. On y accédait par des rampes extérieures.

### La tour de Babel

Cette ziggourat est la tour de Babel dont parle la Bible. Elle voulait être la plus haute du monde. Elle était construite en briques crues et en briques cuites au four, bitumées pour les imperméabiliser. Les murs intérieurs étaient décorés de briques vernissées.

Cette tour observatoire pour les astrologues (astronomes de l'époque) pouvait symboliser la montée des hommes vers les dieux, ou la conquête ambitieuse du ciel.

Les ouvriers de plus en plus nombreux, et venus de pays aux langues différentes, avaient fini par ne plus se comprendre.

Les Israélites doivent à Nabuchodonosor la destruction et le pillage de Jérusalem, puis la déportation, ou l'« Exil », de bon nombre d'entre eux en 587 av. J.-C.

Ce vaste empire, difficile à gouverner, fut pris par les Perses qui conquirent Babylone en 534 av. J.-C.

## Les Perses

Originaires des plateaux s'étendant du Tigre à l'Indus en Asie, les Perses ou Iraniens ou Aryens fondent à leur tour un empire en Mésopotamie, dont l'apogée se situe avec les règnes de **Cyrus II le Grand (559-530)**, le fondateur de ce vaste empire, et **Darius I$^{er}$ (521-486)**, organisateur et bâtisseur.

Sous leurs règnes, les capitales sont Suse et surtout Persépolis aux constructions gigantesques. Ces constructions étaient uniquement des palais, car la religion perse interdisait les temples. La décoration intérieure était composée de bas-reliefs émaillés, représentant souvent des animaux stylisés.

Les corps des rois défunts furent placés dans des tombeaux imposants, pour les isoler des souillures de la terre et du feu.

L'art perse se retrouve aussi dans de nombreux objets et bijoux.

## Les Hittites

Depuis le début du XX$^e$ siècle, des archéologues ont découvert en Turquie, sur le plateau d'Anatolie, les restes de leur capitale Hattousas, et des tablettes cunéiformes montrant l'existence d'une civilisation hittite.

Les Hittites sont un mélange de peuples indigènes du plateau anatolien et de conquérants indo-européens venus des Balkans. Ils étaient politiquement mal organisés ; rois et chefs guerriers rivalisaient. Leur force provenait d'une arme de guerre inconnue des Sémites : le **char tiré par deux chevaux.**

La société, plutôt guerrière, se partageait entre une aristocratie militaire et une classe moyenne naissante formée d'artisans (métallurgistes qui travaillaient des armes, du cuivre et de l'étain), de commerçants et de paysans cultivateurs et éleveurs de chevaux. Les esclaves occupaient le bas de l'échelle sociale.

Les cités avaient leurs dieux protecteurs empruntés à la fois aux Égéens et aux Orientaux (dieu Soleil, déesse Terre).

La loi babylonienne du Talion (œil pour œil…) fut adoucie. La condamnation fut remplacée par un système de réparation des dommages.

Cet empire s'est effondré sous la pression de ses voisins : au sud, les Assyriens et les Égyptiens ; au nord et à l'ouest, les « Barbares ».

# LE MONDE ÉGÉEN : LA CIVILISATION CRÉTOISE

Au contact de la Méditerranée et de la mer Égée se trouve une île très découpée de 250 km environ est/ouest et de 20 à 50 km nord/sud, la Crète.

C'est une île montagneuse dont plusieurs sommets dépassent 2 000 mètres (mont Ida : 2 490 m). Les plaines n'occupent que 4 % de la superficie de l'île. La plaine de Messara au sud est la plus vaste.

Les Crétois sont un peuple mêlé de Méditerranéens et de Moyen-Orientaux. Ils ne sont pas très grands mais élancés et se distinguent par de longs cheveux noirs.

Comme les autres insulaires de la mer Égée, ils sont à la fois marins pêcheurs et marins commerçants, servis par les meilleurs navires de la Méditerranée.

Le sol crétois leur procure de l'orge, un peu de blé et surtout la vigne et l'olivier qui sont renommés.

## Les données archéologiques

L'isolement naturel de cette île avait favorisé la méconnaissance de cette civilisation. C'est l'archéologue sir Arthur Evans (1851-1941) qui, par ses fouilles, a redécouvert cette culture. Les principaux témoignages retrouvés en sont :

- les vestiges des anciens palais à Malia, Cnossos et Phaïstos, sur lesquels Evans travailla trente ans ;
- les grandes fresques décorant les murs de ces palais ;
- les milliers de tablettes en terre cuite portant des inscriptions, les unes en caractères hiéroglyphiques, les autres en signes simplifiés

appelés « signes linéaires ». Ils forment 4 groupes ; seul le 4ᵉ groupe de 70 signes environ, appelé « linéaire B », a été déchiffré en 1953 par les Anglais M. Ventris et J. Chadwick.

## Histoire de la Crète

Evans a partagé l'histoire de la Crète en trois périodes, le Minoen ancien, le Minoen moyen, le Minoen récent ; le terme « Minoen » provient de « Minos », titre ou nom d'un souverain égéen réel ou légendaire.

### Minos et le Minotaure

La mythologie grecque raconte que Minos était le fils de **Zeus**, le roi des dieux, et d'une princesse palestinienne, **Europe**. Il devint le créateur de la souveraineté crétoise sur toute la mer Égée.

Les cités conquises lui devaient un tribut d'hommes et de jeunes femmes destinés à nourrir le Minotaure, monstre mi-homme mi-taureau retiré dans un palais si complexe, le labyrinthe, que personne ne pouvait s'en échapper. Seul le héros grec **Thésée** y parvint, grâce à la pelote de fil qu'**Ariane**, fille de Minos, lui avait donnée, en témoignage de son amour.

### *Le Minoen ancien, 3000-2000 av. J.-C.*

La Crète entre dans l'âge des métaux (armes, bijoux). Les céramiques sont nombreuses mais grises, monochromes, recouvertes d'un enduit brillant et décorées de taches noires et rouges.

L'architecture est rudimentaire. Le plan des édifices est rectangulaire. L'assise est en pierres et les murs en argile.

On a retrouvé aussi quelques tombes collectives.

### *Le Minoen moyen, 2200-1750 av. J.-C.*

C'est l'âge d'or de la Crète, marqué par la construction des grands palais de Cnossos, Phaïstos, Malia. Leur architecture est d'inspiration orientale, avec une cour centrale rectangulaire entourée de pièces indépendantes servant à l'habitation et au culte, et desservies par des couloirs compliqués.

**Dédale et Icare**

La mythologie raconte que le palais de Cnossos (1,5 hectare de superficie) avait été construit par Dédale, héros mythologique et fils du premier roi mythique d'Athènes. Dédale, devenu prisonnier du Minotaure avec son fils Icare, s'en était échappé en fabriquant des ailes, fixées avec de la cire à ses épaules et ses bras.

Vers 1600 av. J.-C., Cnossos est le centre le plus peuplé du monde méditerranéen. Les maisons ont plusieurs étages, la céramique est très belle (céramique de Camarès). Les Crétois exportent des bijoux, de la pourpre (teinture rouge tirée d'un coquillage : le murex), du vin, de l'huile d'olive.

Les villes seront en partie détruites vers 1750 à la suite d'un tremblement de terre.

Les palais reconstruits seront embellis de fresques et le confort intérieur amélioré par l'organisation de bassins, réceptacles des eaux de pluie, et par des sortes de salles de bains avec eau courante et évacuation des eaux.

### Le Minoen récent, 1565-1400 av. J.-C.

Destruction et reconstruction des palais, décoration par de nouvelles fresques, des sculptures, des statuettes. Les objets usuels s'affinent (aiguières, coupes, gobelets). Les décors s'inspirent de la nature environnante, stylisant papyrus, branche ou feuille d'olivier, poulpe ondulé ou les dauphins en mouvement.

Raz de marée ? Invasion mycénienne ? Cette civilisation s'éteint vers 1400, relayée par la civilisation grecque.

## L'art crétois

Les palais restent imposants et massifs. Intérieurement, fresques et sculptures mettent en valeur les formes courbes et soulignent le mouvement. Elles rappellent la fluidité des vagues.

La richesse des Crétois se retrouve dans l'embellissement des intérieurs où la femme est à l'honneur.

Les costumes féminins superposent des jupes bariolées, toutes en souplesse. Les visages, surtout les yeux, sont très maquillés ; les longs cheveux noirs sont superbement ondulés.

## La religion

Unis par une même ferveur, les dieux et les déesses sont représentés sous une forme humaine. Par exemple, la « déesse aux serpents » symbolise et la fécondité féminine et la fertilité de la terre évoquée par le serpent.

Les dieux prennent l'aspect d'un animal. Le plus important et le plus vénéré est le taureau, symbole de force, de souveraineté, de puissance. Les Crétois lui associent le **labrys**, ou double hache du sacrifice.

La religion, optimiste, sereine, s'exprime par des rites qui doivent permettre une vie heureuse dans l'au-delà : processions, danses, concours gymniques, exercices acrobatiques – comme le saut périlleux au-dessus d'un taureau qui est, pour les jeunes gens, une épreuve initiatique à la religion.

Il semble donc, grâce aux vestiges retrouvés, que la société crétoise vivait heureuse.

# Chapitre 5

# La civilisation égyptienne

Si les œuvres d'anciens écrivains arabes ou grecs évoquaient l'Égypte, la connaissance de la civilisation égyptienne est un fait récent.

On la doit, en premier, aux officiers, savants, écrivains, qui accompagnaient Bonaparte, en 1798, lors de sa campagne d'Égypte. Ils publièrent en 1809 une *Description de l'Égypte* (9 volumes), premier pas vers une connaissance plus approfondie de ce pays.

L'égyptologie est vraiment née lorsque Champollion (1790-1832) est parvenu à décrypter en 1822 le sens des inscriptions hiéroglyphiques. Sur une pierre de 112 cm sur 71 cm trouvée à Rachid (ou Rosette), près d'Alexandrie, se trouvait gravé, en trois langues différentes, ce qu'il supposa avec raison être un même texte. Il s'agissait :

- de hiéroglyphes ;
- de hiéroglyphes simplifiés ou démotiques ;
- de la langue grecque, bien connue.

Ce fut le point de départ de la compréhension des inscriptions et par suite de l'histoire et de la civilisation égyptienne. À partir de 1850, les fouilles furent scientifiquement menées par des équipes souvent concurrentes de chercheurs étrangers.

En 1922, la découverte du tombeau de Toutankhamon par Howard Carter marqua une nouvelle étape dans la connaissance de cette civilisation raffinée.

Pourtant, l'engouement pour l'Égypte ne date pas d'hier : les conquérants romains s'étaient emparés de « souvenirs » égyptiens pour décorer leur ville, Rome, et leurs demeures.

# LE CADRE GÉOGRAPHIQUE

« L'Égypte est un don du Nil », a écrit l'historien grec Hérodote.

En effet, entre les plateaux des monts de Libye à l'ouest et d'Arabie à l'est, qui forment un désert de terres rouges d'environ 1 million de km², se faufile la vallée du Nil. C'est un ruban de « terres noires » fertiles et limoneuses, de 1 000 km de long sur 10 à 20 km de large.

La fertilité de la vallée est assurée par la crue du Nil et par les limons ainsi déposés au moment le plus chaud et le plus sec de l'année : de juillet à octobre.

## Pourquoi la crue du Nil est-elle estivale ?

Le Nil, long de plus de 6 ooo km, naît en zone équatoriale avant de traverser l'Afrique du nord-est. Il apporte à l'Égypte, normalement désertique, l'eau abondante des pluies équatoriales et tropicales conjuguées, transformant les rives du fleuve en un ruban d'oasis.

La vallée se termine par un vaste delta appelé Basse-Égypte. La partie sud, progressivement plus élevée et plus étroite, forme la Haute-Égypte.

Le fleuve permettait des activités multiples :

- pêche ;
- navigation ;
- cultures, favorisées par le limon ;
- fabrication des briques et des poteries (toujours le limon, mêlé à de la paille coupée).

Dans le delta, le « papyrus », qui poussait à foison, servait à fabriquer le papier de l'époque, formé des tiges écrasées, collées, superposées dans le sens de la longueur puis de la largeur, donnant des rouleaux pouvant atteindre 20 m de long. Les Égyptiens l'utilisaient aussi pour des cordes, des nattes, des corbeilles, des sandales, des cages, toutes sortes d'ustensiles, et même pour des canots légers enduits de résine pour les imperméabiliser.

Le désert environnant, surtout en Nubie et au Sinaï, procurait :

- de l'or et des pierres précieuses et semi-précieuses (émeraudes, améthystes, grenats, turquoise, lapis-lazuli, cornaline) ;
- du cuivre ;
- du granit, du grès, du porphyre, du calcaire, de l'albâtre.

L'Égypte a été peuplée très tôt dans la Préhistoire. Puis, l'assèchement progressif du Sahara poussa les nomades du désert à se réfugier dans la riante vallée du Nil.

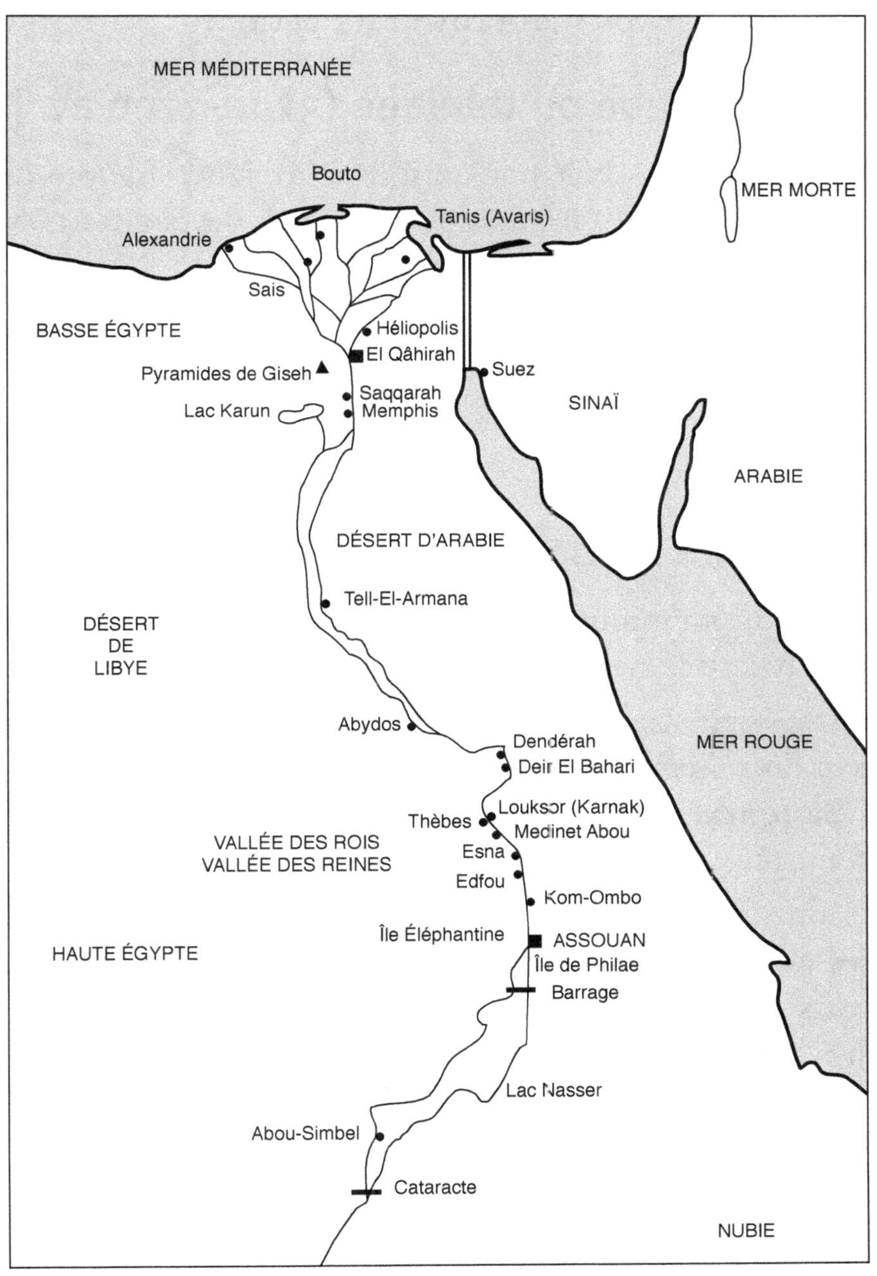


L'Égypte d'hier et d'aujourd'hui

# L'HISTOIRE

Les groupes se sédentarisèrent, formèrent des sortes de principautés, peu à peu regroupées en deux royaumes :

- le sud, capitale Hiérakonpolis près d'Edfou ;
- le nord, capitale Bouto dans le delta.

L'Histoire commence avec les premiers signes d'écriture et l'unification de l'Égypte. En voici les principales périodes.

## L'époque archaïque ou thinique (3200-2700 av. J.-C.)

Un roi du sud, Ménès-Narmer, annexe à la Haute-Égypte du sud, la Basse-Égypte du nord. Une double couronne, le **pschent**, symbolise cette union en superposant en une seule coiffure :

- la couronne blanche et basse du sud ;
- la couronne rouge et haute du nord.

C'est le début d'une période de trente siècles où se succéderont une trentaine de dynasties.

## L'ancien empire (2700-2200 av. J.-C.)

C'est la période memphite ; la capitale est Memphis. Elle commence avec la IIIe dynastie, marquée surtout par le règne de **Djeser**.

Son ministre-vizir, l'architecte **Imhotep**, le conseilla habilement et fut l'artisan du remarquable complexe de la pyramide à degrés (6 gradins) de **Saqqara**. C'est à lui que l'on doit le procédé de la pierre taillée et ajustée, pour la construction des monuments.

Les pharaons de la IVe dynastie furent des conquérants (Nubie, Sinaï), des administrateurs et des bâtisseurs. **Khéops**, **Khephren** et **Mykérinos** restent présents à nos yeux grâce aux célèbres pyramides du plateau de Giseh (ou Guisa). Celle de Khéops reste la seule des 7 merveilles du monde dont parle l'Antiquité.

Les autres témoignages de cette époque sont :

- une quantité d'autres pyramides égrenées dans l'Égypte du nord ;
- des temples solaires : lieux de culte à ciel ouvert ;

- des mastabas, ou tombeaux surmontés d'un talus de sable, de pierres ou d'une petite construction en briques ; l'intérieur en est superbement décoré.

Le dernier roi de la VI⁰ dynastie fut Pepy II, qui vécut centenaire (il régna quatre-vingt-quatorze ans).

Les provinces, ou **Nomes**, étaient administrées par les **Nomarques**, représentants du pharaon, mais de plus en plus indépendants du pouvoir central. Dès lors la puissance pharaonique diminue ; l'Égypte se divise et s'affaiblit.

C'est la première période intermédiaire (2200-2000 av. J.-C. environ), période de déclin marquée :

- par des troubles intérieurs ;
- par des défaites à l'extérieur (Nubie).

## Le moyen empire (2100-1750 av. J.-C.)

C'est la période thébaine : **Thèbes** (Louxor aujourd'hui) en est la capitale. L'unité égyptienne est à nouveau restaurée par les pharaons de la XI⁰ à la XIV⁰ dynastie. Le plus important est **Sésostris III**, qui supprime les pouvoirs concurrents des « nomarques ». La paix intérieure favorise la prospérité économique et le développement des arts (construction de temples, de sanctuaires, de petites pyramides, de mastabas à la riche décoration). À noter l'importance croissante des scribes et la construction du complexe funéraire de Deir el Bahari (réhabilité plus tard par la reine Hatchepsout).

Les derniers règnes sont peu connus et annoncent un nouveau chaos appelé « deuxième période intermédiaire ».

Durant deux siècles environ, de 1750 à 1550, l'Égypte connaît une période de désordres dont profitent des étrangers venus du Moyen-Orient nommés **Hyksos**, regroupant des Syriens, des Palestiniens et même des Bédouins du Sinaï.

Leur succès rapide semble être dû à l'utilisation des chevaux et des chars de combat qu'ils feront connaître à l'Égypte. Ils s'installent dans le delta, créent leur capitale Avaris et font payer un tribut aux roitelets égyptiens.

## Le nouvel empire (1600-1085 av. J.-C.)

À Thèbes, la résistance à l'oppression des Hyksos s'organise, le roi Ahmôsis s'empare de leur capitale fortifiée Avaris. Redevenu pharaon unique, il est le fondateur de la XVIII<sup>e</sup> dynastie.

Pendant cinq siècles, la civilisation égyptienne connaît un prodigieux développement ; c'est l'époque de la « Grande Égypte » conquérante et riche, s'étendant de la Nubie au sud, jusqu'à la Mésopotamie au Moyen-Orient. Les XVIII<sup>e</sup>, XIX<sup>e</sup> et XX<sup>e</sup> dynasties se succèdent.

Les plus grands pharaons de cette époque ont été :

- la reine **Hatchepsout** (1520-1484 av. J.-C.) à l'énergie incomparable ; son architecte Senmout actualisa pour elle le grand temple funéraire de Deir el Bahari ;

- **Thoutmosis III** (1484-1450 av. J.-C.), beau-fils d'Hatchepsout et grand conquérant, devient un des pharaons les plus puissants de l'Égypte antique, étendant son royaume jusqu'à l'Euphrate. Grand constructeur, il embellit Louksor et Karnak ;

- **Aménophis IV** et son épouse au fin profil, **Néfertiti**, règnent de 1370 à 1352 av. J.-C. Créateur d'une véritable révolution théologique, il remplace le culte monothéiste d'Amon par celui du disque solaire Aton. Il choisit un nouveau nom, Akhénaton, et une nouvelle capitale, Tell-el-Armana.

- Son gendre Toutankhaton rétablit le culte d'Amon et devient **Toutankhamon** ; il meurt à 18 ans de façon mystérieuse, et doit sa célébrité à la découverte de sa tombe en 1922. Inviolée jusque-là, elle nous offre un « trésor » inestimable d'objets et de bijoux, témoignages archéologiques parlants. Thèbes redevient capitale.

- **Seti I<sup>er</sup>** (1312-1298 av. J.-C.) conquiert le sud de la Palestine et commence une longue guerre contre les Hittites.

La XX<sup>e</sup> dynastie est celle des Ramessides :

- **Ramsès II** (1298-1235 av. J.-C.) fut à son tour un grand bâtisseur (temples de Karnak et d'Abou-Simbel) ; il est vainqueur des Hittites à Qadesh ;

- **Ramsès III** (1198-1166 av. J.-C.), lui aussi grand bâtisseur ou réutilisateur des temples existants, est considéré comme le dernier grand pharaon d'Égypte, vainqueur des « peuples de la mer » (mer Égée) qui ont essayé d'envahir l'Égypte.

Après la mort de Ramsès II, l'Égypte vit une période de décadence, de déclin. C'est la troisième période intermédiaire, ou **Basse Époque** (1085-333 av. J.-C.). De la XXI<sup>e</sup> dynastie à la XXV<sup>e</sup>, le pays perd son unité et se divise en quatre royaumes rivaux.

Un semblant d'unité et de renaissance est rétabli par les princes de la XXVI<sup>e</sup> dynastie, c'est l'« époque saïte », du nom de leur capitale située dans le delta : Saïs.

Mais les nouveaux maîtres du monde sont les Perses ; Cambyse, fils du grand Cyrus, puis Darius III conquièrent l'Égypte qui devient, malgré des résistances intérieures, une colonie perse.

## Les envahisseurs

À nouveaux conquérants, nouvelles règles et nouvelles coutumes ; la civilisation purement égyptienne se modifie sous diverses influences.

### Les Grecs et les Romains

Les Grecs imposent leur civilisation. Alexandre le Grand, conquérant de l'Égypte, en confie la garde à Ptolémée, fondateur de la dynastie ptolémaïque ou lagide (du nom de Lagos, père de Ptolémée). Quatorze pharaons se succéderont.

Alexandrie devient le nouveau cœur de la civilisation grecque grâce à sa bibliothèque et à son phare : une des merveilles du monde, tôt disparue.

La liaison de Cléopâtre, dernière reine d'Égypte, avec les consuls romains César puis Antoine ne sauve pas l'Égypte. Antoine et Cléopâtre se suicideront en 31 avant J.-C., vaincus par Octave, le futur empereur Auguste.

Les civilisations grecque et romaine s'épanouissent surtout dans le domaine des lettres. Les derniers textes en hiéroglyphes datent de 394 ap. J.-C., mais les temples égyptiens désaffectés ont été fermés bien avant.

### L'influence des chrétiens

L'Égypte est évangélisée par saint Marc en 40 ap. J.-C. ; le christianisme est reconnu au IV<sup>e</sup> siècle dans ce nouvel Empire romain d'Orient dont fait partie l'Égypte. Les temples sont transformés en églises ; les bas-reliefs sont malheureusement martelés pour en effacer les inscriptions.

La croix grecque se superpose aux hiéroglyphes ; les chrétiens d'Égypte forment l'**Église copte** (égyptienne, en arabe) sous la direction du patriarche d'Alexandrie. Les chrétiens ont légué à leur tour des formes artistiques admirées aujourd'hui (églises, fresques, chapiteaux, icônes, tapisseries).

### Les Arabes

Après Mahomet, le fondateur de l'islam mort en 632, les califes, ses successeurs, s'emparent d'Alexandrie. Une grande partie des Égyptiens adopte l'islam, et de vastes mosquées sont construites. Au nord est créée une nouvelle capitale, El Qâhirah (le Caire, qui veut dire « la victorieuse »). La civilisation musulmane s'installe, se développe. Une nouvelle page est tournée.

# LA SOCIÉTÉ : DIVISIONS ET ACTIVITÉS

La société égyptienne est hiérarchisée et formée de groupes aux droits et aux devoirs inégaux.

## Le petit peuple

Il comprend :

### Les paysans

L'Égypte leur doit sa richesse. Ils regroupent la majorité de la population, mais la terre ne leur appartient pas. Ils travaillent sans relâche pour des « maîtres » à qui Pharaon a concédé les terres dont il reste le véritable détenteur.

La vie agricole suit le rythme de la crue du Nil et comprend trois périodes d'environ quatre mois chacune :

- la **saison de l'inondation** (juin à octobre). Les champs bas sont inondés et fertilisés par les limons. Canaux et citernes sont remplis. Le Shadouf, encore utilisé de nos jours, permet de redistribuer l'eau aux champs plus élevés grâce à un système de balancier. Durant cette période creuse pour les travaux des champs, les paysans entretiennent les digues ou participent aux constructions ordonnées par les envoyés du pharaon. Sur les berges du Nil, des puits gradués, les « nilomètres », permettent de contrôler la hauteur de la crue, d'évaluer l'importance des récoltes et… des impôts ;

- la **saison des semailles** se déroule d'octobre à février. Les premiers labours sur la terre molle utilisent la houe ou l'araire. L'arpentage des champs est refait pour en préciser les limites effacées par la crue, l'outillage est réparé, les canaux d'irrigation nettoyés, reconstruits ;
- la **saison des récoltes** occupe les mois de mars à juin. Les céréales sont moissonnées à la faucille sous l'œil scrutateur des scribes.

Il s'agit du froment pour le pain et de l'orge pour la bière. D'autres ressources s'ajoutent : le lin pour la confection des tissus, le papyrus du delta (plusieurs récoltes), les légumes et les fruits.

Sur les terres échappant à l'inondation croissent la vigne, l'olivier, le figuier, le grenadier, le jujubier, le caroubier et le palmier-dattier.

Les Égyptiens peuvent, en général, correctement se nourrir.

## Les artisans

Ils sont, à l'exception des architectes, souvent peu considérés malgré leurs talents et leur art ; ils ne signent pas leurs œuvres.

Beaucoup de métiers existent, musiciens, parfumeurs, embaumeurs, coiffeurs, bouchers, danseurs, couturiers, que l'on retrouve si pleins de vie dans les peintures.

Mais certains artisans méritent un peu plus notre attention :

- les **carriers** font naître du granit, du grès et du calcaire, des obélisques, des sarcophages, des statues ;
- les **sculpteurs** leur succèdent, incisant la roche ou fabriquant des objets usuels comme des vases ou des coupes d'albâtre ;
- les **joailliers**, les **orfèvres** mêlent l'or, l'argent, le cuivre aux incrustations de lapis-lazuli ou de turquoise ;
- les **tanneurs** préparent les peaux des futurs équipements militaires, des assises de siège ou des sandales ;
- les **maçons** et **potiers** utilisent le limon du Nil mêlé à du sable ou de la paille.

La visite actuelle des grands souks du Caire, d'Assouan, ou des multiples marchés de villes ou villages, permet de mieux comprendre le génie des artisans égyptiens.

### Les soldats

Peuple pacifique, les Égyptiens ont cependant besoin d'une armée les protégeant des convoitises des envahisseurs voisins.

Au Nouvel Empire, cette armée est devenue une armée de métier, dont les cadres, les spécialistes, les éclaireurs sont des nobles ; la cavalerie de chars à deux chevaux en est l'élite.

L'infanterie, subdivisée en divisions, compagnies et sections, forme le gros des troupes ; les soldats, recrutés très tôt, très jeunes et souvent par force sont soit des Égyptiens, soit des mercenaires.

Ils sont entraînés au corps à corps et sont armés de javelots, d'arcs, de haches, de poignards. Une cuirasse (cuir et bronze) et un bouclier (bois et cuir) les protègent.

Ils reçoivent leur part de butin, et un lopin de terre transmissible si le fils succède au père.

### Les serviteurs et les esclaves

Ils s'occupent des maisons et des domaines. Seuls les premiers sont libres. Les seconds proviennent des peuples vaincus. Les plus capables peuvent être affranchis.

## Les maîtres

### Les nobles

Apparentés au pharaon et aux grands dignitaires, ils bénéficient de domaines concédés qu'ils font travailler par des **fellahs**, qui sont souvent battus.

Ils peuvent posséder des chevaux et forment l'élite de l'armée : la cavalerie.

Enrichis, ils menacent le pouvoir du roi par leur indépendance et leur ambition.

### Les prêtres

Ils sont les intermédiaires entre les hommes et les dieux, à qui ils rendent un culte quotidien.

Leur instruction, très complète, se double d'une véritable initiation mystérieuse, base de leur puissance sur le peuple et sur le souverain. Les plus importants ont le titre de « prophète ». Ils doivent exprimer la volonté du dieu invoqué.

Suivant leurs charges, ils appartiennent au haut clergé ou au bas clergé. On les reconnaît à leur crâne rasé. Le plus souvent, les fils succèdent aux pères.

Les temples abritent aussi des écoles, des bibliothèques, des archives, des centres d'apprentissage. Ils sont non seulement la maison d'un dieu, mais aussi des centres intellectuels, riches et puissants.

Le clergé peut diriger le pays par pharaon interposé ou même rivaliser avec le souverain.

### Les fonctionnaires

Forcément instruits, ils participent à la vie politique, économique et sociale du pays.

Le **vizir**, à la fois Premier ministre et chef des armées, est le plus important. Il se doit de savoir tout ce qui se passe dans le pays.

Les **scribes** forment un corps spécialisé et privilégié. Administrateurs et financiers de l'Égypte, leurs études durent longtemps. Ils s'entraînaient sur des tablettes d'argile ou des éclats de calcaire appelés « ostrakas ».

Dans l'Ancien Empire, ce métier était réservé aux nobles. Par la suite, un concours permit aux plus savants, d'où qu'ils viennent, d'exercer ce métier.

L'imagerie ou la statuaire les représentent assis en tailleur, déroulant sur leurs cuisses des rouleaux de papyrus.

Le calame est un roseau taillé en pointe avec lequel ils écrivent et que l'on peut ranger dans une palette de bois spécifique, à proximité des godets creusés et remplis d'encres pâteuses, noires, rouges, blanches, vertes ou bleues.

## L'écriture hiéroglyphique

Elle combine trois catégories de signes :
- les **idéogrammes** expriment exactement ce qu'ils représentent, par exemple un dessin d'oiseau veut dire oiseau ;
- les **phonogrammes**, imités par nos rébus, révèlent la valeur phonétique d'un mot. Seules les consonnes existent ;
- des signes dits « déterminatifs » ne se prononcent pas, mais classent le mot dans une catégorie précise (mot abstrait ou concret par exemple).

Écrivains publics ou ministres, les scribes se retrouvent à tous les niveaux de l'administration, justice, police, finances, armée. Ils rédigent les ordres, contrôlent la vie économique et répartissent les corvées entre les fellahs.

### Le pharaon

Il domine la société en cumulant les fonctions de chef religieux, militaire et civil. La théorie de la naissance royale veut qu'il soit engendré par un dieu, et dieu lui-même. Il est donc sûr de son importance. Le peuple lui doit une obéissance absolue et remercie le ciel par la construction de temples grandioses ou de stèles, par des offrandes et des cérémonies que le pharaon préside.

Les marques de sa puissance, reçues lors du couronnement, sont multiples.

- cinq noms symboliques formant le « protocole royal » sont inscrits dans un ovale, le **cartouche**. Le nom usuel est le 5ᵉ ;
- le **pschent** est la couronne double de la Haute et Basse-Égypte ;
- le **sceptre heqa**, bâton crochu des bergers, symbolise la souveraineté ;
- le **sceptre nekheth** ressemble au fléau servant à battre le blé ;
- l'**ureus** (pluriel : urei), ou cobra dressé sur le front, se charge de chasser l'ennemi ;
- la barbe postiche étroite et de paille tressée imite celle des dieux. Un pharaon, représenté de son vivant, la porte droite. Un pharaon, représenté après sa mort, la porte, recourbée vers l'avant ;

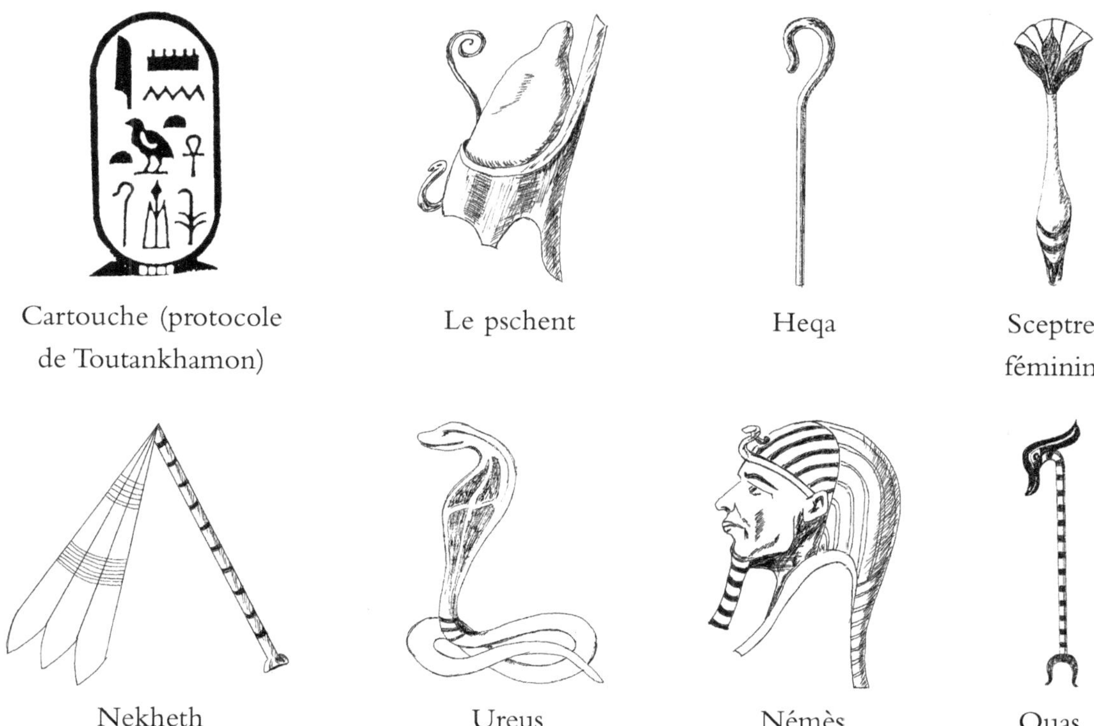

Cartouche (protocole de Toutankhamon) — Le pschent — Heqa — Sceptre féminin

Nekheth — Ureus — Némès — Ouas

- les perruques royales, signe de noblesse, sont variées. L'atef est une mitre de paille simple ; le triple atef est une mitre décorée de plumes d'autruche, de cornes de bélier, de disques solaires, d'urei. Le némès, coiffe de lin rayé, est la marque distinctive la plus courante.

Tous ces signes de puissance, et un cérémonial fastueux lors de ses déplacements, ont pour but d'inspirer de la crainte au peuple qui se prosterne à plat ventre lorsqu'il passe.

## Les femmes dans la société égyptienne

Représentées souvent sur des papyrus ou dans la statuaire, elles méritent une place à part dans le monde antique. Estimées, traitées juridiquement sur un plan d'égalité avec les hommes, elles sont protégées par les lois.

Les femmes nobles ont leurs privilèges. Elles portent la perruque, signe de leur importance (mais c'est aussi une protection contre le soleil). Elles se vêtent de robes fourreau de lin blanc plissé, légères et presque transparentes ; elles se maquillent les yeux au khôl, qui les protège de la réverbération et de la poussière, et elles utilisent pour se parfumer des cônes de pommade posés sur la tête.

Les femmes du peuple, très actives, portent des robes droites jusqu'aux chevilles.

Les jeunes esclaves sont nues.

# L'ART ET LA RELIGION

Peu de peuples ont légué autant de témoignages sur leur civilisation, et les égyptologues nous émerveillent par leurs constantes découvertes.

## Les dieux

Très religieux et superstitieux, les Égyptiens attribuaient aux dieux les mystères de l'univers, de la création, de la nature, de la vie des hommes et de leur destinée.

Fétichistes à l'origine, puis polythéistes et tolérants, les Égyptiens privilégiaient cependant certains dieux, au gré des régions ou des villes. C'est ce qui explique le nombre important des dieux (environ 300) et la diversité étonnante de leur aspect.

Il semble bien, pourtant, qu'au-delà de cette multiplicité de formes symboliques expliquant le cosmos, se trouverait une seule force créatrice appelée Neter. Il s'agirait alors d'une religion monothéiste. La variété des dieux ne serait que des émanations, des manifestations d'une seule toute-puissance… Mais les avis sont partagés.

Grâce aux dieux, sont recomposés, expliqués :
- la genèse du monde, soumis aux quatre éléments primordiaux (feu, air, terre, eau) ;
- le cycle solaire ;
- le cycle vital de l'inondation du Nil ;
- le mythe divin de la royauté ;
- la renaissance des justes après la mort.

Les dieux, inspirateurs des pensées, des sentiments, des actions des hommes, dépendent eux-mêmes de l'équilibre suprême représenté par la déesse Maât, gardienne de l'ordre, de la justice, de la vérité.

Les deux rives du Nil matérialisent les croyances métaphysiques :
- la rive orientale, celle de l'Est où se lève le dieu Soleil, est la rive de la vie, de la lumière, des temples ;

- la rive occidentale, celle du couchant, abrite les sépultures des rois, des reines, des nobles. C'est le royaume des ténèbres.

Le panthéon égyptien comprend une soixantaine de dieux principaux se caractérisant par leurs fonctions, leur représentation graphique, leurs attributs, emblèmes et animaux sacrés. Ils appartiennent à plusieurs groupes, les dieux de la nature, les plus vénérés, les dieux animaux, les dieux proches des hommes (couples et triades), les dieux des abstractions. Mais ils sont le plus souvent imbriqués. Les plus importants sont :

## Amon-Rê ou Râ

Dieu suprême, dieu créateur, il est sorti du chaos initial et s'est créé lui-même. On l'associe au soleil « Rê » ou à la virilité reproductrice « Min ».

Les animaux favoris sous l'aspect desquels Amon-Rê peut être représenté sont le bélier, le sphinx (homme à tête de bélier), l'oie (dont l'œuf rappelle la création).

Il tient en main l'ankh ou croix ansée, signe de vie.

Ré                    Ankh

## La déesse Mout

Représentation de la féminité, elle a l'aspect soit d'une chatte (Bastet la douce), soit d'une lionne (Sekhmet la violente).

Coiffée d'une dépouille de vautour, elle est l'œil de Rê, c'est-à-dire son épouse et sa fille à la fois (justification des mariages de pharaons avec leurs filles).

Mout

### Khonsou

Le couple Amon-Mout a un fils, le dieu voyageur lunaire Khonsou. On le représente sous la forme d'un jeune être momifié, portant sur sa tête le croissant-barque lunaire, surmonté du disque solaire.

L'observation de l'influence de la Lune sur le comportement humain a incité les Égyptiens à en faire à la fois et suivant les circonstances :

- un dieu guérisseur, en particulier de la cécité (la lune, l'œil de la nuit) ;
- un dieu cruel, créateur de maladies et de crimes (le croissant lunaire, la faucille coupant le fil de la vie).

Amon-Mout et Khonsou forment la triade thébaine vénérée surtout à la fête d'Opet (Louxor – Karnak) qui symbolise la naissance de la vie grâce au couple.

Khonsou ou Chons

### La déesse Nout

La déesse Nout personnifie la voûte céleste. Elle est en général dessinée courbée nue, constellée d'étoiles, les pieds à l'Orient, les mains au Couchant ; elle avale le soleil chaque soir et le met au monde chaque matin. Les astres voyagent le long de son corps ; elle symbolise la renaissance et protège les défunts.

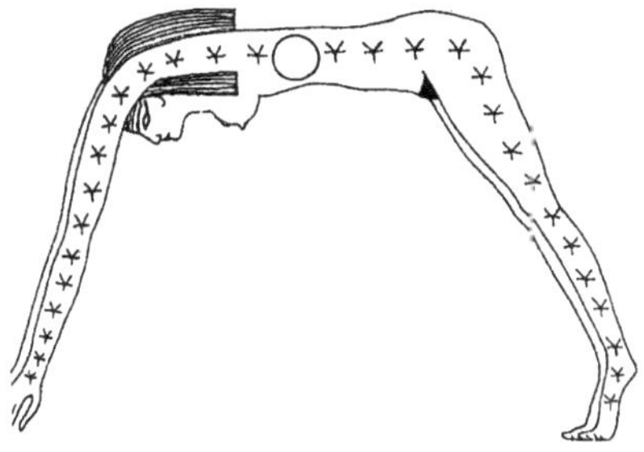

Nout

## Gheb

Son époux Gheb est le dieu de la terre sous tous ses aspects : minéraux, végétaux, animaux. Il porte sur sa tête une oie (l'œuf : la vie) et tient dans ses mains l'ankh de vie et le sceptre « Ouas » de la prospérité.

Nout et Gheb ont cinq enfants : Osiris, Isis (déesse), Seth, Nephtys (déesse), Horus.

## Osiris

Osiris, présenté debout, en momie, porte la couronne de Pharaon en qui il renaît à chaque couronnement et dont il porte les attributs : barbe divine, sceptre crochu (heka, gage de puissance) et le djed (sorte de pilier, gage de stabilité).

Tué par Seth, son frère, il ressuscite grâce à son épouse et sœur, Isis, qui parvient à réunir tous les morceaux dispersés de son corps. Il représente la vie éternelle après la mort. Par analogie, il est vénéré comme le dieu de la germination et du cycle végétal renouvelé après l'hiver.

Osiris

### Isis

Isis, épouse d'Osiris, est la déesse du temps et des étoiles. Elle favorise l'inondation bénéfique du Nil. Vêtue à l'égyptienne, elle porte sur la tête soit une sorte de siège, soit des plumes et un disque solaire enserré dans des cornes. Elle protège les morts pour avoir fait renaître Osiris.

Isis

### Horus

Horus, vénéré très anciennement, détient le record des formes et des fonctions. Fils de Ré ou d'Osiris, suivant le cas, il est représenté :

- enfant, avec sa mère Isis ;
- adolescent, en dieu de la fertilité associé à Min ;
- adulte, sous la forme d'un faucon, accroupi ou aux ailes déployées en protecteur terrestre.

L'acuité de son regard en fait le maître du ciel nocturne et le protecteur des aveugles. Le crâne surmonté du disque solaire, il représente le dieu Soleil qui se lève à l'horizon. Dieu universel, il est aussi le dieu de la royauté, à l'égal d'Osiris, et le protecteur des dynasties royales : il est alors coiffé du pschent.

Horus

Oudjat

Isis, Osiris et Horus forment la triade osirienne, la plus vénérée en Égypte.

## Seth

Ce dieu à corps d'homme supporte une tête d'animal indéterminé proche cependant du chien.

Puissante, sa force peut être bénéfique ou maléfique et mortelle suivant le cas. Son énergie parfois destructrice en fait le dieu inquiétant des guerres, des tempêtes, du désert.

Il vaut mieux s'en faire un allié par des pratiques magiques.

Seth

## Nephtis

Nephtis, épouse de son frère Seth, est aussi la protectrice de sa sœur Isis ; elle la soutient, l'aide dans sa recherche des morceaux du corps d'Osiris et participe à sa résurrection.

Elle personnifie le bien et la vie, triomphants du mal et de la mort. Elle est aussi un lien entre la terre et le ciel.

Vêtue à l'égyptienne, elle porte sur sa tête son signe hiéroglyphique. On assimile Nephtis et Isis aux deux tours d'entrée des temples, formant le Pylône.

## Autres dieux et déesses

- **Min**, dieu de la semence et de la fertilité, est représenté en homme ithyphallique (au phallus en érection). Son bras puissant tient un fouet. Il est fêté lors des moissons. Ses animaux sacrés sont le taureau et le faucon.

Min

- **Maât**, déesse de la justice, est témoin et gardienne de l'ordre divin.
- **Sekhmet**, déesse à tête de lionne, représente l'aspect destructeur du soleil.

Sekhmet

- **Bastet**, déesse chatte, on l'assimile cette fois à l'aspect bienfaisant du soleil.
- **Knoum**, dieu bélier, est la maître de la crue vitale du Nil.

Chnum ou Knoum

- **Anubis**, dieu à tête de chacal ou de chien, préside à la purification et à l'embaumement des corps. Chargé de l'ouverture de la bouche du défunt, il lui redonne le souffle vital. Puis il participe au jugement de l'âme. On en fait aussi le dieu des voyageurs.

- **Thot**, dieu à tête d'ibis ou représenté en babouin (singe), s'est créé lui-même, puis il a généré, grâce à son intelligence, la matière et l'univers organisé ; dieu des scribes, il est l'inventeur de l'écriture, du calcul, des poids et mesures. Il sait comptabiliser les cycles solaires et lunaires, l'alternance des jours et des nuits, les années et les mois (le calendrier compte douze mois de trente jours + cinq jours supplémentaires servant aux fêtes religieuses). Dépositaire de la justice de Maât, il siège dans les tribunaux divins. Il est le dieu de la justice et de l'intégrité. Il tient dans ses mains l'œil Oudjat d'Horus, symbole du Soleil et de la Lune. Ce porte-bonheur rappelle qu'il a guéri Horus, et lui vaut d'être vénéré par les médecins.

Thot

- **Hathor**, déesse vache céleste, représente la fécondité, l'arrivée de l'inondation bénéfique, la joie, la musique, la danse, les fêtes. On l'assimile parfois à Isis, elle est la déesse des vivants mais aussi des morts heureux.
- **Thouéris**, déesse hippopotame populaire, a un gros ventre et des seins lourds. Elle symbolise la vie utérine, puis la nourrice. Protectrice des mariages et des naissances, c'est la déesse mère.

Thouéris

- **Sobek** ou **Sebek**, dieu crocodile, est à la fois le tueur sournois ou le dieu fort, attentif, maître des eaux du Nil, protecteur de Pharaon. On l'honore et on le craint.

Sobek

- **Apis**, dieu taureau, est le garant de la fécondité des hommes, de Pharaon surtout, des animaux (il possède un harem de sept vaches) et de la végétation.
- **Bès**, petit dieu difforme, laid, grimaçant, combatif, fait peur aux mauvais esprits. Les Égyptiens le vénèrent comme le protecteur des nouveau-nés et de tout mal en général (brûlures, blessures). Ses statuettes sont présentes dans toutes les maisons.

Bès

- **Aton**, vénéré durant le règne d'Amenophis IV devenu Akhenaton, est le dieu unique, représenté par un disque solaire d'où partent des rayons terminés par des mains. Dieu soleil, il est le créateur de la terre et des hommes. Toutankhamon, appelé auparavant Toutankhaton, abandonna son culte.

## Les temples

Ils sont à la fois, le palais, la résidence des dieux et l'expression de la puissance pharaonique. C'est pourquoi ils se doivent d'être grandioses (Karnak, Louxor) et sont construits non pas en briques mais en pierres.

Avec son entrée au soleil levant régénérateur, le temple symbolise la puissance du créateur et le mystère de la création. C'est le monde en réduction, suggéré par sa décoration :

- le plafond étoilé rappelle le ciel où évolue la barque divine ;
- les fresques et bas-reliefs des murs évoquent la végétation, les animaux, les hommes dans leur vie quotidienne, les œuvres civiles et militaires de Pharaon, les dieux ;
- les colonnes s'inspirent du paysage quotidien de lotus, papyrus, palmiers.

L'architecture des temples a gardé pendant plus de 2 000 ans les mêmes règles religieuses de construction. On peut donc retrouver le plan type suivant un axe est-ouest.

### Précédant l'entrée

- Un **dromos**, ou grande allée bordée de sphinx, aboutit à une esplanade accueillant la foule.
- Deux **obélisques** (monolithes de granit couronnés d'or) représentent le rayon solaire pétrifié.
- Les **sphinx**, ou lions couchés à tête humaine, symbolisent le pharaon divinisé et protecteur.
- Les **criosphinx** ont une tête de bélier (par exemple au temple d'Amon à Karnak).

### L'entrée

L'entrée monumentale forme le pylône composé de deux môles massifs séparés par une dépression centrale située au-dessus de la porte d'entrée. Il symbolise l'horizon montagneux où se lève le soleil. Le pylône s'ouvre sur une cour, parfois entourée de portiques et de chapelles. Le peuple y est admis lors des fêtes.

### Le domaine réservé aux prêtres

Il comprend :

- la salle hypostyle au plafond plat éclairé par des ouvertures ;
- des colonnes impressionnantes par leurs dimensions et leur nombre soutiennent ce plafond ;

- des chambres successives où, peu à peu, les grands prêtres parviennent au cœur du temple, au saint des saints, le **Naos**. La statue du dieu s'y trouve en permanence, objet d'un culte quotidien.

Pour suggérer le mystère divin, de chambre en chambre le sol s'élève, le plafond s'abaisse, espace et lumière vont en décroissant.

### Les annexes

Elles comprennent :

- le lac artificiel relié au Nil pour les ablutions et purifications quotidiennes ; lors des grandes cérémonies, la barque divine s'y déplace ;
- les habitations pour les prêtres, les jardins, les réserves, les entrepôts, les écoles, les ateliers d'apprentissage – car le temple est le centre régional de l'administration et de l'enseignement.

L'ensemble limité par un mur pouvait couvrir plusieurs hectares.

Le public participait aux dévotions par des dons, des offrandes et des pratiques magiques. Il consultait fréquemment les devins et recherchait avec leur aide une vie agréable sur terre et une survie bienheureuse dans l'au-delà.

## Le culte des morts

Il fait partie des rites exigés pour la survie de l'âme du défunt ; car, peuple optimiste, les Égyptiens pensent que la mort n'est qu'un passage vers une nouvelle vie de bonheur absolu en compagnie des dieux. Pour cela, des opérations magiques doivent protéger le corps avant son dépôt dans le sarcophage et dans la tombe, c'est la momification.

Pour les Égyptiens, l'homme dans son intégralité physique et morale est composé de quatre éléments :

- le Khet, le corps (la chair qui meurt) ;
- le Chout, l'ombre ;
- le Ba, concept immatériel, l'esprit, l'âme, représenté par un oiseau ;
- le Ka, c'est ce qui fait l'« originalité » de chaque homme, son tempérament, sa personnalité. Constamment, grâce à la nourriture et à la boisson, le Ka se crée. Chaque homme a son Ka. Il subsiste dans le corps du défunt, mais sa survie dépend des offrandes et des objets

qui entourent la momie. Pour vivre une nouvelle vie auprès des dieux, le Ka et le Ba doivent se retrouver dans le corps qui les a abrités, et qu'il faut donc protéger.

C'est surtout important pour le pharaon, dont la survie assure celle de tout son peuple. Cette croyance permet aux plus pauvres de se sentir concernés, même s'ils n'ont pas les moyens de payer les soins des embaumeurs. Un « double », statuette ou effigie du défunt placée dans la tombe, suffit à lui assurer l'union du Ba et du Ka.

Le culte des morts comprend trois étapes.

### Les soins de conservation du cadavre ou momification

- Cerveau et viscères sont placés dans quatre vases « canopes ».
- Le corps est rempli d'aromates et séjourne soixante-dix jours dans un bain de natron (carbonate de sodium) ; puis on l'entoure de bandelettes parfumées par de la gomme arabique ou gomme d'acacias.

### La cérémonie de l'enterrement

Devant la tombe, la momie est redressée, le prêtre touche les sept ouvertures du visage pour leur permettre de fonctionner dans l'au-delà.

Toute cette cérémonie est accompagnée de lectures, de prières extraites du « livre des morts ». Certaines, recopiées, sont glissées dans le sarcophage. Elles doivent aider le défunt dans la difficile épreuve de la pesée de l'âme ou psychostasie devant les dieux.

Les âmes vertueuses guidées par Anubis entrent dans le royaume d'Osiris. Les âmes mauvaises, dévorées par un monstre, disparaissent à jamais.

### L'ensevelissement dans la tombe, demeure d'éternité, souhaitée inviolable

- Les mastabas sont les premières tombes, d'abord surmontées d'un tertre en terre puis construites et recouvertes de briques.
- Les pyramides à degrés superposent plusieurs mastabas, elles précèdent les pyramides classiques.
- Les pyramides géométriques sont édifiées à l'aide de blocs énormes de pierre ajustés, puis recouverts d'un parement de calcaire blanc fin et poli. La chambre funéraire doit être tenue secrète.

Un « pyramidion » pouvait en couronner le sommet. C'est une petite pyramide en pierre d'excellente qualité et, peut-être, recouverte d'or. Les pyramides restent un sujet d'intérêt toujours actuel. Elles existent en grand nombre, mais les plus célèbres se trouvent près du Caire :

- celle de Khéops, 147 m de haut à l'origine, la plus haute, 230 m de côté à la base, édifiée grâce à des millions de blocs de pierre de 2,5 tonnes chacun ;
- celle de Khephren, 143 m de haut à l'origine et 215 m de côté ;
- celle de Mykérinos ; la plus petite, haute de 66,5 m.

La construction des pyramides et leur rôle, peut-être, de repère astronomique, continuent à passionner les chercheurs. Il est vrai qu'au même moment l'Europe sortait à peine de la Préhistoire !

Les **Hypogées** sont, au Nouvel Empire, des tombeaux souterrains importants mais soigneusement cachés pour en éviter les pillages.

La plus vaste nécropole connue se trouve à Thèbes et réunit la « vallée des Rois », la « vallée des Reines » et les tombeaux des courtisans. Soixante-deux rois y ont été enterrés avec les objets précieux qu'ils avaient utilisés durant leur vie terrestre.

Les inscriptions de ces appartements souterrains sont exceptionnelles par leur état de conservation, leur beauté, leurs couleurs et les renseignements qu'elles nous apportent.

La découverte en 1922, par Carter et Carnavin, de la tombe de Toutankhamon et de son trésor nous laisse imaginer la richesse disparue des autres tombeaux !

## L'art égyptien

Il étonne par sa qualité, sa diversité, son originalité. Mais il est surtout imprégné de croyances religieuses. Les temples, les statues, les bas-reliefs et les peintures des tombeaux en sont l'expression la plus grandiose.

Les temples les plus célèbres sont ceux de Louksor, Karnak, Edfou, Medinet Abou, Denderah, Kom Ombo. Aux prouesses architecturales s'ajoutent l'équilibre de statues souvent monumentales (colosses de Memmon, près de Thèbes, statues royales d'Abou Simbel, le sphinx de Gizeh) et l'explosion de vie des bas-reliefs muraux, rehaussés de peintures vives retraçant en « BD » somptueuses les croyances et l'histoire de l'Égypte.

Les peintures des chambres funéraires associent aux dieux protecteurs le défunt, sa famille, ses serviteurs. Dans ce cadre de vie recréé, l'âme peut revivre, goûtant ainsi aux joies éternelles.

Le divin s'exprime aussi dans les statuettes, des figurines de dieux et déesses et même dans les bijoux devenus amulettes protectrices, recopiés aujourd'hui, comme la croix de vie, l'œil d'Horus, le scarabée porte-bonheur, les aspics serpentant en bagues, bracelets et colliers d'or ou d'argent mêlés de corail et de lapis-lazuli.

Les objets usuels regroupés dans les musées sont aussi le témoignage de l'âme égyptienne.

Mais l'aspect le plus original est donné par les règles ou conventions picturales dont voici l'essentiel.

- Les dieux sont toujours représentés sous un même aspect.
- Les couleurs ont un sens précis ; ainsi l'or est-il réservé aux dieux, le brun aux hommes, le brun clair aux femmes.
- La taille des personnes dépend de leur importance sociale ou familiale.
- Les êtres doivent être représentés sous leur aspect le plus caractéristique. C'est pourquoi la tête ou les membres qui expriment le mouvement sont de profil tandis que l'œil ou le buste sont de face.
- La superposition décalée des personnages ou des silhouettes exprime le nombre.
- Enfin la perspective est absente des paysages stylisés.

À noter que, sous Akhenaton, sculptures et peintures perdront temporairement leur raideur gestuelle au profit de mouvements gracieux empreints de réalisme mais aussi de douceur. Les conventions traditionnelles reprendront leurs droits après sa disparition, mais avec moins de rigueur.

# Chapitre 6

# Le monde grec

## DIVERSITÉ ET UNITÉ

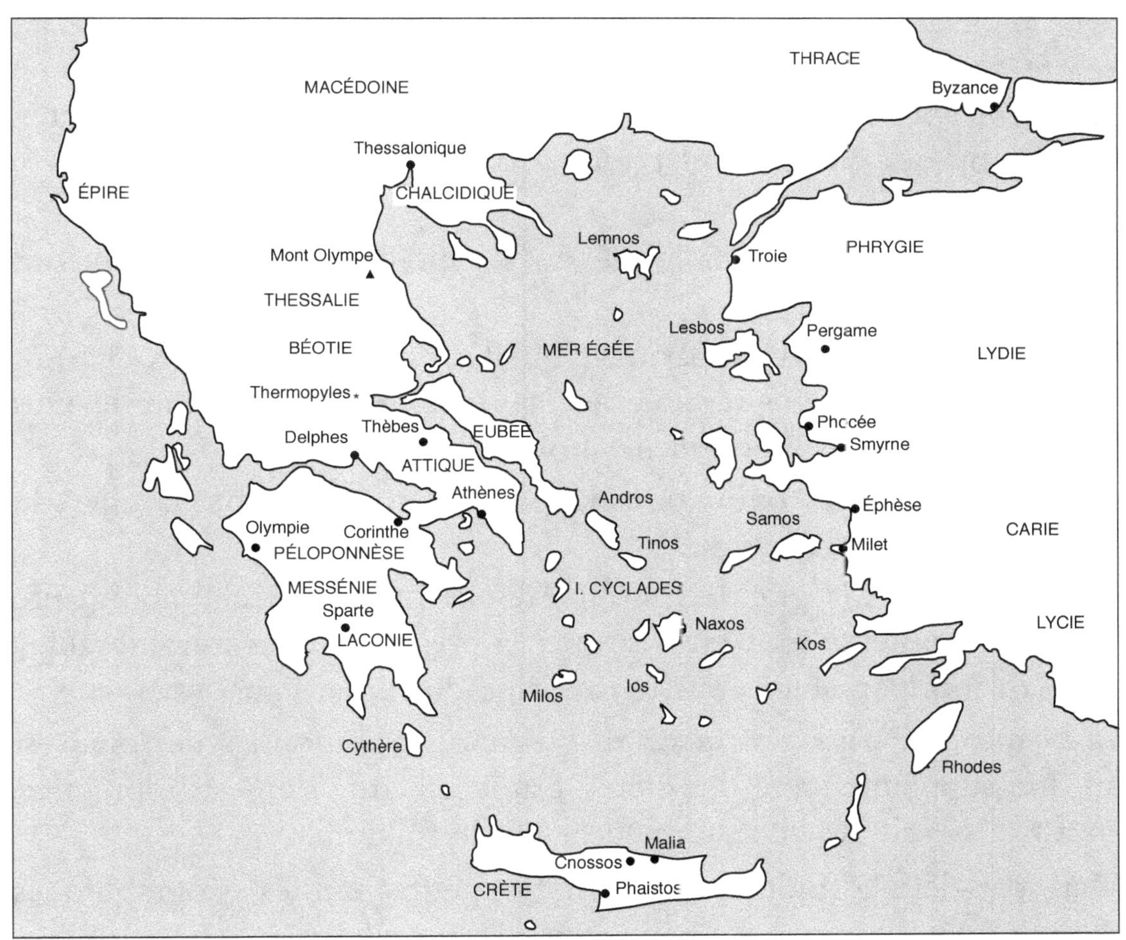


Grèce antique – Crète – Asie Mineure

Le monde grec ou hellénique tire son nom d'une de ses plus anciennes tribus de peuplement aryen : les Hellènes. Il regroupe plusieurs régions du pourtour de la mer Égée ainsi que les très nombreuses îles qui la parsèment.

La Grèce originelle, ou Grèce d'Europe, forme à 80 % une péninsule montagneuse. La mer, omniprésente, s'y insinue en golfes profonds, dont le plus important est celui de Corinthe. Les plaines sont exiguës, sauf la Thessalie que dominent le mont Olympe et les dieux qui l'habitent. Les pâturages y permettent l'élevage, surtout celui des chevaux, si précieux pour la cavalerie grecque.

Dans ce relief cloisonné de montagnes et de collines, les chemins gagnent difficilement la Grèce intérieure. Aussi un millier de cités s'isolent, s'individualisent en États minuscules, rarement alliés, surtout fiers de leur indépendance et de leur monnaie propre.

Sparte et Athènes sont les cités-États les plus importantes. Elles ne dépassent pourtant pas 3 000 km². Elles vivent, comme les autres cités, sobrement, des productions typiques des rivages méditerranéens. Ce sont :

- quelques céréales, dont le blé sur les meilleures terres, et surtout l'orge ;
- les cultures arbustives, parmi lesquelles l'olivier aux fruits charnus donnant une huile réputée, et la vigne, généreuse, pour le plus grand plaisir des dieux et des hommes ;
- les caprins et les ovins ont élu pour domaine les broussailles du maquis et de la garrigue ;
- mais la vraie, la grande ressource est la mer. La pêche abondante et le commerce sont favorisés par la présence d'îles innombrables, relais indispensables pour le cabotage diurne et l'abri nocturne.

La beauté des paysages terrestres ou maritimes inondés de soleil est un don supplémentaire des dieux. L'âme grecque s'en est imprégnée, en a tiré sa joie de vivre perpétuée par le folklore.

Mais, par-delà la multiplicité des cités, petites entités géographiques et politiques, des liens réels ont unifié le monde grec.

- On retrouve en premier la Méditerranée, « mère » nourricière des cités grecques, tout autant que de leurs colonies. Les nombreuses épaves sous-marines qui en jalonnent les côtes attestent la présence de commerçants grecs, en Asie Mineure, en Italie, en Sicile, en Gaule, en Espagne et même en Afrique du Nord. Quant aux artistes grecs, en stylisant la vague méditerranéenne, ils ont créé une frise typique aux multiples facettes : la grecque.

- La langue, autre facteur d'unité, a été comprise dans tout le monde grec. Elle a dominé, tout en les respectant, les dialectes locaux.
- La religion a rapproché les esprits, surtout lors de grandes manifestations comme les fêtes panhelléniques de Delphes, d'Athènes, ou les Jeux olympiques d'Olympie.
- L'indépendance des cités grecques, qui aurait pu être stérile, a au contraire favorisé les expériences politiques et donné un sens à des mots tels que liberté ou citoyenneté.

Ainsi, lentement tissée, la civilisation grecque est devenue un creuset d'idées, de rêves, de croyances, de valeurs, mais aussi de réalisations concrètes, comme ses lois et son art exceptionnel.

La grecque

## LES PREMIERS PEUPLES

La civilisation grecque s'étend sur 2 000 ans, avec pour apogée le $v^e$ siècle av. J.-C. Les origines du peuplement de la Grèce sont obscures et la légende se mêle à l'histoire.

Si l'on en croit Hérodote, historien du $v^e$ siècle, un peuple venu d'Anatolie en Asie Mineure, les Pélasges, serait à l'origine de la nation grecque. Il aurait fusionné avec les occupants autochtones, essentiellement Égéens et Crétois.

Puis, au $II^e$ millénaire av. J.-C., deux vagues d'envahisseurs indo-européens issus des régions danubiennes, auraient occupé la Grèce.

Au premier groupe appartiennent :

- les Achéens, appelés vers 1600 av. J.-C. les Mycéniens ;
- puis les Ioniens, les Éoliens et les Thessaliens.

Ces peuples n'étaient pas des barbares mais des agriculteurs pacifiques, des éleveurs, des artisans du bronze, cohabitant facilement avec les groupes indigènes.

La deuxième vague d'envahisseurs arrive vers 1400 av. J.-C. Il s'agit des Doriens, peuple belliqueux. Avantagés par leurs armes de fer, ils affirment leur puissance en détruisant les villes et en saccageant les campagnes. Beaucoup de Grecs préfèrent s'enfuir. L'écriture même disparaît.

La Grèce se reconstruira peu à peu au cours d'une histoire millénaire, mais ne connaîtra plus d'invasions jusqu'à Alexandre le Grand au IVe siècle av. J.-C.

## GRANDES DIVISIONS DE L'HISTOIRE GRECQUE

Avant de préciser les caractères de chaque période, il convient d'indiquer les grandes divisions de l'histoire grecque :

- l'**époque achéenne** ou **mycénienne** s'étend du XVe siècle au XIIe siècle av. J.-C. ;
- l'**époque homérique** désigne la période du XIe au VIIIe siècle av. J.-C. ;
- la **Grèce archaïque** est celle du VIIIe au VIe siècle av. J.-C. ;
- l'**époque classique** ou **hellénique** triomphe du VIe au IVe siècle av. J.-C. ;
- la **période hellénistique** témoigne, du IIIe au Ier siècle av. J.-C., de la force d'influences externes s'exerçant sur la civilisation grecque. Elle annonce la fin d'une puissance dont les Romains, nouveaux conquérants, hériteront.

### La période achéenne ou mycénienne (XVe-XIIe siècle av. J.-C.)

La connaissance de cette période très ancienne est imparfaite. Elle s'appuie sur l'interprétation des chants les plus lointains des poèmes homériques, et plus positivement sur le travail d'archéologues exceptionnels.

- L'Allemand Schlieman (1826-1890) découvre puis étudie les sites de Troie (Hissarlik, en Turquie) puis ceux de Mycènes et de Tirynthe en Argolide non loin de Corinthe.

- Les Anglais Ventris et Chadwick apportent, en 1953, un élément nouveau de connaissance et de datation en déchiffrant les 70 signes syllabes de l'ancienne écriture gréco-crétoise, appelée « linéaire B ». L'état actuel des connaissances permet de confirmer que les Achéens ne sont pas des barbares et qu'ils excellent dans les arts de l'architecture, de l'urbanisme, de la navigation, de la guerre et de la poterie. Ils admettent aussi la hiérarchie sociale et écrivent en linéaire B.

Les ruines de leur capitale Mycènes et les trésors des nécropoles facilitent la compréhension de la civilisation mycénienne. La ville était protégée par des remparts cyclopéens de 6 m d'épaisseur. Elle s'organisait autour du palais, modèle architectural qu'imitaient, en plus simple et plus petit, les demeures de nobles.

L'entrée s'appelait les Propylées. Une cour intérieure et un vestibule conduisaient à une vaste pièce d'accueil, le mégaron, incluant au centre un foyer. Tout autour se succédaient les chambres et leurs salles de bains.

Au confort des maisons s'associait pour l'éternité la richesse des tombeaux, fosses recouvertes de pierres, dont le mobilier funéraire, les armes, les bijoux et les masques d'or des défunts attestaient à la fois de la puissance des vivants et des croyances en un « au-delà ».

## L'époque dite homérique (XIᵉ-VIIIᵉ siècle av. J.-C.)

Cette période est appelée ainsi car les seules sources de connaissances sont les textes d'Homère qui font revivre, comme dans l'épisode de la guerre de Troie, une société turbulente et guerrière.

La vérité historique s'en contente, dans l'attente de nouvelles découvertes.

Ils nous apprennent que les nouveaux conquérants doriens créèrent une situation difficile pour la Grèce. Ils détruisirent villes et villages, supprimant ainsi l'artisanat, le commerce et même l'écriture.

Une partie de la population préféra émigrer, en Asie Mineure surtout, y conservant ainsi les traditions mycéniennes. Les Phéniciens profitèrent de cette décadence pour devenir les nouveaux maîtres de la mer et développer leur commerce.

**Les Phéniciens**

> Les Phéniciens doivent à leurs cités-États – Byblos, au nord de l'actuelle Beyrouth, puis Tyr et Sidon – la prospérité de la Phénicie et son expansion maritime.
>
> Ils établirent des relations privilégiées avec l'Égypte et l'Afrique du Nord, où ils fondèrent Carthage en 814 av. J.-C. Les Carthaginois héritèrent de la puissance phénicienne, menant des expéditions en Sicile et en Espagne, où ils fondèrent en 226 av. J.-C. une nouvelle colonie, Carthagène.
>
> Les Phéniciens ont poussé leurs expéditions maritimes jusqu'en Angleterre et sur les côtes de l'Afrique occidentale.

## La Grèce archaïque (VIIIᵉ-VIᵉ siècle av. J.-C.)

La Grèce archaïque ne forme pas encore, au sens actuel du terme, un « pays » organisé à l'intérieur de ses frontières.

Elle regroupe seulement un ensemble de cités-États minuscules, repliées sur elles-mêmes, rivales le plus souvent, et correspondant chacune à une ville et à ses alentours. Pourtant, ces cités, ou *polis*, ont une ambition commune, la recherche d'une organisation « politique » stable et efficace. Elles donnent naissance à différents essais de gouvernements parmi lesquels on peut citer :

- les gouvernements oligarchiques faisant appel aux privilégiés plus forts ou plus riches dominant le reste de la population ;
- la « tyrannie » ou pouvoir absolu d'un maître, ambitieux sans doute, mais surtout considéré comme un sauveur. Le terme n'associe pas encore l'idée de cruauté. Ainsi, Pisistrate, trois fois tyran d'Athènes entre 561 et 528 av. J.-C., favorisa-t-il, malgré sa dureté, l'établissement de la démocratie.

La législation qui apparaît est l'œuvre de législateurs soucieux de résoudre les inévitables conflits sociaux. Ils fixent par des lois écrites les règles de conduite à respecter et les punitions à appliquer à ceux qui désobéissent. Tels sont à Athènes, Dracon et Solon :

- **Dracon** créa des lois si sévères (621 av. J.-C.) que le mot « draconien » est resté dans le vocabulaire courant ;

- **Solon** (594 av. J.-C.) prescrivit des lois plus humaines, soulignant la valeur de l'individu, futur citoyen.

À cette période appartient la création des Jeux olympiques (776 av. J.-C.), se déroulant à Olympie, par olympiades, c'est-à-dire tous les quatre ans ; ils servaient de référence au calcul du temps. Toutes les cités grecques y participaient et rivalisaient par de pacifiques mais difficiles compétitions sportives.

Il faut aussi noter, à cette époque, l'explosion d'un puissant mouvement d'émigration et d'expansion territoriale tout autour de la Méditerranée, des rives de la mer Noire à l'Espagne. C'est « la colonisation », chaque cité nouvelle créée s'appelant une colonie.

La colonie est fille d'une cité-mère grecque ou métropole. Elle en a hérité le feu sacré, une partie des habitants et leurs coutumes. Ces liens en font une alliée. Une métropole peut créer plusieurs colonies qui à leur tour deviendront peut-être métropoles.

### Une colonie grecque, Marseille

L'exemple de **Phocée** en Asie Mineure est simple. Pour des raisons diverses, accroissement démographique, goût pour l'aventure, recherche de nouvelles terres, intérêt commercial, refus d'un régime politique, une partie de la population émigre.
Sa colonie est Massilia, devenue Marseille, appelée aussi la cité phocéenne. Précieuse alliée, elle sert de courroie de transmission entre les produits nord-européens (ambre, étain) et les produits grecs (huile, vin, objets d'art, poteries). Massilia, devenue métropole, créera à son tour d'autres cités-comptoirs en Provence.
Les Gaulois doivent ainsi aux Grecs la connaissance de l'alphabet.

Cette période est riche en progrès de toutes sortes dans les domaines des sciences, des lettres, de la philosophie des arts. La religion acquiert ses caractères spécifiques. Tous ces aspects sont évoqués un peu plus loin dans ce chapitre.

## La période classique ou hellénique (V^e-IV^e siècle av. J.-C.)

Les centaines de cités grecques isolées par le relief sont devenues un petit monde d'États indépendants, gouvernés la plupart du temps par des oligarchies de privilégiés. Cependant, deux villes émergent de cet ensemble, par leur organisation et leur rayonnement : Athènes et Sparte.

## Athènes

### Son domaine géographique

L'Attique, terre d'élection d'Athènes, forme sur plus de 2 500 km$^2$ et jusqu'à la mer un ensemble composé :

- de collines aux forêts le plus souvent détruites, remplacées par une végétation secondaire de garrigues ;
- et de minuscules plaines céréalières, où l'orge est reine, entrecoupées d'oliviers, de figuiers et de vigne.

Sur la côte, au bout d'une presqu'île rocheuse, trois anses fortifiées abritent le port du Pirée relié à la cité d'Athènes par les « longs murs » fortifiés.

C'est un abri sûr pour les Trières, bateaux de guerre de 40 mètres de long mus par 170 rameurs répartis en 3 rangs superposés ; elles font d'Athènes une puissance maritime autant que continentale.

Dans cet espace géographique, associant à la ville 130 « dèmes » ou communes rurales, vivent plus de 300 000 hommes. Les citoyens n'en sont que le dixième.

### Son organisation politique

Elle est originale par sa nouveauté. Il s'agit de la démocratie (de *demos*, peuple, et *cratos*, pouvoir). C'est le pouvoir exercé par le peuple, sur le peuple.

L'historien Thucidide (470-395 av. J.-C.) prête à Périclès (495-429), chef de l'armée, stratège le plus illustre de la ville durant trente ans, les règles de la démocratie athénienne. On peut les résumer succinctement ainsi :

- l'administration de la cité se fait dans l'intérêt de la masse du peuple et non d'une minorité ;
- la loi assure l'égalité de tous ;
- la valeur personnelle est plus importante que la naissance car chacun peut être utile à la cité ;
- la liberté est la règle du gouvernement.

En réalité, ces principes démocratiques sont faussés car la société s'appuie sur des groupes aux droits et aux devoirs inégaux.

## La société athénienne

Elle comprend les citoyens, les métèques et les esclaves.

Les **citoyens** sont les seuls à participer au gouvernement de la cité et ne sont pas forcément riches. Ils regroupent environ 40 000 personnes, soit le dixième de la population. Ils ont seuls le droit de posséder les terres de l'Attique, car l'agriculture procure le bonheur, la richesse et la liberté.

Réunis sur la colline du Pnyx, ils pratiquent la démocratie directe pour élire leur assemblée, l'Ecclésia, chargée à son tour de choisir les 10 stratèges ou grands magistrats de l'État.

En échange de leurs droits, ils doivent, de 18 à 60 ans, le service militaire en temps de guerre. Or elles sont fréquentes. Des impôts nombreux, ou « liturgies », leur incombent. Ils financent ainsi les guerres, les services civils et religieux, les charges de la ville, y compris les fêtes.

Les **métèques** sont les étrangers libres et leurs familles, vivant à Athènes. Ils regroupent environ 100 000 âmes. Ils exercent des talents d'artisans, de colporteurs, de commerçants. Ces activités manuelles, mal considérées, leur sont réservées mais leur permettent souvent de s'enrichir. Ils payent une redevance à la cité pour avoir le droit d'exercer leur métier et doivent en plus des taxes très lourdes. Enfin, à l'égal des citoyens, ils servent dans l'armée. Mais l'achat de terres leur est interdit et ils ne disposent d'aucun droit politique.

Les **esclaves** sont, dans cette société, les plus nombreux, indispensables à la vie économique, sociale et familiale. Ils permettent aux citoyens de se consacrer à la politique.

À l'origine, prisonniers de guerre vaincus ou achetés, ils ne sont, pas plus que leurs descendants, considérés comme des hommes. Ils n'en ont que l'apparence. Êtres inférieurs, instruments de travail, leur « énergie », au sens économique du terme, est utilisée dans les mines, les carrières et les travaux agricoles. Ils servent aussi à l'entretien et à la surveillance de la cité. Dans les familles, ils assument tous les travaux domestiques et, comme « pédagogues », accompagnent et surveillent les enfants.

S'ils parviennent à économiser un peu d'argent, ils peuvent racheter leur liberté et deviennent alors des hommes libres ou « affranchis ».

Dans cette société, les femmes, surtout dans les familles aisées, sont avant tout des maîtresses de maison respectées, dont les appartements privés s'appellent le « gynécée ».

### Le rayonnement d'Athènes au ve siècle av. J.-C.

Première ville de Grèce, Athènes a cumulé en cet âge d'or les titres de gloire.

Première puissance militaire et navale, elle a assuré la protection des autres cités grecques moyennant finances et les a regroupées sous son égide, en confédération de cités alliées. Sa rivale, Sparte, récupérant à son profit les villes grecques mécontentes des taxations, finira par mettre fin, en 404 av. J.-C., à l'impérialisme athénien.

Auparavant, Athènes a triomphé de ses voisins perses aux ambitions dévorantes. Deux victoires en particulier illustrent les guerres Médiques :

- celle terrestre de Marathon en 490 av. J.-C. ;
- et la victoire maritime de Salamine en 480 av. J.-C.

Première puissance financière, elle a profité des contributions financières, imposées ou non à ses alliés, en servant avant tout ses propres intérêts.

Sa stabilité et sa force monétaire furent reconnues même en Europe où l'on faisait confiance à sa monnaie d'argent, le drachme, à ses multiples et à ses sous-multiples. Les drachmes étaient appelés familièrement « les chouettes » car elles étaient frappées à l'avers du profil d'Athéna, et au revers de feuilles d'olivier et de la chouette, animal sacré de la déesse.

L'Agora, la place publique, était le lieu des échanges et des affaires.

L'organisation politique d'Athènes passait pour un modèle dans le monde grec. Elle la devait en grande partie à Périclès, au pouvoir de 460 à 432. Mais la réalité était moins idyllique.

Le rayonnement religieux, intellectuel et artistique d'Athènes fut immense durant cette période, appelée aussi le « siècle de Périclès ».

L'acropole (*acro-polis*, ville haute) s'embellit de nouvelles constructions. Aujourd'hui, les touristes peuvent admirer ce qu'il reste du Parthénon, le plus grand monument, des Propylées du temple de la Victoire Aptère, et de l'Erechthéion : Phidias en était l'architecte principal.

Athènes, le Panthéon sur l'Acropole en hiver

Les Panathénées célébraient la statue chryséléphantine en or et ivoire de la déesse protectrice d'Athènes : Athéna.

Comme autres témoins célèbres de cette époque, citons :

- les écrivains et poètes Sophocle, Eschyle, Euripide, Aristophane ;
- les historiens Hérodote et Thucidide ;
- les philosophes Socrate et Platon, en quête de recettes de sagesse et de bonheur.

## Sparte

Non loin d'Athènes, mais plus au sud en Laconie dans la vallée de l'Eurotas, s'est développée une cité forteresse : Sparte ou Lacédémone.

Créée par les fils des conquérants doriens, elle s'est enorgueillie de sa puissance et de son organisation toute militaire. Notre vocabulaire a conservé au mot « spartiate » un sens de rigueur et de dureté.

Sparte vit en oligarchie.

Les **Égaux**, au sommet de la hiérarchie sociale, sont les descendants des Doriens. Ils sont les seuls à disposer de droits politiques, mais à quel prix ! Tout d'abord, à la naissance, seuls les individus les plus forts sont gardés, les autres sont tués. La famille s'occupe des enfants jusqu'à sept ans.

Les jeunes sont ensuite regroupés et vivent en commun pour apprendre à devenir de parfaits défenseurs de la cité. Leur instruction consiste surtout en un entraînement physique intense visant à permettre, de plus en plus avec l'âge, la domination de la faim, de la soif, du froid, et le succès dans les épreuves guerrières. Les filles n'en sont pas exemptées. Le vol, le meurtre leur sont permis pour survivre, à condition de n'être pas surpris. Peu bavards, leurs réponses brèves s'appellent des laconismes.

Mais cette vie ne favorise pas l'épanouissement familial, les hommes mariés ne vivant pas chez eux. Surtout la sélection des nouveau-nés et la mortalité des jeunes (garçons ou filles) durant leur entraînement causèrent la diminution, voire la disparition progressive des vrais Spartiates.

Dans cette société militaire, les travaux agricoles des terres des Égaux étaient assurés par les hilotes, sortes d'esclaves descendants de peuples vaincus.

Quant aux activités artisanales, elles étaient exercées par les périèques, étrangers réfugiés à Sparte ou descendants libres de peuples vaincus. La vie politique leur était interdite.

Sparte, guerrière, impérialiste, rivale d'Athènes pour la domination des villes grecques, s'épuisa dans des guerres multiples, devenant la première victime de son système sélectif rigoureux et de son organisation.

Elle ne put résister à la puissance de Philippe de Macédoine. Il envahit d'abord la Thessalie et la Thrace puis obligea les cités grecques à accepter sa protection ambiguë, en fait sa domination, en les regroupant dans la ligue de Corinthe. À sa mort, en 336 av. J.-C., son œuvre fut parachevée par son fils Alexandre, qui étendit sa puissance sur tout le Moyen-Orient et jusqu'en Inde.

## La période hellénistique (323-30 av. J.-C.)

De 323 av. J.-C., qui marque la mort de l'étonnant Alexandre, à 30 av. J.-C., où l'Empire gréco-macédonien devient romain, la Grèce connaît une période d'évolution et de transformations. À l'hellénisme pur se mêlent les influences proche-orientales favorisées par les successeurs d'Alexandre. D'où le nom d'hellénistique donné à cette période médiane comprise entre la civilisation grecque et la civilisation romaine.

Dans un premier temps, les cités grecques de la ligue de Corinthe, placées sous la protection dominatrice de Philippe puis d'Alexandre de Macédoine, perdent toute autonomie. Puis, englobées dans l'Empire macédonien, elles dépassent leurs particularismes et prennent conscience de leur appartenance à cet empire à la conquête duquel elles ont participé par l'envoi d'or, de fantassins et des précieux cavaliers.

La mort d'Alexandre, à 33 ans, rompt l'essor politique et l'unité impériale. Mais la culture grecque (langue, arts, idées) s'est diffusée par le biais des peuples mêlés. À défaut de successeur unique, l'empire d'Alexandre est partagé entre ses généraux et ses descendants. Des rivalités, doublées de conflits inévitables, éclatent entre les nouveaux rois et roitelets, avides de pouvoir personnel.

Au terme d'épisodes complexes, trois royaumes émergent :

- le royaume des Antigonides, fondé en 277 av. J.-C. par Antigonos, regroupe la Macédoine, une nouvelle ligue de cités helléniques ainsi que des régions au sud de la mer Noire ;
- le royaume des Séleucides, fondé vers 350 av. J.-C. par Seleucos, s'étend de l'Anatolie turque à l'Inde. Il s'en détache, dès 260 av. J.-C., le royaume de Pergame ;
- le royaume des Lagides, fondé aussi vers 350 av. J.-C. par Ptolémée Lagos, dispose des îles et des rivages de la mer Égée, et surtout d'une Égypte plus vaste que jamais. Ce sont les Lagides qui, par le jeu des alliances, font appel à l'aide romaine. Mais les nouveaux alliés deviennent conquérants et s'emparent des restes de l'empire d'Alexandre. C'est ainsi que la civilisation romaine remplace, tout en l'assimilant, la civilisation grecque.

La période hellénistique, marquée par les clivages territoriaux ou politiques, a pourtant connu de réels progrès.

La **vie économique** a redoublé d'activité :

- les rendements agricoles ont augmenté ;
- la production minière s'est développée (sel, carrières, asphalte et pétrole) ;
- des ateliers de textiles et de céramique se sont créés.

Le commerce s'est intensifié, donnant leur heure de gloire à des ports comme Alexandrie d'Égypte, Séleucie, Éphèse, Rhodes au colosse de bronze, ou à des villes-marchés telles Tyr, Damas, Palmyre, Pétra, Babylone.

Les **villes**, en se développant, ont adopté les principes d'urbanisme grec tels le plan en damier et la construction de temples, de portiques, de gymnases, de bibliothèques, de théâtres et de maisons embellies de sculptures, de fresques et de mosaïques. Elles ont ainsi collaboré à la conservation et à la transmission de la civilisation grecque.

La **vie intellectuelle**, toujours brillante à Athènes, a essaimé dans tout le Moyen-Orient. Seule Alexandrie d'Égypte, créatrice d'un centre de recherches appelé « le Musée », a supplanté dans le domaine scientifique l'ancienne capitale.

Parmi les savants qui nous ont légué leur savoir on peut retenir les noms de :

- Eratosthène pour ses recherches géographiques et cartographiques ;
- Euclide en mathématique ;
- Archimède en physique.

Les philosophes comme Aristote, ou des écoles comme celles des stoïciens (partisans de la domination de soi) ou des épicuriens (soucieux d'éliminer les soucis et de favoriser les plaisirs) ont tous contribué à la recherche du bonheur.

Enfin, c'est dans le domaine de la vie religieuse que s'est produite la plus importante osmose. Les religions orientales, aux promesses de résurrection, ont progressé. Les cultes égyptiens, remis à l'honneur, louent la déesse Isis, tandis qu'un nouveau dieu, Sérapis, curieux mélange d'Osiris, d'Apis et de Zeus, réalise une fusion des croyances. Yahvé, Dieu des juifs, est aussi respecté.

Quant aux souverains hellénistiques, considérés et honorés comme des dieux vivants, ils ont bénéficié d'un pouvoir absolu. Leur administration était puissante, et de nombreux Grecs minoritaires mais efficaces et privilégiés ne s'en plaignaient pas.

# LES CROYANCES DES GRECS, LA MYTHOLOGIE

Mélange de peuples successifs, les Grecs étaient tolérants et polythéistes. Respectueux envers leurs dieux, ils leur construisaient des temples et les honoraient par leurs offrandes. Les témoignages qui nous sont parvenus et que les musées abritent sont nombreux.

Les Grecs étaient conscients du mystérieux de l'univers et du merveilleux renouvellement de la nature. Ne pouvant l'expliquer, ils l'attribuaient aux dieux. Leurs récits s'appelaient des mythes, ils y croyaient fermement.

La mythologie est l'ensemble de ces récits symboliques qui mettent en scène divers dieux, disposant chacun d'une fonction précise dans l'équilibre cosmique. À terme, s'explique la filiation des hommes et surtout des rois de la Grèce, qui légitiment ainsi leur pouvoir. La mythologie comprend plusieurs sortes de récits complexes dont quelques aspects très simplifiés sont retenus ici.

- Les **théogonies** expliquent comment, par exemple, la nuit (*nyx*), le jour, la Terre (*Gaïa*), l'éther, les forces de la nature sont nés du vide primordial, ou Chaos, grâce à Éros (force de l'Amour).
- Les **cosmogonies**, généalogie des dieux, forment la suite et se concentrent sur l'origine divine de chaque aspect du monde matériel.
- Les **mythes** racontent des histoires particulières des dieux et des héros.

## Généalogie des dieux grecs

Gaïa (la Terre), épouse d'Ouranos (la Voûte céleste), devient la créatrice de tout notre monde. Sa descendance est considérable. Citons pour mémoire ses curieux enfants :
- les trois Hécatonchires, monstres aux cent mains ;
- les trois cyclopes, géants à un seul œil disposant de l'éclair, du tonnerre et de la foudre ;
- les douze Titans (six hommes et six femmes), les plus importants, parents à leur tour d'Okéanos (l'océan), de Téthys (la mer), de Phœbe (la lumière), d'Hélios (le soleil), de Cronos (le temps qui dévore ses propres enfants).

Zeus, père des dieux à la descendance considérable, est le seul rescapé de l'appétit de Cronos. Sa domination sur les dieux s'établira non sans peine.

Le mythe de Prométhée détaille l'histoire du genre humain, né de l'union d'Épiméthée, fils d'un titan et frère de Prométhée, et de Pandore, la première femme. Trop curieuse, celle-ci ôta le couvercle d'une jarre contenant tous les maux de l'humanité, qu'elle libéra ainsi. Seule l'Espérance resta dans la jarre. D'autres récits parlent du Déluge, fruit de la colère de Zeus et punition des hommes, puis de la naissance d'une nouvelle race d'hommes, civilisés cette fois et ancêtre des Grecs.

## Les dieux grecs

Très nombreux, ils apparaissent comme les modèles du genre humain qu'ils ont créé. Beaux ou laids, intelligents ou têtus, ils connaissent toutes les nuances des caractères physiques et moraux des hommes. Ils ont surtout en plus l'immortalité et disposent d'une puissance presque illimitée, qui explique l'intérêt des hommes à souhaiter leur protection. Seule la « Destinée », qui déroule et coupe le fil de chaque vie, limite leur pouvoir. Ils peuvent, par leur union avec des mortels (hommes ou femmes), donner la vie à des êtres supérieurs, des demi-dieux, appelés des « héros » et capables d'exploits surprenants.

Les principaux dieux de l'Olympe sont :

- **Zeus**, roi et père des dieux et des hommes. Il est le maître du ciel, de la Terre et de l'éclair qu'il tient dans sa main ; Olympie l'a choisi comme dieu protecteur ;
- **Poséidon** est le frère de Zeus et le dieu de la mer ;
- **Hadès**, autre frère de Zeus, règne sur les Enfers, le monde souterrain des morts.

À eux trois, ils dominent, et le monde, et les autres dieux qui appartiennent de toute façon à leur famille.

- **Héra** est la sœur et l'épouse légitime de Zeus.
- **Arès**, fils de Zeus et d'Héra, est le dieu de la guerre, le père de Phobos (la terreur) et des cruelles Amazones.
- **Aphrodite**, fille illégitime de Zeus, devient la déesse de la beauté et de l'amour.
- **Apollon**, fils de Zeus et de Léto, très beau et intelligent, est le dieu de la jeunesse, du soleil, des arts, de la divination ; Delphes l'a choisi comme protecteur.

- **Dionysos** est né de la « cuisse de Jupiter » où le dieu avait caché trois mois ce fœtus, fruit de ses amours avec Sémélé. Il est le dieu populaire de la vigne, du vin, de l'extase.
- **Athéna**, fille de Zeus et de Métis, qu'il avait avalée, naquit de la tête du roi des dieux, toute armée et casquée ; elle symbolise l'intelligence, la raison, la perspicacité ; déesse guerrière, elle protège ses amis et leur a appris à cultiver l'olivier. La chouette est son animal favori.
- **Hermès**, fils de Zeus et de Maia, est le messager des dieux ; dieu du commerce mais aussi des voleurs, il est représenté avec des sandales ailées, un chapeau et le caducée.
- **Artémis**, jumelle d'Apollon, déesse chasseresse, règne sur les animaux sauvages.
- **Héphaïstos**, boiteux et le plus laid des dieux, fils légitime de Zeus et d'Héra, est le maître du feu, des volcans et des forgerons, et l'époux trompé d'Aphrodite.
- **Déméter**, sœur de Zeus, est la déesse de la terre cultivée. En hiver elle séjourne aux Enfers et réapparaît au printemps, favorisant la croissance des plantes, du blé surtout.

## Les héros

Les héros sont des demi-dieux, par leur père ou leur mère. Ils sont en fait la trame de l'histoire des Grecs revue par la légende. Parmi les héros aux exploits symboliques citons : Thésée, Héraclès, Jason, Œdipe.

### Thésée

Fils du roi Égée et d'une descendante de Zeus, il devint, au terme de combats épiques contre des monstres et des brigands, le roi d'Athènes.

Grâce au fil d'Ariane, il put s'évader du palais-labyrinthe du monstre-roi de Crète : le Minotaure. Il libéra ainsi d'autres Athéniens que le monstre devait dévorer. Il vainquit les Amazones, symboles des Thébains ennemis. Il épousa Phèdre.

Puis il fut emprisonné aux Enfers pour avoir voulu enlever Perséphone ; Héraclès le libéra. Mais il périt de façon tragique, précipité du haut d'un rocher par un roi rival.

Il symbolise à la fois la sagesse et la séduction.

### Héraclès

Les Doriens l'ont rendu célèbre, en vantant sa force puissante mais aussi sa violence. Il fut le seul héros à gagner l'immortalité grâce aux douze exploits qu'il réalisa à la demande d'Apollon. Ainsi :

- il étrangla le lion qui terrorisait la région de Némée ;
- il détruisit grâce à ses flèches empoisonnées l'hydre de Lerne, ou serpent à plusieurs têtes ;
- il captura le sanglier d'Erymanthe puis la biche du Cérynie, monstres qui dévoraient les récoltes ;
- il débarrassa la région du lac Stymphale des oiseaux qui, eux aussi, détruisaient les récoltes ;
- il nettoya, grâce au courant détourné de deux fleuves, les écuries puantes du roi Augias ;
- il captura le taureau furieux de Crète ;
- il s'empara des cavales (juments) anthropophages de Diomède, en leur faisant dévorer leur maître ;
- il obtint la ceinture magique de la reine des Amazones, Hippolyte, en libérant sa sœur ;
- il ramena à Géryon son troupeau de bœufs que gardaient un berger et son chien monstrueux ;
- il maîtrisa Cerbère, le chien à trois têtes, gardien de l'empire des morts ;
- avec l'aide du géant Atlas, il parvint à s'emparer des pommes d'or d'Héra, gardées par trois nymphes, les Hespérides.

### Jason

Pour récupérer le royaume paternel, il dut partir à la recherche de la Toison d'or d'un bélier sacrifié à Zeus, que gardait un dragon ; il y parvint au terme d'un long voyage sur son navire *Argo* (le rapide) et avec l'aide de ses compagnons, les Argonautes, parmi lesquels Orphée, Castor et Pollux. Il revint dans son pays après avoir réussi d'autres épreuves terrestres, grâce à Médée, princesse et magicienne.

### Œdipe

Abandonné par son père, recueilli par le roi de Corinthe, il devint parricide sans le savoir. Poursuivant sa route, il rencontra le Sphinx, monstre ailé, mi-animal, mi-femme qui dévorait ceux qui ne répondaient pas à ses énigmes. Il trouva les réponses et le Sphinx furieux se jeta dans l'abîme. Puis Œdipe, apprenant qu'il avait épousé sa mère, se creva les yeux de désespoir et s'enfuit en Attique.

# PRATIQUES RELIGIEUSES ET SANCTUAIRES

Toutes les cités grecques avaient à cœur de se placer sous la protection des dieux olympiens. Elles leur rendaient hommage par la construction de sanctuaires et par des pratiques religieuses.

## Les sanctuaires

Ils regroupaient en des lieux sacrés les temples dédiés aux dieux vénérés parmi lesquels, le dieu protecteur était privilégié :

- Delphes honorait Apollon ;
- Olympie avait élu Zeus ;
- Athènes dépendait d'Athéna.

Les Grecs s'y rendaient nombreux, individuellement ou par délégations officielles des cités, surtout lors des grandes célébrations.

Delphes, le temple d'Apollon

À Delphes, le sanctuaire d'Apollon, très vaste, accroché harmonieusement à la colline, groupait, de part et d'autre de la voie sacrée, des temples, des portiques, des autels, des statues, un théâtre et un stade.

Près du grand temple d'Apollon, dieu des arts, se déroulaient en particulier des épreuves de poésie et de musique.

À Olympie, Zeus protégeait les **Jeux olympiques** qui s'y déroulaient tous les quatre ans. Durant une semaine, les guerres étaient interrompues et les Grecs accouraient de toutes les colonies méditerranéennes pour y concourir. Les vainqueurs, rendus invincibles par les dieux, rentraient dans leur ville, couronnés d'olivier et célèbres.

À Athènes, les fêtes les plus réputées étaient :

- en été, les Panathénées ;
- en hiver, les Grandes Dionysies.

Les **Panathénées** regroupaient toute la population dans une importante procession au cours de laquelle les jeunes filles offraient à la déesse le voile de laine fine, ou Peplos, qu'elles lui avaient tissé durant l'année.

Les **Dionysies**, très populaires, célébraient Dionysos, dieu de l'ivresse ; les réjouissances s'accompagnaient souvent de beuveries.

Les représentations théâtrales qui s'y ajoutaient révélèrent les talents de Sophocle, Euripide et Aristophane, inspirateur de nos auteurs comiques du XVII^e siècle.

Par d'autres aspects plus ésotériques, certaines formes de ce culte dit « à mystères » privilégiaient des initiés, se disant détenteurs de connaissances, de secrets sur le monde et sur l'homme.

## Le culte

Il était aussi bien l'expression de la vie publique et politique de la cité que le témoignage de la ferveur personnelle.

Les statues des dieux servaient de support visuel aux croyances, mais elles n'étaient en rien divinisées. Des prières, des chants, des libations, des offrandes diverses, des processions, des sacrifices de l'animal fétiche du dieu ou de la déesse se succédaient. Il s'y ajoutait des compétitions pacifiques mais indispensables, où les pèlerins rivalisaient d'esprit ou d'adresse. L'ambiance, plutôt que recueillie, était proche de la kermesse.

À l'énumération de ces pratiques culturelles, il faut ajouter les demandes d'intervention divine dans la vie quotidienne, ou des interrogations pour l'avenir. Les réponses des dieux, appelées les **oracles**, étaient transmises aux intéressés par l'intermédiaire de prêtres ou de prêtresses en état d'extase. À Delphes, la **pythie** s'était rendue célèbre par ses oracles respectés dans tout le monde grec.

Comment, alors, remercier les dieux de leur assistance ? Les cités comme les particuliers rivalisaient par leurs offrandes, en numéraire, en statues, en bas-reliefs. Des monuments appelés **trésors** les conservaient à l'abri des prédateurs. À Athènes, il y avait, disait-on, plus de statues que d'habitants.

# L'HÉRITAGE GREC

Deux mille ans d'histoire commune ont imprimé à tout le Bassin méditerranéen des caractères fondamentaux dont notre civilisation européenne a hérité à son tour.

## En politique

Le legs est d'importance et nous devons aux Grecs, qui l'ont expérimentée dans leurs minuscules cités, la pratique de la vie politique. Le vocabulaire le plus simple nous en rappelle les principes :

- la politique est l'art de s'occuper des affaires de la cité ou *polis* ;
- l'aristocratie désigne le pouvoir (*cratia*) des meilleurs, ou se considérant comme tels (par la religion ou la naissance) ;
- la démocratie donne au peuple (*démos*) le pouvoir, ou du moins à ses citoyens ;
- la monarchie est l'autorité (*archia*) exercée par un seul homme (*monos*, seul) ;
- l'oligarchie est le pouvoir d'un petit nombre ;
- la ploutocratie est le pouvoir des riches ;
- l'anarchie est le refus de l'autorité ;
- la démagogie est l'art de flatter le peuple (*démos*).

Nous devons aussi aux Grecs la rédaction de nombreuses lois ainsi que les premières assemblées de gouvernants, telle l'» Ecclésia » d'Athènes.

## Dans les domaines de la pensée

### La langue

Elle a imprégné, par l'intermédiaire du latin et des langues romanes, la plupart de nos langues européennes. Le vocabulaire scientifique surtout est resté proche de ses origines. Les étudiants qui ont appris le grec et le latin peuvent mémoriser avec plus de facilité ce qu'ils apprennent, en s'appuyant sur la philologie.

### La littérature

Elle s'est épanouie dans de longs récits de type homérique et a fait naître l'» Histoire », relation de faits réels, ou supposés tels. On doit à Hérodote et Thucidide la révélation de l'Histoire traitée comme une science. L'art de s'exprimer et de convaincre devient l'« éloquence », indispensable pour mener une carrière politique (Démosthène).

### Le théâtre

Associé au culte de Dionysos, il a connu un grand développement. Il s'est partagé entre la comédie où s'est illustré Aristophane (450–380 av. J.-C.), et la tragédie dont les maîtres furent Eschyle (450–425 av. J.-C.), Sophocle (497–407 av. J.-C.) et Euripide (480–406 av. J.-C.).

### La philosophie

La philosophie naît en Grèce avec **Thalès de Milet**, au VIIe siècle av. J.-C., suivi par Anaximandre, Anaximène, Pythagore, Héraclite, Parménide… Tous s'interrogent sur la nature du monde et les principes qui le gouvernent.

Mais le philosophe grec le plus marquant fut **Socrate** (459–399 av. J.-C.). Sensible au « connais-toi toi-même » conseillé par l'oracle de Delphes et inscrit au fronton du temple d'Apollon, il eut l'intime conviction qu'il existait, au-delà des apparences, un homme intérieur, d'origine divine, en quête du bien et du bonheur. Son enseignement, purement oral, nous a été transmis par Platon, son disciple.

**Platon** (428–348 av. J.-C.) exprima sa pensée dans des œuvres rédigées pour la plupart sous la forme de dialogues aux discussions constructives. Pour lui, le monde sensible et matériel est source d'illusions et d'imperfections. L'âme doit essayer de s'en dégager pour parvenir au monde des idées, surtout à la Vérité, à la Justice et au Bonheur. À Athènes il fonda son école, l'**Académie**. Il eut comme élève Aristote.

**Aristote** (384-322 av. J.-C.) à son tour fonda une école, le **Lycée**, et fut le précepteur d'Alexandre le Grand. Son œuvre fut immense, sa démarche se dissociant pourtant de celle de Platon. Au monde des Idées, il substitua la réalité concrète, que la raison peut connaître. En effet, les idées ne sont pas séparées : elles se réalisent dans la matière en donnant leur forme aux êtres. Et c'est cette forme qui est connue. Ainsi est née la pensée scientifique. Aristote est le premier penseur qui n'utilise pas les mythes pour réfléchir, mais qui se tient à la seule analyse rationnelle des choses pour en rendre compte. La raison aide les hommes dans leur quête spirituelle, morale et dans la vie pratique (familiale, sociale, politique), créatrice du bonheur.

## Les recherches scientifiques

Occidentaux et Orientaux ont collaboré pour parvenir à des résultats sérieux. Ainsi les connaissances ajoutées des Chinois, des Hindous et des Arabes ont permis la naissance de l'arithmétique, de la géométrie et d'une astronomie distincte de l'astrologie. On peut citer les noms de **Thalès** au VII$^e$ siècle av. J.-C., **Pythagore** au VI$^e$ siècle av. J.-C., **Euclide** et **Archimède** au III$^e$ siècle av. J.-C.

Alexandrie d'Égypte était la ville scientifique la plus célèbre du monde hellénistique. Sa bibliothèque, malheureusement brûlée, contenait, dans plus de 700 000 volumes, toutes les connaissances de nos premières civilisations.

Enfin, il ne faut pas oublier les recherches dans le domaine médical et le nom de leur grand instigateur, **Hippocrate** (V$^e$ siècle av. J.-C.).

## Les progrès techniques

À l'époque hellénistique surtout, de nombreuses inventions sont expérimentées. Citons pour mémoire des pompes et des machines à eau, des armes, des machines de guerre et la vis sans fin du physicien Archimède.

Tous ces aspects positifs de la civilisation grecque ne doivent pas être isolés du contexte dans lequel ils ont été réalisés. L'esclavage était l'utilisation de la force humaine comme source d'énergie, et les guerres si fréquentes en étaient les pourvoyeurs. La vie humaine n'avait que peu de prix, et l'élimination spartiate des nouveau-nés fragiles le prouvait aussi.

Ainsi comprend-on l'effort des philosophes pour tenter d'» humaniser » les Grecs. Socrate en a payé le prix, de sa propre vie.

## Les sports

Ils méritent une place à part par leur importance et leurs succès. On doit aux Grecs la création de la plupart des sports pratiqués de nos jours. Les jeux panhelléniques de Delphes, d'Athènes, de Corinthe et surtout d'Olympie unissaient tous les Grecs dans un esprit religieux, et dans le souci des traditions populaires et du succès de la cité représentée au travers de la compétition personnelle.

- Les sports gymniques étaient pratiqués nus, le corps huilé (*gumnos*, nu). Le **pentathlon** regroupait cinq épreuves : le saut en longueur, le lancement du disque, le jet du javelot, la lutte, la course (différentes longueurs). Le **pancrace** combinait la lutte et le pugilat, sorte de boxe.
- Les courses en char étaient très prisées. Il existait des courses en char bige (à deux chevaux), en quadrige (à quatre chevaux) et les courses de chevaux montés. Elles donnaient lieu à des paris effrénés.

N'oublions pas que les chroniqueurs grecs ont daté les événements historiques d'après les olympiades, de 776 av. J.-C. jusqu'à 394 ap. J.-C., où l'empereur Théodose les interdit, les considérant comme de cruels rites païens.

Les statues grecques antiques ont idéalisé la beauté physique faite d'équilibre corporel et de force musculaire.

# L'ART GREC

L'héritage grec est monumental dans ce domaine. Chaque artiste, quel que soit son domaine, recherchait la perfection esthétique au travers de la beauté ; l'homme en était le modèle ou la mesure.

Issu de la péninsule grecque, l'art a essaimé dans tout le Bassin méditerranéen, véhiculé par les riches amateurs. Si les peintures et les fresques effacées par le temps ne nous sont pas parvenues, la décoration des faïences, vases ou assiettes, nous en laisse imaginer la finesse. Mais c'est essentiellement par l'architecture et la sculpture que nous pouvons comprendre l'art grec.

Notons auparavant que les Grecs ont été influencés par l'art mésopotamien, égyptien ou crétois, et que le v$^e$ siècle, période d'épanouissement, n'a pas été le seul fécond en ce domaine.

Les Romains nous ont transmis, en les copiant, beaucoup de chefs-d'œuvre disparus (monuments, statues, fresques). C'est pourquoi tous les musées européens peuvent offrir à nos yeux des témoignages de la beauté grecque.

# L'architecture

C'est à l'époque classique que l'architecture grecque trouve sa perfection en créant surtout des temples, parfaitement intégrés au site ou au paysage et qui sont devenus des modèles de style et de proportions. Les monuments construits oublient le gigantisme égyptien et demeurent à échelle humaine. Ils s'apparentent à des styles ou « ordres » définis par des caractéristiques concernant leur plan, leur ordonnance, leurs colonnes (doriques, ioniques, corinthiennes, composites) et la décoration de leurs frontons.

Nous nous contenterons de citer quelques types de monuments et constructions, témoins de la civilisation grecque.

### Les temples

Jamais démesurés, mais à échelle humaine, ils étaient de forme rectangulaire ou parfois ronds. Ils étaient précédés sur une façade ou entourés, sur les quatre côtés, d'un péristyle à colonnades supportant la lourde toiture. Des gradins supportaient l'ensemble.

La légende ou les oracles en avaient déterminé l'implantation.

À l'intérieur, dans la nef décorée ou naos, se trouvait la statue précieuse du dieu ou de la déesse. Mais les fidèles se contentaient de laisser à l'extérieur, dans une enceinte sacrée, les offrandes préparées.

### Le Parthénon d'Athènes

Situé sur la partie la plus haute de l'Acropole, il est le monument dorique le plus important de l'architecture grecque. Témoin de l'âge d'or de la Grèce classique, Phidias coordonna les travaux des architectes et en fut le sculpteur attitré.

Construit en marbre, il a 69,51 m de long et 30,87 m de large.

Partiellement ruiné par des boulets vénitiens au XVIIe siècle, il souffre actuellement de la pollution.

### Les trésors

C'étaient des constructions ressemblant à de petits temples. Ils avaient été édifiés par diverses cités pour remercier les dieux à l'occasion de victoires. Des inscriptions en relataient les faits, et des *ex-voto* et des trophées y étaient conservés. À Delphes, le sanctuaire d'Apollon comptait une quinzaine de trésors.

Divers monuments commémoratifs consistaient en stèles, colonnes votives, hermès ou piliers surmontés par un buste. Ils parsemaient les allées des sanctuaires.

Les monuments funéraires pouvaient être de simples stèles surmontant le tombeau, ou des temples en réduction.

### Les acropoles

Elles formaient des sites élevés à caractère défensif. Les remparts, devenus enceintes sacrées, protégeaient les divers temples construits. L'entrée, monumentale à Athènes, s'appelait les Propylées.

### Les théâtres

Ils offraient aux acteurs, chanteurs, danseurs, conteurs et poètes une aire propice à la célébration du culte du dieu Dionysos. Puis légendes et histoires laissèrent la place aux tragédies et aux comédies.

Le théâtre d'Épidaure, par exemple, formait un vaste hémicycle adossé à un pan de colline, ce qui favorisait l'acoustique. Des escaliers rayonnants permettaient d'accéder aux gradins pouvant contenir 15 000 spectateurs. Ils convergeaient en contrebas à l'orchestre, de forme circulaire, marqué en son centre par l'autel destiné aux cérémonies religieuses. Face aux gradins, la scène rectangulaire fermée sur trois côtés n'était que le support des décors, les coulisses et le vestiaire.

On appelait **odéons** les théâtres plus petits, destinés aux œuvres musicales.

Les **gymnases** et les **palestres** offraient aux jeunes sportifs des portiques d'entraînement, des cours, des piscines et des promenoirs à colonnades pour les visiteurs et les penseurs.

## La sculpture

Elle se trouve associée à l'architecture intérieure ou extérieure, décorant frises et frontons. Mais c'est dans la statuaire qu'elle trouve, au v$^e$ siècle av. J.-C., sa perfection.

Diverses « écoles » coexistaient, privilégiant les attitudes, le mouvement, l'expression ou la beauté plastique. Mais toutes, humanisant les dieux et divinisant les humains, sont parvenues à créer le « modèle grec », l'être idéal et parfait.

Les sculpteurs les plus réputés furent au v$^e$ siècle :

- **Polyclète**, de l'école d'Argos ;
- **Phidias** surtout, le plus célèbre, à la technique parfaite dans sa sensibilité. Il est l'auteur du Zeus d'Olympie, statue de 18 m recouverte d'or et d'ivoire et l'une des sept merveilles du monde ; elle fut malheureusement détruite dans un incendie au v$^e$ siècle de notre ère. Il sculpta aussi les frises et le fronton du Parthénon ;
- au iv$^e$ siècle av. J.-C., **Praxitèle** donna plus de douceur aux mouvements du corps et à l'expression des visages ;
- **Lysippe** allongea ses modèles.

Mais il ne faut pas oublier que la plupart des œuvres restèrent anonymes même si on les rattache à diverses écoles d'art.

## L'art dans la vie quotidienne

L'art grec s'exerça par la décoration d'objets usuels en céramique. Heureusement de très nombreux vases ont franchi l'obstacle du temps et nous offrent des modèles aux formes variées, harmonieux et richement décorés de motifs géométriques ou de végétaux :

- les amphores étaient utilisées pour la conservation des grains ou des liquides ;
- les cratères, à deux anses et au col évasé, servaient à mélanger l'eau et le vin ;
- les hydries, à trois anses, contenaient des liquides ;

- l'œnochoé, plus petit, à une anse, servait à puiser le vin dans les cratères ;
- les coupes, sur pied, très évasées et basses, servaient à boire ;
- il existait aussi de petits vases à parfums, les aryballes, et des boîtes pour les fards.

La période hellénistique marqua le déclin de l'art grec. Beaucoup d'artistes s'expatrièrent vers l'Italie où ils participèrent à la naissance de la civilisation romaine.

# Chapitre 7

# Rome, son empire, sa civilisation

Loin du particularisme concurrent des cités grecques, au point de départ d'une histoire longue de douze siècles, se trouve une seule ville, la Rome antique, progressivement maîtresse d'un vaste empire méditerranéen.

- 753 av. J.-C. marque, suivant la légende, la fondation de Rome par Romulus.
- 476 ap. J.-C. indique la fin de l'Empire romain, qui ne subsistait plus qu'en Méditerranée orientale.

Cette longue période a laissé des marques profondes car notre culture occidentale est l'héritière directe de la civilisation romaine dont elle s'est imprégnée.

Sur la péninsule italienne, à égale distance de la Ligurie génoise et de la pointe calabraise, la ville de Rome s'est développée, à proximité immédiate de la mer Tyrrhénienne, et au cœur de la plaine agricole du Latium.

En arrière, vers l'est, l'ossature calcaire de la chaîne tertiaire des Apennins dresse son plus haut sommet, le Gran Sasso, qui culmine à plus de 2 900 m. De cette dorsale s'échappent quelques fleuves : l'Arno au nord, le Tibre au centre, le Volturno au sud.

Soumis aux contrastes du climat méditerranéen aux étés secs et chauds, ils se gorgent d'eau capricieuse, surtout en automne et au printemps. Le **Tibre**, pour sa part, suit un tracé sinueux nord-est sud-ouest ; à Rome la traversée de son lit est facilitée par la présence d'un banc d'alluvions, formant l'île Tibérine.

Sur sa rive gauche, sept collines émergeant de la plaine humide offrent aux premières populations un site favorable à l'établissement de villages. La colline du Palatin est choisie la première.

En aval, à 30 km, le fleuve se fond dans les eaux tyrrhéniennes par une embouchure basse et marécageuse qu'il faudra drainer.

Aujourd'hui, Rome, « ville éternelle », capitale italienne, centre du catholicisme, a gardé de son passé antique des vestiges exceptionnels qui entraînent le touriste au cœur d'une civilisation toujours et encore méditerranéenne, où plongent nos racines. Nous en évoquerons ici quelques aspects essentiels.

Les premiers peuples de l'Italie

# LES PREMIERS PEUPLES D'ITALIE

Avant la fondation de Rome, divers peuples, installés vers 1000 av. J.-C., coexistaient en Italie.

- Au nord, les **Ligures** ainsi que les Celtes ou Gaulois, tous peuples indo-européens, s'étaient établis dans la plaine du Pô et sur le littoral méditerranéen (Gaule cisalpine et Ligurie).
- Au sud, les **Grecs** avaient colonisé la Sicile et l'Italie méridionale appelée la « Grande Grèce ». Les vestiges de la civilisation grecque y sont importants.
- Au centre s'étaient implantés les **Italiotes** et les **Étrusques**.

## Les Italiotes

Les Italiotes, venus des régions danubiennes, avaient apporté avec eux la civilisation du fer. Ils formaient divers groupes comme les Ombriens et les Sabins du Haut-Tibre, les Samnites des Abruzzes et, vers le Bas-Tibre, les Latins dont Albe-la-Longue était la principale cité.

## Les Étrusques

Les Étrusques formaient le peuple le plus solidement établi depuis la Toscane jusqu'au sud de l'Italie où ils s'implantaient lentement. Au VIIᵉ siècle av. J.-C., ils dominaient le Latium et la rive droite du Tibre.

Venus probablement d'Asie Mineure, les Étrusques, aux yeux en amande, étaient un peuple original, civilisé et organisé.

- Ils utilisaient leur propre alphabet de vingt-six lettres, dérivé du grec ; pourtant leurs inscriptions sont encore indéchiffrables.
- Une aristocratie puissante, hiérarchisée contrôlait les territoires soumis.
- Mais, surtout, hantés et terrifiés par la mort et l'au-delà, ils pratiquaient une religion où la divination jouait un rôle essentiel.

Des devins, ou **haruspices**, interprétaient les signes célestes, appelés **auspices**, comme les nuages ou les éclairs ; ils lisaient l'avenir dans le vol des oiseaux et les entrailles, surtout le foie, des animaux sacrifiés.

Leurs morts pouvaient être inhumés ou incinérés. La décoration des tombeaux, comme celle des urnes cinéraires, utilisait des couleurs violentes et contrastées. Ils nous ont légué des sarcophages aux couvercles sculptés représentant le défunt à demi relevé.

Les objets retrouvés pouvaient être en terre cuite, en cuivre, en bronze, en fer, en or et en argent ; ils s'inspirent de l'art grec et babylonien.

Les Romains leur doivent leur apprentissage d'une architecture urbaine marquée par des voûtes, des remparts, des égouts (la Cloaca Maxima de Rome). C'est aussi des Étrusques qu'ils apprirent à drainer les marécages.

Cependant, vers 500 av. J.-C., les Latins donnent le ton de la révolte contre les maîtres étrusques, qui perdent peu à peu leur puissance partout en Italie.

# LES GRANDES PÉRIODES DE L'HISTOIRE ROMAINE

Chaque siècle a offert son lot de transformations, de découvertes et de progrès, mais il faut avant tout revivre le charme de légendes symboliques, complexes ou naïves, au travers desquelles l'historien soucieux de vérité doit déceler la trame réelle d'un passé retrouvé.

## La naissance de Rome : légendes et premiers rois

Une suite de récits extraordinaires raconte la naissance de Rome.

### Premier récit, la légende d'Énée

Elle évoque, après la destruction de Troie et un long voyage maritime, l'arrivée à l'embouchure du Tibre, des Troyens et de leur héros Énée.

Ascagne, son fils, fonde Albe-la-Longue, où règnent pendant trois siècles ses douze descendants paisibles (lire l'*Énéide* de Virgile).

### Deuxième récit, la légende de Romulus

Le treizième roi albain, Numitor, est jalousé par son frère cadet Amulius qui le détrône. Puis, le nouveau roi, condamnant sa nièce Rhéa au célibat, l'oblige à devenir prêtresse de Vesta. Le dieu Mars, amoureux d'elle, intervient, et de leur union naissent deux jumeaux, Romulus et Rémus. Furieux, Amulius les fait jeter dans le Tibre. Mais les enfants, placés dans une corbeille, survivent ; leur corbeille atteint les berges du fleuve où une louve, devenue depuis le symbole de Rome, les allaite et les sauve. Un berger les recueille.

Parvenus à l'âge adulte, ils tuent leur oncle usurpateur et rendent Albe à leur grand-père Numitor. Ils décident alors de fonder leur propre ville sur la colline du Palatin où s'est déroulée leur enfance. Romulus, qui a les meilleurs augures, est proclamé roi et tue Rémus qui le brave.

### Troisième récit, le peuplement de Rome

Pour peupler sa ville, Romulus accueille tous ceux qui veulent s'y installer. Or, les femmes faisant défaut, il décide d'enlever de jeunes Sabines au cours d'une fête à laquelle sont invités ses voisins sabins.

Une guerre s'ensuit ; les Sabines s'interposant entre leurs pères et leurs époux arrêtent le combat. Dès lors, la paix réunit les peuples sabins et latins, auxquels s'ajoutent les Étrusques.

### Quatrième récit, les premiers rois à demi légendaires

Après la disparition de Romulus, enlevé au ciel sur un nuage, des rois, sabins ou latins, se succèdent. Puis, de 616 à 509 av. J.-C., les rois étrusques reprennent le pouvoir ; le dernier, **Tarquin le Superbe**, roi de 534 à 509, s'imposa comme un constructeur et un organisateur politique et religieux. Mais, il fut haï des aristocrates romains qui trouvèrent une occasion pour se révolter, abolir la royauté et proclamer la République.

À cette époque, Albe-la-Longue fut détruite, après la victoire des trois frères romains **Horace**, vainqueurs des trois frères albains **Curiace**. (Corneille, au XVIIe siècle, s'en est inspiré pour sa tragédie *Horace*.)

## L'expansion romaine en Italie et en Méditerranée (V[e]-IV[e] siècle av. J.-C.)

Durant deux siècles, la nouvelle république doit s'organiser et lutter en même temps contre les peuples voisins. Ces deux aspects sont évoqués ici.

### Organisation de la république

Depuis la chute de la royauté, des rivalités incessantes opposaient à Rome patriciens et plébéiens, tous en quête de pouvoir.

Les **patriciens**, descendants des premiers Romains, formaient des groupes de familles ou *gentes* (au singulier *gens*, possédant le même ancêtre). Ainsi d'Ascagne ou Iule, fils d'Énée, descendait la *gens Julia*, qui se disait d'origine divine.

Nobles de naissance et citoyens de Rome, ils disposaient :

- de tous les droits publics, comme celui de voter ou d'être élus ;
- de droits privés tels le droit de propriété, de succession, de jugements par un tribunal ;
- de droits religieux, puisque seuls ils avaient accès aux fonctions sacerdotales et au culte officiel.

Les **plébéiens**, les plus nombreux, avaient des origines variées. Ils pouvaient être des étrangers, d'anciens esclaves affranchis, des paysans d'origine étrusque, des ouvriers aux nombreux enfants, ou *proles* (qui donnera prolétariat et prolifique), venus de tous bords.

Ils n'avaient aucun droit politique, religieux ou civil. En revanche, ils devaient et l'impôt et le service militaire pratiquement durant toute leur vie, à cause des guerres incessantes. C'est en pratiquant la grève ou le refus de servir qu'ils obtinrent peu à peu des lois en leur faveur, puis les mêmes droits civiques que les patriciens, puis l'égalité politique, sociale et religieuse. Patriciens et plébéiens forment désormais le peuple romain. Ils sont dirigés par une assemblée, le Sénat. L'abréviation SPQR utilisée alors signifie *Senatus Populusque Romanus*, « le Sénat et le peuple romain ».

De cette société, unifiée en principe, émerge pourtant une nouvelle aristocratie qui, grâce à son argent, obtient carrières et rôle politique.

### À l'extérieur

Les Romains doivent lutter contre leurs voisins pour assurer leur sécurité. Ils soumettent les peuples les plus proches, Sabins, Latins, Étrusques, puis en Italie centrale les Samnites et les Ombriens. Au sud de l'Italie, ils s'emparent des cités grecques dont la principale, Tarente, est soutenue par Pyrrhus, roi d'Épire.

Au nord, en revanche, les Gaulois installés dans la plaine du Pô offrent une résistance plus soutenue.

De tels succès militaires s'expliquent certes par le patriotisme des Romains, ou la valeur des chefs, mais surtout par la qualité et l'organisation des « légions » de l'armée romaine, instrument de la victoire.

À ses débuts, la République disposait de quatre légions, parfaitement soudées et commandées par deux consuls et leurs subalternes, légats, tribuns et centurions. Une légion regroupait de 5 000 à 6 000 hommes répartis en 10 cohortes, 30 manipules (3 manipules par cohorte) et 60 centurions (2 centuries par manipule).

Ces effectifs étaient assurés par des citoyens romains âgés de 17 à 46 ans, et si nécessaire par la « réserve » des citoyens romains âgés de 46 à 60 ans. Il s'y ajoutait les soldats des peuples alliés et les auxiliaires ou mercenaires étrangers, devenus romains par la suite. L'armée en marche, bien entraînée, devait progresser de 25 km par jour. Les soldats étaient protégés par un casque, un bouclier et parfois une cuirasse. La discipline, rigoureuse, admettait les châtiments corporels et la peine du mort pour les fuyards.

### L'ordre de bataille des légions romaines

L'ordre de bataille comprenait un dispositif sur trois lignes :
- au premier rang, les **hastati** porteurs de lances étaient souvent les plus jeunes ;
- au deuxième rang, les **principes** attaquaient avec un javelot de 2 m de long et gardaient l'épée pour le corps à corps ;
- au troisième rang, les **triarii** étaient aussi armés d'une lance.

Des **vélites**, expérimentés, précédaient l'armée ; les alliés et la cavalerie protégeaient cet ensemble sur les flancs.

La victoire apportait aux soldats une part appréciable du butin et, en plus, au consul vainqueur le **triomphe**, ou défilé sur la « voie sacrée » menant au Capitole et au temple de Jupiter à Rome.

## La conquête du monde méditerranéen

Du $III^e$ siècle au $I^{er}$ siècle av. J.-C., les Romains, poussés par la nécessité de défendre leurs intérêts, entreprennent de nombreuses guerres, tandis qu'à l'intérieur la république traverse des crises sociales puis politiques.

### *La conquête de la Méditerranée occidentale*

Elle est réalisée au terme de nombreuses guerres.

Par les **guerres puniques** entreprises contre les Carthaginois de 264 à 146 av. J.-C., les Romains acquièrent la Sicile, la Sardaigne, la Corse, puis la suprématie maritime et enfin l'Afrique du Nord, peu à peu conquise après les côtes tunisiennes.

Sur le littoral européen de la Méditerranée, les Romains parachèvent leurs conquêtes entreprises uniquement sur les franges maritimes :

- ils usent, en Espagne, la résistance des peuples ibériques ;
- ils annexent la Gaule cisalpine de la plaine du Pô, puis la Gaule transalpine, poursuivant leurs annexions jusqu'aux Pyrénées. Ils fondent Aix et Narbonne pour défendre la route militaire, ou *via domitia*, menant d'Italie en Espagne. (L'autoroute A9 vers l'Espagne longe cette *via domitia* indiquée par des panneaux.)

La nouvelle province romaine créée au sud de la Gaule est appelée la Narbonnaise.

La **Gaule celtique** du centre, puis celle du nord, sont conquises par César entre 58 et 50 av. J.-C. Son adversaire, le chef arverne Vercingétorix, résista d'abord sur le plateau de Gergovie près de Clermont-Ferrand avant d'être battu à Alésia près de Dijon.

## Hannibal

Les textes latins anciens relatent un épisode célèbre, celui de la traversée des Alpes par leur ennemi Carthaginois : Hannibal.

Élu général en chef de l'armée carthaginoise en 221 av. J.-C., son ambition est de supplanter l'hégémonie de Rome sur la Méditerranée occidentale.

Au cours de la deuxième guerre punique (218-201 av. J.-C.), il tente une expédition terrestre surprenante. À Sagonte, en Espagne, il équipe une armée de 60 000 hommes, qu'il accompagne d'une cinquantaine d'éléphants ! Les Pyrénées et la Gaule sont traversées, puis les Alpes par le col du Petit-Saint-Bernard. La moitié des éléphants meurt de froid.

La tentative d'Hannibal pour prendre Rome en étau, entre la mer et son armée, se solde par un résultat nul, les victoires obtenues ne permettant pas d'aller jusqu'à la capitale.

Scipion Émilien détruisit Carthage en 146 av. J.-C. L'incendie de la ville, particulièrement violent, fut attisé par la présence de réserves de bitume (pétrole naturel oxydé, épais, proche de la surface du sol). Les Carthaginois l'utilisaient pour calfater et imperméabiliser les coques de leurs navires.

Ainsi, ont commencé, pour la Gaule, quatre siècles de domination romaine, aux effets considérables sur la langue, les mœurs, la civilisation.

Puis, les conquêtes entreprises se poursuivirent au nord-ouest en Grande-Bretagne et au nord-est jusqu'au Rhin, qui servit de frontière naturelle aux territoires romains.

Une zone frontalière fortifiée, ou *limes*, complétait les frontières naturelles. Elle associait palissades, remparts, fossés, fortins et routes sur une bande territoriale de plusieurs kilomètres de large.

Les pays conquis furent pacifiés et leurs richesses exploitées au profit de Rome.

## En Méditerranée orientale

Les royaumes hellénistiques de Macédoine et de Syrie étaient les plus puissants et menaçaient les alliés de Rome. En plusieurs guerres, Rome fut victorieuse ; la Macédoine, la Grèce et la Syrie devinrent des provinces romaines. L'Égypte des Ptolémée était affaiblie et les Romains s'y ménageaient des alliés. Ainsi, à son tour, la Méditerranée orientale devenait peu à peu romaine, faisant déjà de la Méditerranée un « lac italien ».

## Difficultés de la république

Tandis que les légions romaines continuent leur avance dans tout le monde méditerranéen, la *Res-publica*, ou « chose du peuple », connaît des difficultés sociales. Deux groupes s'affrontent pour le pouvoir : la riche noblesse foncière et la nouvelle classe des « chevaliers », à l'origine membres de la cavalerie, enrichis par le commerce et le trafic monétaire. Face à eux, une plèbe misérable s'épuise à travailler.

La crise sociale tente d'être jugulée par les **Gracques**, Tibérius et Caïus, favorables à une réforme agraire dont ils souhaitaient que profite une nouvelle classe de petits propriétaires fonciers. Ils se heurtèrent à la résistance des riches et furent exécutés ainsi que leurs partisans.

Après cet échec, la crise devint politique, entraînant des rivalités et des guerres civiles. Le consul **Marius** s'opposa à **Sylla** devenu lui aussi consul à la suite de ses victoires en Orient. Ce dernier rétablit le pouvoir du Sénat et des nobles. Il fut nommé, en 83, dictateur perpétuel, puis en 79 abandonna le pouvoir. La succession fut délicate.

Deux rivaux briguaient le pouvoir, deux aristocrates et chefs d'armée brillants : Pompée et César, neveu de Marius.

Après un essai de triumvirat avec Crassus, Pompée et César s'affrontèrent. César, aux qualités politiques et militaires supérieures, domina son rival en se rendant maître de Rome, de l'Italie, de l'Espagne du Nord et des Balkans. Pompée fut assassiné en Égypte où il s'était réfugié.

À Rome, César, investi de tous les pouvoirs et nommé dictateur perpétuel, fut chargé de transformer l'État.

Son assassinat en 44 av. J.-C. le priva de la royauté vers laquelle ses réformes le poussaient. Rome connut de nouvelles guerres civiles durant treize ans, au terme desquelles Octave et Antoine se partagèrent le contrôle du monde méditerranéen. Antoine eut l'Orient, et il épousa Cléopâtre d'Égypte.

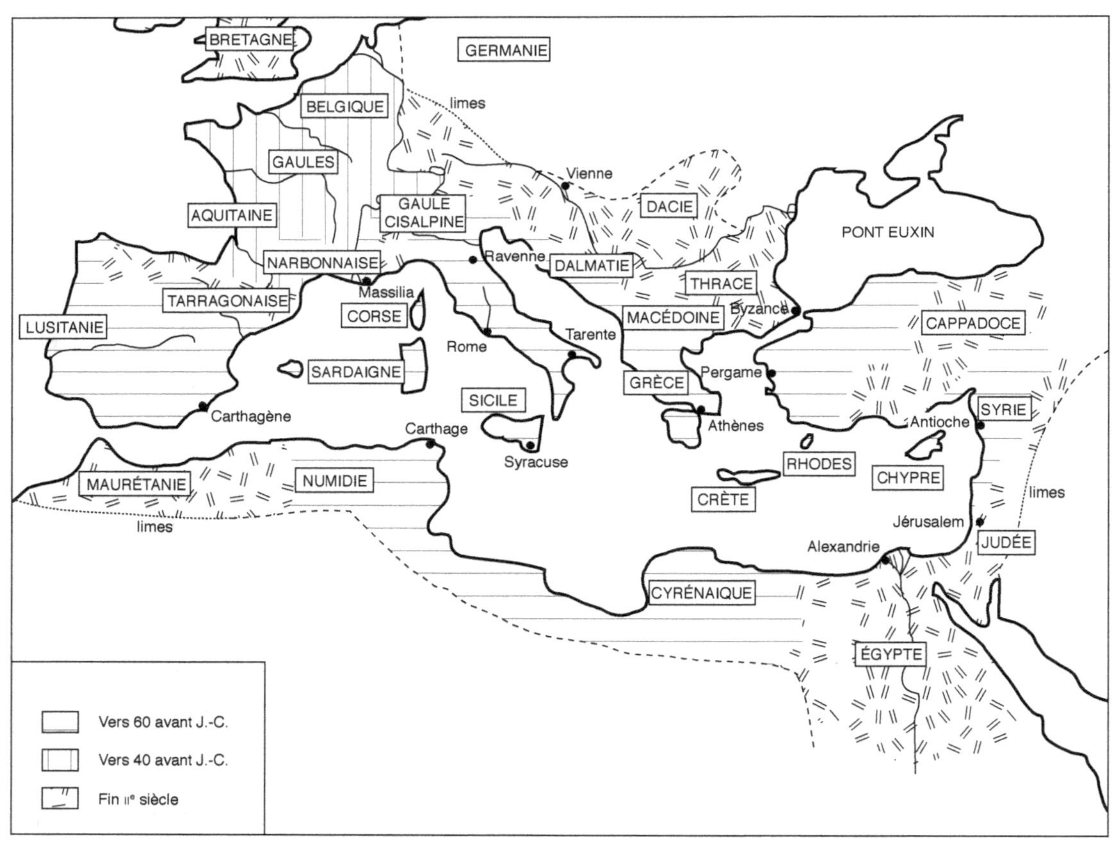


L'Empire romain (son extension)

Octave eut l'Occident, qu'il administra avec sagesse. Antoine et Cléopâtre entrèrent en guerre contre lui et furent vaincus en 31 av. J.-C.

à la bataille d'Actium. Octave, annexant l'Égypte, devint ainsi le seul maître du monde romain méditerranéen. Cette date marque la fin de la république.

## Chronologie de l'Empire romain de 31 av. J.-C. à 476

Cette période de cinq siècles est marquée par l'épanouissement puis l'écroulement de l'Empire romain.

Tout d'abord, Octave devient en 27 av. J.-C. l'empereur **Auguste**. Il règne jusqu'en 14, conduisant l'empire à son apogée. Cet empire s'étend du Rhin au Danube, rejoint l'Asie, englobe l'Égypte, l'Afrique du Nord jusqu'aux déserts africains et se termine sur l'océan Atlantique, englobant la péninsule Ibérique et la Gaule.

Un réseau routier en réunit les différentes régions qui sont administrées par des gouverneurs romains.

La civilisation romaine s'y épanouit et une nouvelle religion apparaît : le christianisme. À Rome, la ville s'agrandit et s'embellit d'ouvrages d'art.

La vie politique concentre ses pouvoirs entre les mains de dynasties impériales qui se succèdent. Aux I^er et II^e siècles, les principaux empereurs de cette période appelée le Haut-Empire furent :

- Auguste, 31 av. J.-C. à 14 ap. J.-C. ;
- Tibère (dynastie des Césars), 14-37 ;
- Caligula, 37-41 ;
- Claude, 41-54 ;
- Néron, 54-68.

Après une période d'anarchie, la dynastie flavienne est créée avec :

- Vespasien, 69-79 ;
- Titus, 79-81, au règne attristé par la destruction de Pompéi en 79 ;
- Domitien 81-96.

Puis la dynastie des Antonin remplaça celle des Flavien et fonctionna par adoption. Six empereurs se succédèrent.

- Nerva, 96-98 ;
- Trajan, 98-117 ;
- Hadrien, 117-138 ;
- Antonin, 138-161 ;

- Marc-Aurèle, 161-180 ;
- Commode, 180-192, fils de Marc-Aurèle et monstre incapable, fut assassiné.

L'Empire du IIIe siècle et le Bas-Empire des IVe et Ve siècles connurent des périodes d'anarchie, favorables aux ennemis de l'empire, peu à peu envahi et démembré.

Après Septime Sévère (193-211), les légions choisirent de 235 à 268 une trentaine d'empereurs aux règnes brefs, incapables de contenir la poussée des peuples barbares des frontières (Francs, Alamans, Goths, Perses).

Puis de 268 à 311, les Illyriens de la côte dalmate, restés patriotes, régénérèrent la monarchie grâce à :

- Aurélien, 270-275 ;
- puis Dioclétien, 284-305, fondateur de la tétrarchie ou gouvernement à quatre comprenant : deux augustes et deux césars, se maintenant avec peine au milieu des désordres.

Ce fut **Constantin** qui reprit en main l'Occident en 312, puis l'Orient en 324, rétablissant l'unité de l'empire. Converti au christianisme, il promulgua l'édit de Milan en 313 qui favorisait la tolérance religieuse. Abandonnant Rome, il choisit pour capitale l'ancienne Byzance sur le Bosphore, à qui il donna en 330 le nom de Constantinople. C'est dans cette région que devait subsister durant dix siècles, jusqu'en 1412, l'Empire romain d'Orient.

La dynastie de Constantin s'éteignit avec Julien l'Apostat, hostile au christianisme. Après lui, la dynastie valentinienne suivit la nomination de Valentinien, un officier devenu empereur de 363 à 375. Théodore le Grand (379-395), un général d'origine espagnole, parvint à rétablir la paix et l'unité entre l'Orient et l'Occident. Après lui, l'empire se décomposa. L'Espagne, la Bretagne (Angleterre) devinrent indépendantes. Les Vandales s'emparèrent de l'Afrique. La Gaule fut envahie par les Francs, les Burgondes, les Wisigoths, qui s'emparèrent de Rome en 410. Dix-neuf empereurs fantômes se succédèrent en Italie.

En **476**, le barbare Odoacre prit le titre de roi et s'installa à Ravenne. Cette date marque **la fin de l'Empire romain d'Occident**, devenu trop vaste, trop lourd à diriger et à défendre, et qui s'est écroulé sous le coup des grandes invasions barbares.

# LA CIVILISATION ROMAINE

## La société romaine

Comme toutes les sociétés antiques, la société romaine est inégalitaire, elle comprend à l'origine trois groupes : les patriciens, les plébéiens et les esclaves.

### Les patriciens

Les patriciens, évoqués précédemment, sont les membres des familles illustres, les *gentes*. Ils possèdent de vastes domaines ; la justice, la religion et le gouvernement sont entre leurs mains. Ils ont accès aux carrières politiques. Ils protègent des « clients », souvent d'origine étrangère, qu'ils aident à vivre, mais qui en échange leur sont tout dévoués.

### Les plébéiens

Les plébéiens forment la masse des petits paysans, des artisans et des marchands urbains. Ils sont indispensables à la vie économique dont ils connaissent tous les rouages. Mais ils sont privés de droits politiques et, en temps de guerre, sont astreints au service militaire qui les prive de leur travail. Ils sont souvent endettés, puis ruinés. S'ils ne peuvent pas rembourser leurs dettes, les créanciers patriciens s'emparent de leurs biens et les réduisent en esclavage.

C'est en menaçant Rome de ne plus obéir et de faire la grève dans toutes leurs activités et dans l'armée qu'ils obtiendront non sans luttes, au cours des V^e et IV^e siècle av. J.-C., l'annulation de leurs dettes puis l'égalité sociale, civile (propriétés, mariages, successions), religieuse (participation aux cultes) et surtout politique. Le « droit de veto » était le droit, que possédaient leurs représentants, ou tribuns de la plèbe, de s'opposer à une loi. Les « plébiscites » étaient, à l'origine, des décisions des tribuns de la plèbe, prises dans leurs assemblées.

Au III^e siècle av. J.-C., les plébéiens enrichis feront partie, à l'égal des patriciens, de la nouvelle aristocratie, fondée, non plus sur les origines, mais sur la richesse.

### Les esclaves

Les esclaves sont devenus de plus en plus nombreux après les guerres de conquêtes. « Capital productif de travail », ils peuvent être plusieurs milliers dépendant d'un même maître. À la campagne ou à la ville, ils exerçaient mille activités, mille métiers. Ils pouvaient être cédés, vendus, détruits – et se révoltèrent, en vain, bien souvent.

Parfois affranchis en raison de leurs bons services, ils devenaient alors des « clients » de leurs maîtres.

La morale chrétienne permit plus tard d'adoucir leur sort.

### La famille

La famille romaine était placée sous l'autorité absolue du père.

- Il était le grand prêtre de la religion du foyer ;
- il pouvait divorcer ou répudier sa femme ;
- il acceptait, reconnaissait ou non ses enfants et pouvait même les vendre ;
- il avait aussi toute possibilité d'en adopter ;
- il confiait à un maître ou à un précepteur leur instruction.

Les hommes portaient une tunique serrée à la taille et la « toge », grande pièce de laine drapée.

La mère appelée aussi matrone s'occupait de la maison et des enfants. Mais, la femme romaine pouvait jouer un rôle politique inconnu en Grèce. Sa longue tunique plissée s'appelait la *stola*, et son manteau à capuche, la *palla*. Ses bijoux étaient sa marque de richesse.

Les enfants, quelques jours après leur naissance, recevaient, au cours d'une cérémonie religieuse (la lustration), leur prénom, leur nom de *gens* ou de famille, leur surnom et un porte-bonheur, la « bulle » placée à leur cou. Les filles n'avaient que leur nom de *Gens*.

Enfants, les garçons, portaient une sorte de tunique, de robe ; à dix-sept ans, ils échangeaient leur « toge prétexte » contre la « toge virile ». Vers sept ans, ils allaient à l'école pour apprendre à lire, à écrire, à compter. Ils s'entraînaient sur des tablettes de bois recouvertes de cire sur lesquelles ils écrivaient avec une pointe d'os ou de fer appelée « style ». À douze ans l'enfant passait à l'école secondaire dirigée par le grammairien ; à seize ans, les enfants de famille aisée s'entraînaient, à l'école du rhéteur, à l'éloquence indispensable pour les carrières juridiques et politiques. Les exercices intellectuels détrônaient à tous les niveaux les exercices physiques.

La maison ou *domus* (domicile) était rectangulaire ; la pièce principale et unique à l'origine s'appelait l'**atrium**. En son centre, un bassin ou **impluvium** recevait les eaux de pluie. Des cloisons délimiteront par la suite les chambres. Un jardin complétera si possible ce plan simple. Les maisons de Pompéi, plus complexes et embellies parfois de péristyle à colonnes autour du jardin, offrent des exemples de demeures au sol décoré de mosaïques et aux mûrs peints. La **villa** est la maison de campagne très appréciée des riches romains, qui en possèdent parfois plusieurs.

Les repas occupaient de longs moments de la journée. Les nobles, allongés à demi sur des lits de repos, entouraient la table garnie de mets raffinés et rares qu'ils ingurgitaient durant de longues heures avant de vomir et de recommencer.

À leur mort, les Romains étaient divinisés sous le nom de « mânes ». Ils pouvaient être enterrés ou brûlés. Leurs cendres étaient alors recueillies dans des urnes et placées dans des niches.

## Le gouvernement de Rome sous la république

Les magistrats, les assemblées du peuple et le Sénat exercent le pouvoir et se partagent la direction des affaires publiques. Ils s'équilibrent mutuellement.

### *Les magistrats*

Pour éviter la tentation du pouvoir personnel, les charges de la magistrature ne sont exercées que pour un an.

Pour acquérir l'expérience nécessaire à leurs fonctions, les magistrats doivent suivre le *cursus honorum*, ou carrière des honneurs :

- à vingt-huit ans, ils peuvent être **questeurs** chargés de divers postes aux finances ;
- à trente et un an, la fonction d'**édile**, chargé de la surveillance urbaine, leur est permise ;
- à trente-quatre ans, en tant que **prêteurs**, ils rendent la justice ou gouvernent une région ;
- après trente-sept ans seulement, la carrière de **consuls**, chefs de l'armée et du gouvernement, leur est ouverte.

Les magistrats les plus importants, les prêteurs et les consuls, sont, sur leur passage officiel, précédés de **licteurs** portant les faisceaux symboles de leur autorité. Ces « faisceaux » formaient un ensemble de baguettes liées entre elles, représentant le peuple. La hache qui s'y ajoutait symbolisait le droit de vie et de mort de celui qui détenait le pouvoir.

Les **censeurs**, les magistrats les plus âgés, veillent à l'établissement des listes électorales en fonction du « cens », c'est-à-dire des fortunes répartissant les hommes en classes ou « centuries ». Ils surveillent aussi la moralité publique.

Les **tribuns** de la plèbe sont les chefs de la plèbe. Ils bénéficient du droit de veto qui leur permet de s'opposer à une loi. Enfin, en cas de péril grave pour la république, le Sénat peut nommer, pour six mois seulement, un « dictateur ».

### Le Sénat

Il est formé d'anciens magistrats et il exerce un rôle important dans la république.

- Il veille au bon fonctionnement de la religion d'État, de l'administration, de l'armée et des finances.
- Il contrôle les généraux auxquels il accorde parfois la récompense suprême, le « triomphe », ou défilé à Rome jusqu'au Capitole, au temple de Jupiter.
- Il est chargé de la politique extérieure. Ses avis ou « sénatus-consultes » sont très écoutés et, le plus souvent, transformés en lois.

### Les comices

Ce sont les assemblées du peuple garantes de la république. Elles votent les lois, élisent les magistrats, dont les plus riches sont aussi les plus influents.

- Les **comices centuriates**, formées des magistrats les plus fortunés, groupés par centuries, élisent les magistrats supérieurs.
- Les **comices tributes**, plus pauvres et d'origine plébéienne, élisent, en fonction de leur domicile ou tribus, les magistrats moins importants (tribuns, édiles, questeurs). Leurs décisions s'appellent des « plébiscites ».

Malgré toutes ses qualités, cette organisation ne garantit pas une véritable démocratie.

## Transformation des assemblées sous le gouvernement impérial

Les magistrats et les comices subsistent ; en fait, elles se contentent d'approuver les décisions de l'empereur.

Le Sénat gère l'ancien trésor et administre certaines provinces.

L'essentiel du pouvoir appartient à l'empereur :

- il dirige comme *imperator* les armées ;
- il dispose des pouvoirs politiques ;
- « grand pontife », il préside aux cérémonies religieuses.

Il est aidé dans sa tâche :

- par un conseil impérial ;
- par de hauts secrétaires, fonctionnaires auxquels il délègue certains pouvoirs, tels sont les préfets, l'« annone » chargé de l'approvisionnement de Rome, les légats ou représentants en province.

Il possède un trésor impérial, et sa « garde prétorienne » personnelle lui est dévouée jusqu'à la mort.

L'armée, devenue permanente, est recrutée par engagement volontaire. C'est donc une armée de métier récompensée par des dons de terres. Plus de 300 000 hommes sont répartis aux frontières dans les légions.

## La religion, les dieux

À l'exemple des Étrusques et des Grecs, les Romains honoraient de nombreuses divinités. La religion romaine ne proposait pas une morale de vie, mais consistait en cérémonies variées, visant à obtenir les faveurs de plus de 30 000 dieux !

Les **rites**, très précis, comprenaient des libations, des sacrifices d'animaux et l'interprétation quasi permanente des signes célestes ou présages, permettant de déterminer, en prélude à toute action publique ou privée, les jours fastes et néfastes. Les **pontifes** étaient à la fois des magistrats, des augures et des haruspices importants, et des prêtres temporaires du culte. Dans les familles, le père était le prêtre du culte domestique.

Comme beaucoup d'autres peuples antiques, les Romains expliquaient les phénomènes naturels par l'intervention des dieux. Ils y ajoutaient un dieu pour veiller à chaque acte de la vie (manger, boire, se déplacer…). Ils juxtaposaient dans leurs croyances les grands dieux honorés par l'État, les dieux de la nature, les dieux de la maison.

### Les grands dieux de l'État

Ils étaient les plus honorés :

- **Jupiter**, le Zeus des Grecs, détenait la toute puissance et l'air ;
- **Junon**, l'ancienne Héra, épouse de Jupiter, était la déesse du ciel et du mariage ;
- **Minerve** (Athéna) détenait à la fois l'éclair et l'intelligence.

Tous les trois formaient la triade capitolienne la plus vénérée. On peut ajouter :

- **Janus**, au double visage, regardait le passé et l'avenir. Le mois de janvier, *januarius*, lui était consacré ;
- **Mars** (Arès), père de Romulus, était honoré au mois qui porte son nom, à la fin de l'hiver. On le considérait comme le dieu des orages, de la guerre mais aussi du renouveau de la végétation et de la jeunesse ;
- **Vesta**, déesse du foyer, de l'État et de la maison, protégeait les familles. Six jeunes filles, les « vestales », entretenaient dans son temple rond la flamme toujours vivace ;
- **Vénus** (Aphrodite) resta déesse de la beauté et de l'amour ;
- **Bacchus** remplaça Dionysos dieu de la vigne ;
- **Cérès** (Déméter) protégeait la terre cultivée ;
- **Diane** (Artémis) était la déesse de la lune et de la chasteté ;
- **Cupidon** n'était autre qu'Éros ;
- **Hercule** remplaça Héraclès ;
- **Mercure** (Hermès) était le dieu de la pluie et de l'éloquence. Il est représenté avec des ailes et un caducée ;
- **Neptune** (Poséidon) régnait sur la mer et ses colères ;
- **Vulcain** (Héphaïstos) resta le dieu du feu souterrain et de l'industrie.

### Les dieux de la nature

Ils célébraient par exemple **Cérès** pour les moissons, **Pomone** pour les fruits ou **Saturne** pour le blé et la vigne.

### Les dieux de la maison

Ils étaient honorés chaque jour, par chaque famille, sous la direction du père. Ainsi :

- les **dieux lares** étaient les ancêtres divinisés qui protégeaient la famille ;
- les **dieux pénates** surveillaient le garde-manger ;
- le **génie** de chaque individu s'associait à lui pour le guider à chaque instant de la vie ;
- les **mânes** ou esprits des ancêtres défunts recevaient offrandes et libations, condition *sine qua non* pour veiller à leur descendance.

Après l'extension de l'Empire romain et son orientalisation, d'autres cultes furent introduits en Italie :

- les cultes à mystères qui célébraient Mithra, dieu iranien du soleil, Cybèle ou Isis ;
- le culte de Yahvé, dieu des Juifs, mais dont la communauté est restée séparée ;
- le christianisme s'y ajoutera, longtemps combattu puis triomphant.

Enfin, il ne faut pas oublier que beaucoup de Romains restèrent incroyants, surtout dans la période du Bas-Empire.

## Vie intellectuelle et artistique

La littérature, le droit, les arts, parmi lesquels l'architecture urbaine prédomina, furent les témoins les plus importants de la civilisation romaine.

La prospérité favorisée par les conquêtes explique leur épanouissement, et les encouragements de l'empereur Auguste et de son conseiller « Mécène » s'y ajoutèrent en son temps.

### La littérature

Sous la république, le latin devint la langue officielle de l'Occident romain. Pourtant, les œuvres littéraires se contentaient souvent d'imiter les écrivains grecs ou de traduire Homère. Les comédies de **Plaute** et **Térence** appartiennent à cette période.

La religion et la philosophie étaient, elles aussi, imprégnées d'hellénisme ; puis la langue latine prenant ses lettres de noblesse produisit :

- des poètes comme **Catulle** et **Lucrèce** ;
- des historiens comme **César** et **Salluste** ;
- des écrivains et orateurs comme **Cicéron**.

À l'époque d'Auguste, les écrivains avaient pour mission officielle de célébrer les traditions, la religion et les héros de la patrie romaine. C'est ce que firent :

- l'historien **Tite-Live** qui réalisa en prose une *Histoire* des légendes et des prouesses de Rome. On n'en possède plus que le tiers ;
- ou des poètes versificateurs comme **Virgile**, **Horace**, **Ovide**, **Tibulle** et **Properce**.

À l'époque des Antonin, une forme originale d'expression orale se manifesta dans des écoles de déclamation, dirigées par des rhéteurs. Dans des *auditoria* (au singulier, *auditorium*), les lectures publiques faisaient connaître et apprécier de nouveaux auteurs :

- **Sénèque**, venu d'Espagne et précepteur de Néron, fut l'auteur de traités philosophiques et moraux et de tragédies ;
- **Tacite** fut l'historien de l'époque des Césars ;
- **Pline l'Ancien** écrivit une histoire naturelle ;
- **Pline le Jeune**, son neveu, nous laissa ses lettres à l'empereur Trajan ;
- **Martial** et **Juvénal** mirent la satire à la mode.

C'est aussi à cette période que se créèrent les premières grandes écoles de juristes pour l'étude du droit.

### Le droit

C'est dans ce domaine que les Latins nous ont laissé l'héritage, peut-être le plus important.

Le mot *jus* désigne le droit romain. Le premier texte publié, ou « loi des XII tables », date de 450 av. J.-C. et précise, outre les pouvoirs paternels, les sanctions aux délits.

Des spécialistes, les jurisconsultes, interprètent les lois. Sous Auguste, les décisions de l'empereur s'appelleront *leges* (ou lois), mais aussi *constitutiones* (constitutions). Après lui, les lois seront réunies, codifiées (codex). Le *Digeste* en forme un résumé d'ensemble.

Notre vocabulaire juridique puise ses racines dans les mots et expressions latines. Le droit romain ou justinien sera étudié jusqu'au Moyen Âge, influençant les codes civils de la France et de l'Allemagne.

## Les arts

L'art romain s'est, avant tout, imprégné de l'art grec, qu'il a imité avant de se personnaliser.

En **sculpture**, l'inspiration grecque est très nette, aussi bien pour la représentation des dieux ou des personnages allégoriques, que des portraits officiels et des statues équestres.

Les bas-reliefs historiques avaient pour rôle de rappeler des combats mémorables ou des victoires romaines.

En **peinture**, les maisons de Pompéi, par exemple, illustrent le goût des romains pour la décoration murale ; les mosaïques sont le plus souvent réservées aux pavements.

La **céramique** si importante et utilitaire nous a laissé des figurines, des lampes, des objets variés.

Une mention à part doit être décernée à la bijouterie des « camées », pierres semi-précieuses ou coquillages gravés en relief.

Objets en verre ($I^{er}$-$III^e$ s.) découverts dans les thermes et nécropoles de Cimiez (Nice)

L'**architecture** surtout a fait des Romains d'exceptionnels bâtisseurs utilisant aussi bien les techniques étrusques (arc, arcade, voûte) que les ordres grecs (dorique, ionique et corinthien) qu'ils associaient parfois en les superposant par étage, tel que nous l'offre le Colisée (80 ap. J.-C.).

Ils y ajoutèrent l'ordre toscan inspiré par le dorique, et l'ordre composite (corinthien et ionique) où la colonne servait plus de décoration que de soutien.

Maison des Vettii à Pompéi

Les matériaux utilisés restaient la pierre, mais aussi les briques, pour lesquelles ils avaient inventé un « ciment » fait de fragments de roches enrobés de chaux et de pouzzolane volcanique.

Les édifices construits étaient nombreux, imposants, destinés à accueillir la foule. Des vestiges nombreux, dispersés dans tout l'empire, nous donnent une idée des créations romaines.

- Les **basiliques**, près du forum, formaient de vastes abris pour les promeneurs, les juges, les marchands, Rome en possédait dix.
- Les **thermes** étaient des installations de bains chauds dans des bassins ou *piscina*. Ils se multiplièrent sous l'empire, regroupant sur de

vastes superficies, les étuves (*sudatoria*), le bain chaud (*caldarium*), tiède ou froid (*frigidarium*), des salles de gymnastique, des portiques, des bibliothèques. L'eau, conduite dans les villes par des aqueducs, y était répartie grâce à des canalisations en brique ou en plomb. Les thermes de Dioclétien à Rome pouvaient y accueillir environ trois mille personnes.

- Les **théâtres**, d'abord en bois puis en pierre, proposaient des spectacles de comédies, de farces et de mimes. À demi circulaires, ils comprenaient la scène et des gradins parfois recouverts d'une toile, le *velum*.

- Les **cirques**, de forme rectangulaire allongée, servaient aux courses de chars, qui contournaient la *spina* centrale terminée par deux bornes. Quatre factions rivales s'y affrontaient sous des couleurs différentes.

- Les **amphithéâtres**. Le plus représentatif, le Colisée à Rome, appelé « amphithéâtre flavien », formait une ellipse. Il possédait une circonférence de 524 m et pouvait accueillir environ 50 000 spectateurs. L'arène sablée servait aux jeux. Le podium regroupait les officiels. Le *velum* pouvait protéger du soleil. Le sous-sol abritait les cages des fauves et la machinerie pour les jeux nautiques, ou « naumachies ». Des spectacles y opposaient des gladiateurs entre eux ou des combats d'hommes contre des animaux féroces. Des chrétiens y furent martyrisés.

- Les **stades** servaient aux gymnastes et aux courses appréciées tout particulièrement des Grecs et des Orientaux ; les Romains, eux, s'intéressaient peu à la beauté corporelle.

- Les **arcs de triomphe**, typiquement romains, commémoraient des victoires illustres des chefs vainqueurs. Rome en comptait une trentaine.

- Les **colonnes monumentales**, couronnées de statues, répondaient au même but.

- Les **temples**, lieux du culte officiel, abritaient les statues des dieux. La foule n'y entrait pas, aussi n'étaient-ils pas très grands. La plupart étaient rectangulaires ; celui de Vesta était rond.

Il existait aussi à Rome de vastes et confortables **palais impériaux**, le plus souvent situés à la périphérie résidentielle de la ville.

## Les mesures, la monnaie, le temps

Les mesures originelles ou « étalons » étaient déposées au Capitole romain, dans le temple de Castor ; les édiles y veillaient. Rappelons quelques mesures.

Les **longueurs** se calculaient à partir du corps humain :

- le pouce mesurait 1,8 cm ;
- le pied mesurait 29 cm ;
- la coudée mesurait 44 cm ;
- le pas mesurait 148 cm ;
- le mille (mille pas) mesurait 1,48 km.

Les **superficies** utilisaient :

- le pied carré de 0,08 m$^2$ ;
- ses multiples dont l'arpent de 25,18 ares.

Les **capacités** mesuraient les solides :

- par setier de 0,54 litre et
- par boisseau de 8,75 litres ;

ou les liquides :

- par congé de 3,28 litres et
- par amphore de 26,26 litres.

Pour le **poids**, les mesures utilisaient :

- l'once de 27,28 g ;
- la demi-livre de 163,73 g ;
- la livre de 327,45 g = 12 onces.

Les **monnaies** de l'empire étaient les suivantes :

- l'as de cuivre pesait 13,44 g ;
- le sesterce de cuivre pesait 27,29 g, il était le plus utilisé ;
- le denier d'argent de 3,40 g ;
- l'auréus d'or, à l'effigie d'Auguste, valait 25 deniers et pesait 7,80 g.

Pour le **temps**, la fondation de Rome, mais aussi les consulats et les monarchies servaient de référence à l'addition des années.

Les années groupaient 365 jours plus 1 jour supplémentaire tous les quatre ans. Elles comptaient douze mois. Chaque mois était divisé en trois périodes inégales et variables suivant les mois : les nones, les ides, les calendes.

### Des heures de longueur inégale

Les journées étaient partagées en douze heures de jour et douze heures de nuit.

Le matin se disait *ante meridie* et l'après-midi *de meridie*. Mais les heures se déterminaient toute l'année d'après le lever et le coucher du soleil. Elles étaient donc de durées inégales. En été, les heures diurnes étaient plus longues et les heures nocturnes plus courtes. En hiver, l'inverse se produisait. Seules, aux équinoxes de mars et de septembre, les heures diurnes égalaient les heures nocturnes.

# LE CŒUR DE L'EMPIRE, ROME

Capitale d'un immense empire, centralisé politiquement et administrativement, modèle d'architecture urbaine et déjà initiatrice d'une « civilisation des loisirs », la ville de Rome dépassait, à l'apogée de l'empire, le million d'habitants. Parmi eux, le quart environ, « plébéiens » inactifs et « clients », devait être logé, nourri et distrait, ce qui explique les deux cents jours et plus de fêtes par an.

Le mur d'Aurélien servait à la fin de III$^e$ siècle d'enceinte à la ville.

Les maisons, souvent locatives, s'appuyaient sur un soubassement en pierre. Les étages (4 en moyenne) utilisaient la brique et le bois, ce qui permet d'expliquer la rapidité d'extension des incendies. Heureusement, plus de 1 000 fontaines étaient alimentées en eau par des aqueducs souterrains ou aériens.

Les rues, larges de 4 à 7 mètres, n'étaient pas toutes dallées et ne comportaient que rarement des trottoirs.

L'insécurité et la violence nocturne s'ajoutant à la corruption politique n'incitaient pas les Romains à sortir le soir, à la lueur de torches !

L'ensemble de la ville s'était organisé sur un site agréable :

- deux collines, le Palatin et le Capitole ;
- deux petites plaines, le Forum et le champ de Mars.

Sur le **Palatin**, et non loin du « Grand Cirque », les empereurs disposaient de plusieurs palais communiquant par des souterrains.

Le **Capitole** servait de centre religieux, avec ses temples nombreux, dont ceux de Jupiter, Junon et Minerve.

Entre ces deux collines, le **Forum ancien** formait le centre vital de la ville, avec ses temples, ses basiliques, ses portiques, ses bibliothèques, ses arcs de triomphe. D'autres « forums impériaux », au nom de leur auteur, s'y ajouteront à proximité.

Le **champ de Mars**, gagné par l'extension de la ville, regroupait temples, théâtres, thermes, stades concurrençant le Forum.

Les collines du **Quirinal** et de l'**Aventin** abritaient les quartiers résidentiels, remplis de jardins. Les riches patriciens y vivaient confortablement, associant oisiveté et bonne chère (Lucullus) dans des banquets interminables.

Les **quartiers populaires** où la plèbe, les étrangers, les affranchis, les esclaves se retrouvaient, s'étendaient sur la rive droite du Tibre.

Plus d'une fois, des distributions officielles de blé ont tenté d'y juguler la misère et la révolte grandissante.

## L'EMPIRE ROMAIN

C'est en 30 av. J.-C., lorsque les conquêtes entreprises par la république puis par César sont terminées, qu'on peut parler d'un Empire romain.

Son domaine d'extension ? Le Bassin méditerranéen, où il n'est solidement implanté que sur les littoraux. Les voies maritimes restent primordiales, trait d'union des provinces. Au II$^e$ siècle, cet empire s'est consolidé grâce aux nouvelles acquisitions de l'empereur Auguste qui se charge de l'organiser. Puis, ses successeurs, surtout Claude et Domitien, parviennent à occuper et pacifier les territoires intérieurs qui résistaient encore à la mainmise romaine.

À terme, l'Empire romain s'étend d'ouest en est, de l'océan Atlantique à l'Euphrate en Asie Mineure, et de l'Europe du Nord, bretonne, gauloise et germanique, aux prémices des déserts nord-africains, et à l'Égypte incluse. Soit :

- à l'ouest : l'Italie, la péninsule Ibérique, les îles méditerranéennes de Sicile, Corse et Sardaigne, la Gaule, la Grande-Bretagne en partie, la Germanie, les régions danubiennes et l'Afrique du Nord ;

- à l'est : la Grèce, la Macédoine et le reste des Balkans, l'Asie Mineure (Syrie, Judée) de la mer Noire à la mer Rouge, et l'Afrique du Nord-Est dont l'Égypte.

La Méditerranée est donc devenue un « lac romain ».

## Organisation de l'empire

L'empire fut gouverné et administré à la fois par des Romains respectant le plus souvent les nationalités, et par des autochtones provinciaux. Pour le défendre, des fortifications permanentes furent établies aux frontières.

Ainsi, en Grande-Bretagne, le *limes* d'Hadrien s'étendait sur 117 km ; en Europe germanique, le *limes* des champs décumates courait sur 550 km, et il en existait encore, en Asie Mineure, de l'Euphrate à la mer Rouge, et en Afrique du Nord. L'armée gardait ces frontières qui garantirent, trois siècles durant, la paix romaine.

L'empire fut mis en valeur, fournissant Rome en blé, en huile, en bétail, en vin. Les mines provinciales furent exploitées ; le tissage, la métallurgie, la poterie, la production d'objets de luxe encouragés. Le commerce latin proposait même des produits venus d'Inde, de Chine, du Soudan.

La prospérité fut marquée, aussi, par le développement de grands travaux d'utilité publique.

Un immense réseau de routes de 4,5 m maximum de large sillonnait l'empire, facilitant les déplacements aussi bien de l'armée que des commerçants. Elles comprenaient, de bas en haut, plusieurs assises de pierres, de cailloux, de graviers puis de sable, que recouvraient de grandes dalles. Ces routes, bombées au centre, permettaient l'évacuation de l'eau de pluie sur les côtés.

Les ponts enjambaient les rivières (Vaison-la-Romaine). Les aqueducs et les canaux amenaient l'eau, parfois de très loin (pont du Gard).

Des ports (Narbonne, Fréjus) étaient aménagés à l'exemple de Rome ; les villes provinciales créèrent forums, thermes, arcs de triomphe, arènes, temples.

Les villes nouvelles, même lointaines, comme Timgad dans le Sud Algérien, suivirent le « plan-modèle » à l'honneur dans le monde romain. Deux axes nord-sud et est-ouest déterminaient les deux voies principales : le **decumanus** (est-ouest) commençait par une entrée imposante, souvent un arc servant à pénétrer dans la ville ; le **cardo** (nord-sud) le rejoignait à angle droit en son centre. De part et d'autre, un quadrillage de rues prédéterminées délimitait en damier, en fonction du rang social, les zones de construction. Le Forum s'installait en cœur de la ville ainsi que les basiliques, les thermes, les boutiques. Il y eut plus de 500 villes de ce type en Afrique du Nord.

Mais d'autres grandes marques de civilisation des provinces romaines furent données par :

- la législation nouvelle du droit romain ;
- la langue latine, du moins dans l'Occident ;
- la monnaie, qui facilitait les transactions.

En 212, l'empereur Caracalla, en accordant le droit de citoyenneté romaine à tous les hommes libres de l'empire, ajoutait encore un élément d'unité à tous les peuples romanisés.

## La Gaule romaine

Il n'est pas possible ici de reprendre par le détail l'aventure vécue par les 50 à 60 millions d'âmes qui ont peuplé l'Empire romain. Mais celle des habitants de notre pays, environ 12 millions de Gaulois soumis par les armées romaines, mérite qu'on s'y attarde un peu.

Durant les deux siècles et demi qui suivent la défaite de Vercingétorix à Alésia en 52 av. J.-C., les légions romaines et les chefs civils se chargent de pacifier les territoires conquis puis de les organiser.

Durant cette « paix romaine » imposée, subie puis acceptée, malgré quelques résistances populaires locales, les Gaulois adoptent en grande partie la façon de vivre des Romains, sans pour autant occulter leurs habitudes et traditions. C'est pourquoi on peut parler de civilisation gallo-romaine, évoquée ici sous trois aspects : l'administration, la vie économique, la vie sociale et culturelle.

## L'administration

L'empereur Auguste, qui complétait ainsi l'œuvre de César, réorganisa la Gaule dès 27 av. J.-C. en la subdivisant arbitrairement en quatre provinces qui englobaient les soixante cités gauloises existantes.

La **Narbonnaise**, l'ancienne Gaule transalpine, fut la province la plus anciennement occupée. Elle s'étendait le long du littoral méditerranéen, du lac de Genève aux Pyrénées, englobant à partir de Vienne la vallée du Rhône.

Narbonne (Narbo-Martius) en était la capitale, profitant d'un oppidum gaulois fortifié. Son rôle dans la défense de la route vers l'Espagne (*via Domitia*) était important.

D'autres villes nouvellement fondées en faisaient aussi partie, Béziers (Baeterrae), Nîmes (Nemausus), Arles (Arelate), Orange (Arausio), Vienne (Vienna), elles s'ajoutaient à Fréjus (Forum Julii) et à Aix-en-Provence (Aquae-Sextiae, du nom de Sextius, son pacificateur).

Les « Trois Gaules » occupaient le reste du pays en formant les provinces de l'Aquitaine, de la Celtique ou Lyonnaise, et de la Belgique ; **Lyon**, à leur point de convergence, était leur capitale.

L'**Aquitaine** dessinait un vaste triangle dont le sommet était Vienne et qui s'ouvrait sur l'Atlantique par la Loire au nord et les Pyrénées au sud. Les villes principales en étaient Bordeaux (Burdigala), Saintes (Mediolanum-Santonum), Limoges (Augustoritum), Bourges (Avaricum).

La **Lyonnaise** ou région du centre de la Gaule s'étendait de Lyon à la Manche, entre les cours de la Seine et de la Loire. Elle comptait quelques villes très importantes :

- **Lyon** (Lugdunum), capitale des Trois Gaules où tous les étés devaient se réunir les envoyés des cités gauloises pour y honorer Auguste ;
- **Autun** (Augustodunum), deuxième ville de la province, devait remplacer l'ancien oppidum (forteresse) gaulois de Bibracte situé non loin. Ville nouvelle, elle suivait les plans conseillés par les architectes romains et comportait une enceinte, un décumanus, un cardo, des portes d'accès à la ville. La ville était célèbre pour son artisanat de la laine, du bois, du cuir et surtout de ses armes ;
- **Paris** (Lutèce) n'était encore qu'une simple bourgade de pêcheurs et de commerçants passagers.

La **Belgique** partait de Lyon, prenait appui sur la Seine et le Rhin pour s'ouvrir en mer du Nord. Elle comptait plusieurs cités célèbres : Trèves (Augusta-Trevirorum), sa capitale, Mayence (Mogontiacum), Bonn (Bonna), Cologne (Colonia-Agrippina ou Agrippinensis), Strasbourg (Argentoratus). Toutes ces villes, points d'appui essentiellement militaires, étaient chargées d'assurer la sécurité de la province et des nouvelles régions germaines annexées : Germanie inférieure, à l'embouchure du Rhin ; Germanie supérieure, près de Cologne ; champs Décumates, à l'est de Strasbourg.

### L'économie

Les cinq siècles de domination romaine entraînèrent une collaboration efficace, un regain d'activité et de richesse.

L'**agriculture** bénéficia de la paix et de l'intérêt que les Romains lui portaient. Première richesse du pays, elle disposait d'un outillage de faux, faucilles ou serpes, araires et même de sortes de moissonneuses que les Gaulois, habiles et astucieux, avaient inventées.

Les Gaulois ajoutèrent, à leurs cultures de céréales, les cultures fruitières et la vigne, malgré les Romains qui craignaient la concurrence de ces produits. Le vin vieillissait dans des tonneaux de bois, leur invention.

L'**artisanat** concernait des activités variées dans lesquelles les Gaulois étaient passés maîtres. Le tissage (lin, chanvre), la poterie (céramique

« sigillée » : aux décors en reliefs), la verrerie, le travail du bois, celui du cuir, n'avaient pas de secret pour eux. Ils s'illustraient déjà dans la fabrication de fromages locaux, de salaisons (lard, jambons, saucisses), de vins dans le Midi, d'hydromel à base de miel et surtout de cervoise (bière). Les légions romaines trouvaient ainsi sur place leurs ressources alimentaires.

Quant aux outils et aux armes, les Gaulois devaient à leurs forgerons, aux secrets de fabrication jalousement gardés, leur succès persistant. L'étain, l'argent, l'or servaient pour la fabrication d'objets de luxe et de bijoux.

Le **commerce** bénéficia de la notoriété et de la variété des productions gallo-romaines. Les routes et les voies fluviales servirent à leur transport. Les villes servaient d'étapes et de marchés. Des monopoles apparaissaient et les artisans se groupaient déjà en sortes de corporations, les « collèges ».

## Vie sociale et culturelle

Les progrès de la civilisation romaine en Gaule furent favorisés par l'emploi du latin, devenu langue officielle ; les écoles, à l'image de celles de Rome, tentaient, à terme, de former une élite politique et administrative.

Autun était la ville la plus réputée pour cette formation, suivie par Bordeaux et Toulouse.

Mais le peuple conserva ses dialectes gaulois tout en les latinisant et des emprunts celtes se greffèrent sur le latin.

Beaucoup de Gaulois, riches et puissants, acceptèrent de devenir citoyens romains, moyennant serment de fidélité à Rome et avantages fiscaux et commerciaux. Les soldats gaulois engagés dans les légions eurent droit aussi, au terme d'une carrière de vingt-cinq ans, au titre de « citoyen romain » et à des concessions de terres.

La source la plus importante de la notoriété et de la richesse devint la terre. Beaucoup de propriétaires chanceux, habiles ou intrigants agrandirent leur domaine, y construisant leur « villa ». Certaines parcelles étaient concédées à des fermiers ou « colons » qui donnaient, en échange, une redevance en nature et en argent. Leurs maisons, simples, le plus souvent de bois, se regroupèrent en hameaux appelés

« vici ». Ce terme modifié se retrouve dans la toponymie de nombreux villages.

Les commerçants et artisans commencèrent à former une classe moyenne importante et aisée, mais l'esclavage subsistait.

Le vêtement romain drapé remplaça, en ville du moins et partiellement, le vêtement gaulois dont les pièces assemblées et cousues formaient :

- les **braies** ou pantalons s'arrêtant aux chevilles ;
- la **saie** ou sayon, cape ou tunique de peau ou de laine suivant les saisons ;
- les **gallicae** ou galoches, sortes de chaussures en cuir à semelle de bois avec laçage ;
- la blouse ou tunique à manche serrée à la taille.

À leur tour, les religions gauloises et romaines fusionnèrent. **Teutates**, dieu gaulois le plus vénéré et protecteur des guerriers, fut assimilé à Mars. **Bélénus**, dieu guérisseur, s'identifia à Apollon. **Mercure**, dieu du commerce, fut un dieu gallo-romain particulièrement vénéré.

Le petit peuple gaulois, délaissant la religion officielle, continua pourtant à croire dans ses divinités de la nature (arbres, sources, sources thermales miraculeuses, lacs, rochers) qui prodiguaient leurs bienfaits.

Surtout, ils continuèrent de vénérer les « déesses-mères » protectrices de la fécondité et de la vie, aux seins généreux, et des dieux-animaux, symbolisant la force et la virilité : taureau, cerf et serpent.

### Les druides

Les druides gaulois ont été longtemps assimilés à des prêtres car ils veillaient au respect des rites religieux. Leur plante, le gui, qui portait ses fruits quand la nature semblait morte, symbolisait l'immortalité de l'âme qui, après la mort, se réincarnait dans un autre corps.

Les druides étaient érudits en science, en cosmogonie et en droit. Leurs connaissances en faisaient aussi des guérisseurs, ce qui augmentait leur puissance. D'où la méfiance du pouvoir romain, qui les interdit après la conquête de la Gaule par Jules César. Leur influence perdura jusqu'en 235.

Les témoignages les plus visibles de la civilisation romaine en Gaule sont les vestiges de constructions. À l'exemple de Rome, l'*urbs* (ville) par excellence, les cités gauloises furent embellies de monuments variés. Les vestiges les plus importants ou les mieux conservés se trouvent dans la Narbonnaise. On peut en citer quelques exemples :

- à Nîmes, la « Maison carrée », qui servait de temple, les arènes et l'aqueduc du pont du Gard ;
- à Orange, le théâtre le mieux conservé du monde romain et l'arc de triomphe sur lequel des sculptures racontaient les prouesses de la deuxième légion romaine ;
- à Arles, le théâtre et les arènes, plus vastes que celles de Nîmes ;
- à Vienne, le théâtre et surtout le temple d'Auguste divinisé et de Livie, son épouse ;
- à Lyon, le *Forum Vetus* a donné son nom à la colline de Fourvières, et des vestiges du théâtre, de l'amphithéâtre qui servit au martyre de chrétiens et de palais y subsistent à flanc de colline.

D'autres cités comme Fréjus, Nice (Cimiez), Vaison-la-Romaine, Glanum près de Saint-Rémy-de-Provence possèdent aussi des ruines romaines.

Mais l'expression la plus personnelle et expressive de l'art gallo-romain concerne les statuettes de terre cuite, représentant la panoplie des divinités surtout féminines, présentes aussi bien dans les modestes maisons gauloises que sur les stèles funéraires. Ces figurines furent par exemple très nombreuses dans l'actuel département de l'Allier, où l'on a pu en reconstituer la fabrication et en comprendre la diffusion européenne.

# NAISSANCE ET IMPORTANCE DU CHRISTIANISME

## Le peuple hébreu

L'histoire ancienne du peuple hébreu et ses tribulations sont racontées dans la Bible.

À l'origine, vers 2000 av. J.-C., Abraham, originaire d'Ur (Our) et pasteur nomade, quitte avec son clan les confins semi-désertiques de la Syrie pour s'installer en Palestine. Son fils Isaac, né de son épouse

Sarah, est considéré comme l'ancêtre du peuple juif. Son autre fils, Ismaël, né de sa servante Agar, est le père des Arabes.

À son tour, Isaac a deux fils : Jacob et Esaü. Les douze tribus d'Israël descendent, selon la tradition, des douze fils de Jacob. Abraham, Isaac et Jacob sont ainsi des patriarches bibliques.

Vers 1770-1760 av. J.-C., leurs descendants, chassés par les invasions des Hyksos, s'installent dans le delta du Nil. Ils restent en Égypte jusque vers 1250 av. J.-C., qu'ils quittent sous la direction de Moïse puis d'Aaron son frère. Moise était un enfant hébreu recueilli et adopté par l'épouse de Pharaon. Vers 1220-1200 av. J.-C., les Hébreux s'installent en Palestine, « terre promise », formant une fédération de tribus.

De 1030 à 931 av. J.-C., les rois Saül, David et Salomon achèvent une unité nationale qui ne leur survivra pas. David choisit Jérusalem pour capitale, et son fils Salomon, réputé pour sa sagesse, y construit le temple. Après lui, deux royaumes sont formés :

- celui d'Israël au nord, dont la capitale est Samarie ;
- celui de Juda au sud, autour de Jérusalem.

Les Assyriens et les Babyloniens s'en emparent et en chassent les Hébreux. C'est l'exil de Babylone.

Les successeurs d'Alexandre le Grand puis les Romains s'emparent en 63 av. J.-C. de l'ancien État hébreu. L'empereur Titus détruit Jérusalem en 70 : c'est le début de la diaspora.

## Contexte historique et géographique de la naissance de Jésus-Christ

En l'an 749 après la fondation de Rome, Jésus-Christ naquit, suivant la tradition, dans une grotte de Bethléem, en Judée, patrie de son ancêtre David. Joseph et Marie, ses parents, s'y étaient rendus pour satisfaire à un recensement ordonné dans tout l'Empire romain par Auguste, son empereur depuis quatorze ans.

La Judée était la partie méridionale de la Palestine, dont la Méditerranée formait la limite ouest, et la dépression (lac de Tibériade, Jourdain, mer Morte) la frontière orientale. Plus au nord et plus verdoyantes, la Samarie et la Galilée offraient à la Palestine des paysages de collines et de plaines cultivées.

Ce pays d'invasions avait connu les Assyriens, les Babyloniens, les Perses, les Grecs et les Séleucides, et enfin, depuis 63 av. J.-C., les Romains.

L'empereur Auguste y avait délégué ses pouvoirs au gouverneur Hérode le Grand, devenu roi en 40 av. J.-C., et réputé pour ses ambitions et sa cruauté. Il laissa à son temps le souvenir réel ou légendaire du « massacre des innocents », auquel Jésus nouveau-né avait échappé.

À Rome, Tibère, qui régna de 14 à 37, remplaça Auguste. De son côté, Hérode avait trois fils ; Hérode-Antipas lui succéda en Galilée ; la Samarie et la Judée confiées à ses autres fils tombèrent sous la tutelle de Rome. Elles furent pacifiées et administrées par un gouverneur, Ponce-Pilate, acteur et témoin de la condamnation à mort du Christ.

Mais ce gouverneur ne disposait d'aucun pouvoir sur les décisions religieuses et de justice prises par les grands prêtres des tribunaux juifs, et surtout par le « Sanhédrin », tribunal de Jérusalem, ville sainte depuis le roi David.

Le Sanhédrin suivait les règles données par Moïse au peuple hébreu. Le *Codex* romain n'ayant pas encore remplacé la loi juive du Talion (œil pour œil…), le gouverneur devait se contenter de ratifier ou de refuser les condamnations à mort.

La liberté religieuse des Juifs était donc entière ; pourtant ils détestaient l'occupant, les Romains, qui tentaient de leur imposer leurs coutumes païennes et leur appliquaient de lourds impôts.

Malgré leur similitude de pensée ayant à sa source la Loi de Moïse, les Juifs étaient partagés en diverses « sensibilités » ou tendances, mêlant la politique à la tradition religieuse. Ils étaient donc Sadducéens, Pharisiens, Zélotes ou Esséniens.

## Les Sadducéens

Les Sadducéens formaient l'aristocratie religieuse qui se disait fidèle à la Loi de Moïse. Soucieux de leur puissance et de leurs privilèges, ils s'appuyaient sur les Romains et collaboraient avec eux.

Par ailleurs, ils détestaient le Christ qui avait traité leurs prêtres de « voleurs » et les avait chassés du Temple de Jérusalem.

### Les Pharisiens

Les Pharisiens, devenus à leur tour les maîtres du Temple de Jérusalem détruit une nouvelle fois et reconstruit, étaient plutôt des intellectuels rigoristes, cherchant à appliquer scrupuleusement la Loi mosaïque (de Moïse) ; « ils filtraient le moucheron… », disaient leurs opposants.

Leurs « synagogues » furent vouées à l'enseignement et à la prière rituelle du jour du Sabbat (samedi) réservé à Dieu. Leurs « rabbins », véritables maîtres à penser, remplacèrent les prêtres ou « lévites », qui assuraient le service du Temple.

Ennemis jurés des Romains, ils surveillaient aussi avec attention, pour le prendre en défaut, les moindres paroles et les actes de Jésus qui se proclamait le « Messie » attendu, c'est-à-dire l'envoyé de Dieu, devant apporter le bonheur, la justice et l'harmonie au peuple hébreu.

### Les Zélotes

Les Zélotes (ou zélés) étaient les plus passionnés et les plus prompts à la bagarre, voire à l'émeute, pour faire respecter, dans le Palestine « soumise » aux Romains, leur religion.

Ils étaient donc des hommes de terrain, des « résistants » à l'oppression romaine. La tradition laisse penser que les apôtres Judas et Simon avaient fait partie de leur groupe, tout comme Barrabas, agitateur politique libéré à la place de Jésus.

### Les Esséniens

Les Esséniens formaient la branche la plus austère et la plus pieuse des Juifs. Refusant le faste et les honneurs prisés des Pharisiens, ils s'étaient retirés du monde, vivant en communautés religieuses dans des grottes près de la mer Morte. Ils recherchaient, au-delà des privations corporelles, la satisfaction de l'âme.

Jean-Baptiste, précurseur du Christ, séjourna sans doute parmi eux, dont le mode de vie attirait la sympathie de Jésus.

### Les Samaritains

Les Samaritains sont les descendants des habitants de Samarie, ancienne capitale du royaume d'Israël.

Devenus Assyriens par la conquête et par des mariages mixtes, ils restèrent sur leur territoire et mêlèrent à la religion juive de nouveaux cultes et des idoles des pays voisins.

Au retour de l'exil de Babylone, les Juifs souhaitaient reconstruire le Temple de Jérusalem ; les Samaritains préféraient un temple sur le mont Garizim. La rupture entre eux fut totale. Les Samaritains furent déconsidérés par les Hébreux et méprisés.

La parabole du « bon Samaritain » par Jésus peut être considérée comme une invitation à la réconciliation.

## La vie du Christ

C'est dans ce contexte politico-religieux que vécut le Christ, de son enfance jusqu'à la trentaine, âge de la maturité, à Nazareth en Galilée, région réputée plus verdoyante, plus riche et plus calme que les autres. Il se consacra ensuite à sa « vie publique », prêchant sa doctrine nouvelle.

Prédications, paraboles et miracles attirèrent les foules, aussi bien le petit peuple assoiffé de justice que les penseurs passionnés de recherche mystique. Pourtant, méfiances et incompréhensions grandirent à son égard ; le Christ ne se disait-il pas le libérateur des hommes, le proclamateur d'un nouveau royaume ? Les Juifs, comme les Romains interprétant ses paroles, ne comprenaient pas que le « nouveau royaume » était spirituel et que le Christ libérait les hommes de leurs fautes, de leurs péchés. C'est pourquoi les Pharisiens inquiets et les autorités juives le firent capturer, juger et condamner à mort comme blasphémateur pour des motifs religieux.

Les autorités romaines, ne voulant pas de troubles et craignant les agitateurs, entérinèrent ainsi la décision du Sanhédrin. Jésus mourut donc, à Jérusalem, du supplice romain de la croix. Sa croix portait une inscription au motif de sa condamnation : INRI soit « *Iesus Nazareum Rex Iudi* », Jésus de Nazareth Roi des Juifs.

## Le message du Christ

La vie, la personnalité et surtout les enseignements purement oraux du Christ nous sont connus grâce aux quatre Évangiles de ses disciples Marc, Luc, Matthieu et Jean. Ces recueils évangéliques, et non biographiques, sont les seuls retenus pour faire autorité en matière de religion. Mais il a dû en exister d'autres.

Évangile signifie en grec « Bonne Nouvelle ». Les Évangiles, les Actes des Apôtres (de Luc) les Épîtres (ou lettres) de Paul et de Jude, et l'Apocalypse de Jean forment le « Nouveau Testament », c'est-à-dire plus simplement la « nouvelle alliance » établie entre Dieu et les hommes ; il s'ajoute à l'« Ancien Testament » et le complète.

Ce Nouveau Testament forme environ le quart de la Bible. C'est la partie propre au christianisme. La **Bible** est l'histoire du peuple juif et de ses relations passionnelles avec Dieu. C'est aussi un livre de psaumes à la gloire du Créateur et un ouvrage de prières.

On appelle « Textes apocryphes » certains livres de commentaires sur l'enseignement du Christ. Les autorités religieuses les considèrent comme des écrits « limites », en marge du christianisme naissant, et porteurs de risques d'hérésie.

Les apôtres Matthieu et Jean furent des témoins oculaires de la vie publique du Christ. Luc et Marc n'en furent que des témoins secondaires, consignant par écrit ce qu'ils avaient entendu de l'entourage du Christ. Chacun s'exprime avec sa personnalité et ses réactions propres :

- Matthieu insiste sur la tradition biblique dans laquelle l'enseignement du Christ s'enracine ;
- Marc parle surtout du rôle des apôtres ;
- Luc, médecin et de culture hellénistique, s'attarde sur des explications géographiques, historiques ou scientifiques ;
- Jean, penseur mystique et théologien, fait appel à des réflexions profondes, morales, souvent symboliques, moins à la portée de l'illettré. Mais il est également celui dont l'Évangile colle le plus à la chronologie de la vie du Christ.

Mais tous proclament la « Bonne Nouvelle », c'est-à-dire le salut apporté à tous les hommes qui vivent dans leur vie quotidienne, et pas seulement au travers d'une gestuelle, l'amour de Dieu et l'amour du prochain – fût-il son ennemi. L'Évangile est un appel à la Foi vécue, réalisée tout au long de la vie, car le « Royaume de Dieu » diffère des royaumes des hommes. Il fait appel à des vertus difficiles à pratiquer, comme la douceur, le renoncement, le pardon, la pureté, le refus de la vengeance.

C'est le thème de l'Évangile des « béatitudes », appelé aussi le sermon sur la montagne.

L'enseignement du Christ conservait la croyance juive en un Dieu Unique, ainsi que les règles de morale du Décalogue (lois données par Dieu à Moïse, sur le mont Sinaï) appelées les « Dix Commandements ».

Mais le christianisme, se voulant une religion « universelle », s'adressait non pas à une seule nation, mais à tous les hommes, tous étant « également » appelés à devenir fils de Dieu, sans exceptions ni privilèges. Le Christ insistait aussi sur l'amour infini de Dieu pour les hommes, et sur sa miséricorde à l'égard des fautes commises. Il rappelait également la nécessité d'une vie pieuse et vertueuse supérieure à des pratiques rituelles irréfléchies et mécaniques, pour atteindre le « Royaume de Dieu ».

Cette religion trouva un écho particulier chez les humbles, les déshérités, les esclaves, qui y retrouvaient leur dignité humaine, mais elle inquiéta les pouvoirs en place, les institutions établies, juives ou romaines.

C'est pourquoi les premiers chrétiens furent poursuivis à la fois comme opposants religieux, car ils refusaient d'adorer les dieux romains ou l'effigie de l'empereur, et comme opposants politiques susceptibles de créer des révoltes sociales par leurs idées d'égalité et de justice.

Des persécutions se déchaînèrent, à plusieurs reprises, dès le Ier siècle, contre les chrétiens, qui devinrent des « martyrs » offerts en spectacle aux païens, dans les amphithéâtres des villes romaines. Néron, Trajan, Marc-Aurèle, Dèce et Dioclétien déclenchèrent des persécutions parfois massives.

Mais la nouvelle religion se répandit, du Moyen-Orient dans toute l'Europe et le monde romain, puis chez les peuples barbares grâce aux apôtres puis aux missionnaires. Antioche, Athènes, Alexandrie, Rome furent les premières métropoles chrétiennes, et Rome surtout devint la capitale du christianisme.

On appelle **catacombes** des lieux de sépultures juives, païennes ou chrétiennes, formées de galeries souterraines où des niches fermées par dalles recevaient les corps des défunts. Des chambres funéraires ou cryptes élargissaient parfois les galeries. Les premiers chrétiens s'y réfugièrent parfois en période de persécutions pour y célébrer leur culte.

Les catacombes virent naître l'art chrétien par sa décoration simple mais imagée et symbolique. Les principaux symboles retrouvés en ont été :

- le **poisson**, *ichtus* en grec, dont les lettres sont l'abréviation de Jésus-Christ fils de Dieu Sauveur, « *Iesus Christos Theos Uios Soter* ». Parfois le poisson a été remplacé par un dauphin ;
- la **croix** rappelait la mort du Christ mais aussi son triomphe sur les forces du mal par sa résurrection ;
- le **chrisme**, monogramme du Christ, reprend les lettres grecques I de *Iesus* et X de *Xristos*, ou bien les lettres X et R (1ʳᵉ et 2ᵉ lettres en grec de *Xristos*, en les combinant) ;
- l'**agneau** symbolise à la fois le sacrifice du Christ innocent immolé sur la croix et le Christ, pasteur des âmes ;
- la **vigne** signifie le Christ porteur de fruits mais aussi le raisin écrasé qui donne le vin de la messe, sang du Christ.

Il s'en ajoutera d'autres au cours des temps, comme l'**auréole** ou nimbe autour du visage, signe de la sainteté et de l'aura « bénéfique », les branches de palmiers ou de lauriers rappelant le triomphe du Christ.

L'empereur Constantin fut le premier à reconnaître, par l'édit de Milan en 313, la liberté religieuse des chrétiens et à favoriser, après sa propre conversion, le développement du christianisme.

## Foi et culte chrétiens

Le dogme fondamental de la religion chrétienne est la croyance en un dieu unique par sa nature divine, mais révélé aux hommes en trois personnes divines, le Père créateur, le Fils Jésus-Christ fait homme pour sauver les hommes, et le Saint-Esprit représenté soit sous la forme d'une langue de feu, exprimant la lumière divine et l'Amour, soit sous la forme d'une colombe, symbole de paix.

L'Église est l'ensemble de ceux qui croient dans le Christ. Saint Pierre puis les papes en sont les chefs spirituels. Le culte primitif fut célébré chez des particuliers avant la construction des basiliques et des églises.

Les douze apôtres, puis les disciples, furent les ancêtres du clergé chargé des communautés chrétiennes nouvelles.

L'entrée dans l'Église se fait lors d'une initiation, le **baptême**, pour lequel l'adulte revêt la robe blanche après avoir été immergé dans un bassin ou dans un fleuve, ou avoir reçu l'eau purificatrice sur son front. Le baptême des nouveau-nés s'y est ajouté par la suite.

Six autres sacrements jalonnent la vie du chrétien pour l'aider à vivre pleinement sa foi religieuse. Les plus importants avec le baptême sont la confirmation, qui renouvelle la foi du baptême avec l'aide de l'Esprit-Saint, et l'eucharistie par lequel le Christ se donne à chacun sous les espèces du pain (l'hostie) et du vin.

La messe est la cérémonie au cours de laquelle les chrétiens réunis revivent la Cène, repas au cours duquel le Christ a pérennisé sa présence parmi les hommes, justement sous les apparences du pain et du vin consacrés.

## La diffusion du christianisme

Elle fut facilitée par l'unité politique du monde romain, jalonné de routes terrestres et maritimes.

Ses obstacles furent l'hostilité du pouvoir civil en place, celle des autres religions, le plus souvent polythéistes, et le scepticisme des païens.

Pourtant, le message religieux et social du christianisme se répandra dans le temps et l'espace malgré des persécutions. Mais il devait à son tour connaître des interprétations particulières du dogme de la Trinité.

L'« arianisme » en particulier déclencha des batailles d'opinion, à l'instigation d'Arius, évêque d'Alexandrie qui ne reconnaissait pas la divinité du Christ.

Le concile de Nicée, réunissant en 325 les évêques de la chrétienté, sous Constantin, devait condamner cette première hérésie, qui fut cependant adoptée par plusieurs peuples barbares du nord de l'Europe, pour des raisons souvent plus politiques que par conviction religieuse.

Compte tenu de ces difficultés, on peut dire qu'à l'aube du Moyen Âge, le monde romain puis barbare était acquis au christianisme, ainsi qu'une partie de l'Égypte où les coptes formeront le noyau du christianisme.

# Chapitre 8

# Les invasions barbares

## Les Barbares

Les Romains nommaient « Barbares » tous les peuples qui ne faisaient pas partie de leur empire et ne vivaient pas suivant leur mode de civilisation.

Ce terme s'appliqua en particulier aux populations de l'Europe du Nord et de l'Est installées au-delà du *limes*, qui matérialisait les frontières de l'empire et donnait aux Romains l'impression d'être protégés, voire invincibles dans leur intégralité territoriale. Des provinces frontalières, sortes de « régions tampons » confiées à des colons, anciens mercenaires étrangers, en échange de leur loyalisme, accentuaient encore cette impression de sécurité. En effet, jusqu'au IIIe siècle, l'empire fut à l'abri des invasions.

Mais, qui étaient les Barbares ?

À l'exception des Huns, d'origine asiatique, tous étaient des Germains, donc des peuples celtes. Ils différaient des Romains par leur aspect physique, la rudesse de leurs mœurs, leur langue, leur religion et leur organisation politique.

## Localisation

À l'origine, les Germains étaient comme les Grecs, des peuples indo-européens. Mais, dans la recherche de terres de subsistance destinées à satisfaire leur nomadisme initial, pastoral ou guerrier, ils s'étaient fixés dans le large périmètre de l'Europe du nord, depuis la mer Baltique jusqu'au Danube, et de la Vistule à la mer du Nord et au Rhin.

Ils formaient de nombreux peuples « cousins » regroupés en tribus familiales alliées. Les principaux étaient :

- les **Goths**, eux-mêmes divisés en Goths de l'Est ou Ostrogoths, et en Goths de l'Ouest ou Wisigoths ;
- les **Lombards**, fixés en Hongrie ;
- les **Alamans** du Rhin supérieur ;
- les **Francs** localisés sur le Rhin inférieur ;
- les **Vandales**, les **Burgondes** et les **Suèves** en Allemagne ;
- les **Angles** et les **Saxons** près de la mer du Nord.

On les retrouvait encore sous des noms différents en raison de subdivisions familiales, mais conservant des caractères de vie communs.

## La société germanique

La famille en était le fondement, et le père, le maître absolu. Pour les décisions importantes, les chefs de famille et les hommes libres, armés, se réunissaient et ils élisaient un chef commun, sorte de roi temporaire.

Chez les Francs, l'élu était hissé sur un bouclier élevé au niveau des épaules. C'était le signe de sa puissance. Même à demi sédentarisés, les Germains vivaient de la chasse et de l'élevage des chevaux, joints à quelques cultures. La terre appartenait à la communauté qui la redistribuait chaque année entre les familles. On peut voir dans ce système l'origine de la commune rurale russe, le « mir », supprimée lors de la révolution bolchevique de 1917. Mais de là vient aussi la décision de nombreuses familles de partir ailleurs, à l'Ouest, pour acquérir en propre des terres plus vastes que la hutte familiale et son lopin de terre attenant.

Les Germains étaient surtout d'excellents artisans du bois et des métaux. Leurs forgerons, tout comme leurs orfèvres qui fabriquaient des bijoux cloisonnés, étaient réputés.

Leur supériorité militaire s'appuyait d'ailleurs sur leurs armes efficaces. Ils utilisaient toujours l'arc, mais y avaient ajouté :

- l'**épée** à double tranchant, plus longue que le glaive romain ;
- la **framée**, longue pique de bois terminée par des ailerons de fer précédant la pointe, elle aussi métallique ;
- la **francisque**, hache double au manche court, qui se projetait avec force sur l'ennemi.

Framée (lance)                    La francisque

Ils assuraient leur protection grâce à un bouclier rond cerclé de fer dont l'ombo ou umbo formait la pièce centrale, en relief. Un casque conique et une tunique de cuir, recouverte d'écailles métalliques, permettaient aux plus fortunés de se protéger la tête et le corps.

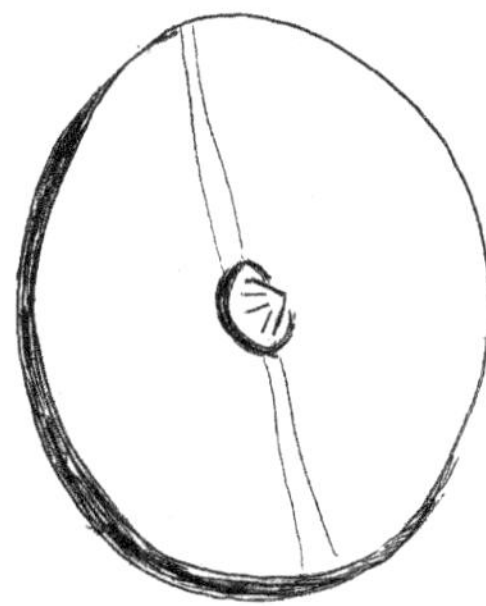

Bouclier franc

Les différents dialectes celtes qu'ils parlaient ne s'écrivaient pas. Les seules traces écrites connues sont les « **runes** », inscriptions sacrées et mystérieuses gravées sur des pierres et retrouvées en Scandinavie surtout, et en Allemagne. Ces dialectes celtes sont à l'origine des langues anglaise, allemande et néerlandaise.

## La religion

Comme beaucoup d'autres peuples, les Germains, admiratifs ou craintifs devant les mystères de la nature, les avaient identifiés à des divinités.

La tradition étant orale, nous ne possédons des renseignements sur leurs croyances que grâce à des ouvrages d'épopées, de sagas légendaires rédigées aux XII$^e$ et XIII$^e$ siècles. Ce sont, écrite en vieil allemand, l'épopée des **Nibelungen**, nains descendants de Nibelung et dont Siegfried avaient pris le trésor, et en islandais, les **Eddas**, textes mythologiques.

D'une cosmogonie compliquée, opposant des mondes différents, seraient nés les premiers êtres géants, à la fois divins et humains, puis la Terre, enfin le couple humain originel fabriqué à partir d'arbres, le frêne pour l'homme et l'orme pour la femme.

Les Germains, dont faisaient partie du VIII<sup>e</sup> au XI<sup>e</sup> siècle les Vikings, conquérants maritimes, pensaient que douze dieux principaux présidaient aux destinées du monde, avec parmi eux :

- **Odin** ou **Wotan**, soleil créateur, dieu suprême et victorieux grâce à sa magie ; son emblème était un navire ;
- **Frigga**, son épouse, déesse de la fécondité ;
- **Thor** ou **Donar**, le dieu du tonnerre, dont l'emblème était un marteau ;
- **Freyr**, dieu de la fertilité et de la végétation ;
- **Balder**, dieu de la lumière et de la beauté.

Les **elfes** étaient des génies au rôle secondaire.

Des sacrifices d'animaux et d'êtres humains leur étaient offerts. Ces dieux, aussi belliqueux que les hommes, résidaient dans une sorte de paradis, le « **Walhalla** », où les **walkyries**, vierges guerrières, accueillaient aussi les guerriers courageux tués au combat. L'enfer était destiné aux faibles. Le frêne, à la fois arbre de vie et de connaissance, s'étendait sur tout l'univers. Dans ses racines se trouvait le dieu de la Mort, et à son sommet, tissant les trames des vies humaines, régnaient les Trois Destinées ou « **Norns** », représentant le passé, le présent et l'avenir.

Le monde, détruit par le mal et la haine, devait finir dans les flammes. Il renaîtrait pourtant, un jour, sous l'aspect de riches prairies et de mers paisibles où les dieux mêlés aux hommes devraient revivre dans un bonheur éternel et total.

Les Germains invoquaient leurs dieux au cours de fêtes pendant lesquelles ils s'enivraient d'hydromel, ou miel fermenté.

Leur principal souci était de connaître leur avenir, que des « sorcières » lisaient dans le galop des chevaux ou dans les entrailles frissonnantes de victimes humaines.

# LE MÉCANISME DES INVASIONS

La ruée des Barbares sur l'Empire romain ne fut pas un phénomène fortuit, mais elle surprit par sa soudaineté et son importance. En fait, l'invasion violente et massive fut lentement préparée par une infiltration pacifique.

## Sa préparation

Dans leur recherche de terres nécessaires à leur espace vital et à leur installation, les Goths avaient fini par se heurter au *limes* romain, qu'ils n'osaient pas franchir. Les familles se contentaient de s'en approcher, vivant dans leurs migrations familiales, sur les ressources des populations locales qui appréhendaient leur venue puis souhaitaient leur départ.

De leur côté, les Romains connaissaient des périodes critiques. L'empire, devenu trop vaste, était difficile à gouverner ; des rivalités internes éclataient au grand jour, opposant les riches, à la fois exempts d'impôts et du service militaire, et les pauvres, en général paysans, obligés de cultiver les terres et de défendre leur territoire.

La corruption s'étalait au grand jour, et les territoires limitrophes du *limes* étaient de plus en plus défendus par des mercenaires davantage soucieux de leur propre intérêt que du salut de l'empire.

Profitant de ces circonstances, certains Barbares se firent embaucher soit comme main-d'œuvre agricole, soit dans les villes, pour occuper mille petits métiers méprisés des Romains. D'autres, choisissant la guerre comme activité, concentrèrent leur énergie et leur combativité pour former des bandes de pillards.

Mais la plupart, préférèrent louer aux Romains, qu'ils admiraient, leurs capacités de combat. D'abord « mercenaires », ils devinrent « auxiliaires » puis des « légionnaires » conscients de la confiance des Romains. Leur nombre augmenta, celui des vrais Romains diminua.

Ils furent, en échange de leurs services, dotés de terres près des frontières, qu'ils devaient à la fois défendre contre les autres Barbares et cultiver avec leur famille en tant que « colons ». C'est ainsi que les Francs purent s'installer sur le Rhin, avec les encouragements de l'empereur Constantin.

Leur nombre s'accrut dans l'empire de façon progressive et pacifique, tandis que, parmi eux, des responsables civils ou militaires faisaient appel à d'autres Barbares pour parfaire leur réussite.

Des empereurs romains du Bas-Empire, élus par leurs armées, furent d'origine barbare tels :

- Elagabal (218-222), un Syrien ;
- Philippe l'Arabe (244-249) ;
- et les empereurs illyriens, Aurélien (270-275), Probus (276-282) et Dioclétien (284-305).

Ils furent tous élus par acclamation de l'armée, et l'on doit à Dioclétien le partage de l'empire en deux parties, l'Empire romain d'Occident qui parlait le latin, et l'Empire romain d'Orient unifié par la langue grecque. Soucieux de sauver l'empire, ils furent, si l'on fait abstraction de crimes de toutes sortes, efficaces contre les autres Barbares et prolongèrent d'un siècle environ la vie de l'Empire romain.

L'arrivée en masse en 375 et en 408 de divers peuples germaniques paraît la suite logique de leur lente infiltration. Mais ce sont les Huns qui précipitèrent le mouvement et donnèrent naissance à une invasion brutale.

## Les grandes invasions

À la base du mécanisme des invasions se trouvent les **Huns**. Peuple d'origine mongole, ils avaient conquis un vaste domaine russe depuis le Don jusqu'à la mer Caspienne. Suivant les circonstances, ils étaient des nomades éleveurs de chevaux ou des pillards amateurs de razzias.

Leurs familles les suivaient au cours de leurs constants déplacements, à l'abri de chariots rustiques.

D'une résistance exceptionnelle, ils supportaient le froid, la chaleur ou la faim. Ils étaient vêtus de peaux d'animaux cousues ensemble et ils vivaient en symbiose avec leur monture, sur laquelle ils pouvaient même dormir.

Leur nourriture était frugale et, en période de combats, il leur arrivait de boire le sang de leurs chevaux puisé, à l'aide d'un roseau épointé, directement dans la veine jugulaire du cou de l'animal. Ils pouvaient aussi manger de la viande crue, simplement attendrie entre leurs cuisses et la croupe de l'animal. Une réputation de cruauté les précédait partout où ils passaient.

Les **Alains**, clans venus d'Iran, en avaient fait les frais les premiers, en se soumettant faute de pouvoir s'opposer à eux.

Une période climatique plus froide accentua leur quête de territoires nourriciers. Ils se heurtèrent aux Goths, eux aussi en expansion. Ils les chassèrent des régions danubiennes où ils s'installèrent à leur tour.

**Attila**, leur nouveau chef de 433 à 453, appelé « le Fléau de Dieu », les entraîna dans de nouvelles razzias vers l'Occident. Les peuples indigènes, épouvantés par leur arrivée marquée d'exactions, se mirent à leur tour à fuir vers l'Ouest, espérant trouver un refuge, de gré ou de force, dans l'Empire romain où vivaient déjà bien des leurs.

## NAISSANCE DES NOUVEAUX ROYAUMES

En un siècle, de 376 à 476, et en plusieurs vagues, l'empire fut envahi, démantelé, détruit par des Goths, des Vandales, des Burgondes, des Alamans et autres Germains affolés. Profitant de l'effondrement politique et militaire de l'empire, les Barbares, au terme de rivalités sanglantes, s'en partagèrent les divers territoires occidentaux.

- Les **Burgondes** s'installèrent dans le périmètre Suisse-Jura-Rhône-Saône. Ils seront à l'origine de la Burgondie devenue la Bourgogne.

- Les **Francs** occupèrent le nord et le nord-est de la France, depuis la Meuse jusqu'au Rhin et à la Somme. Seul peuple vraiment organisé et sous la direction de Clovis, ils se rendront maîtres de la Gaule, conquise entre 485 et 536 sur les Wisigoths de l'Aquitaine, les Burgondes et les Alamans du Rhin.

- Les **Angles**, les **Jutes** et les **Saxons** traversèrent la Manche et passèrent en Grande-Bretagne, forçant les Britons, déjà installés, à s'enfuir dans notre Bretagne.

- Les **Vandales** furent chassés d'Aquitaine, passèrent en Espagne, s'installant dans le sud en Vandalousie, future Andalousie, avant de s'établir en 429 en Afrique du Nord puis en Corse, dans les Baléares et en Sardaigne. Leur royaume carthaginois fut reconquis par les Byzantins.

- Les **Alamans** installés en Alsace furent vaincus par les Francs et leurs territoires annexés.

- Les **Wisigoths**, établis en Aquitaine puis en Espagne (à l'exception du Pays basque), fondèrent un royaume dont Tolède devint la capitale. Les invasions arabes du VIIIe siècle mirent fin à leur domination, mais il en subsista une civilisation hispano-wisigothique originale et brillante.

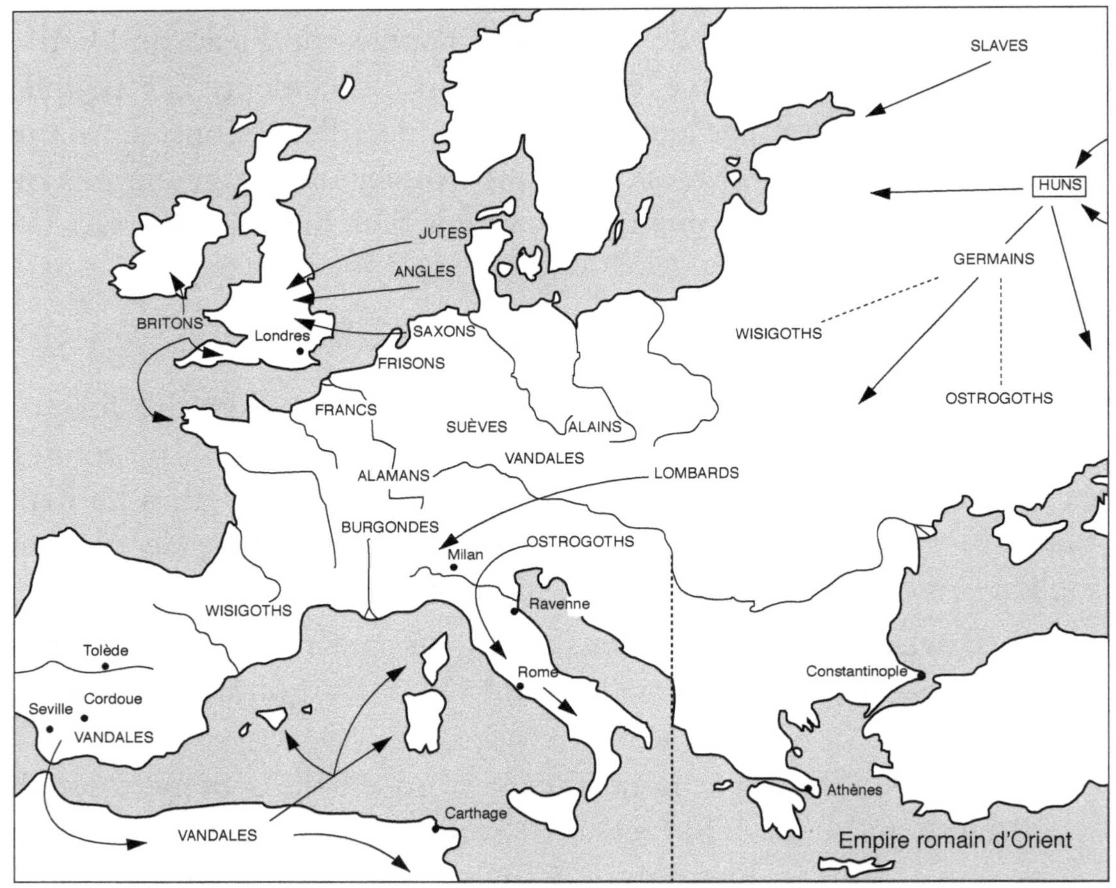


L'occident barbare

- Les **Ostrogoths** s'installèrent en Italie et choisirent Ravenne comme capitale. En 534, les Byzantins reconquirent leurs territoires.

- Les **Lombards** firent partie de la dernière vague d'envahisseurs. Ils venaient de Hongrie et s'établirent en Italie du Nord, donnant leur nom à la Lombardie.

Les **Huns**, pourtant à l'origine de ces grands bouleversements, ne profitèrent pas longtemps de leur triomphe. Au cours d'une incursion en Gaule, Attila occupa Reims, évita Paris, dont sainte Geneviève avait organisé la défense dans l'île de la Cité, et fut vaincu à Orléans par les forces conjointes des Francs et des Romains.

Attila tenta ensuite une incursion vers Rome, mais le pape acheta son départ au prix de nombreux cadeaux. Il repartit vers la Hongrie, où sa mort brutale entraîna la disparition d'un empire qu'une cinquantaine de ses fils se disputèrent.

Le dernier empereur romain s'appelait Romulus Augustule ; il fut déposé en 476 par Odoacre, chef des mercenaires wisigoths, qui disparut à son tour, victime des Ostrogoths de Théodoric.

## Survivance de l'Empire romain d'Orient

Le titre d'empereur fut délégué au souverain de l'Empire romain d'Orient, qui résistait à Constantinople, l'ancienne Byzance ; et cela parut d'autant plus naturel que, de Constantin (306-337) à Romulus Augustule, plus de trente empereurs s'étaient succédé, le tiers d'entre eux étant morts assassinés !

L'empire, brisé, ne subsista plus qu'en Orient, où la civilisation gréco-romaine put encore se maintenir durant un millénaire, grâce à la solidité du pouvoir impérial et à la prospérité économique, et malgré la pression des Perses à l'est, des Slaves au nord et des Arabes au sud.

À l'intérieur, surgissent des difficultés sociales entraînant des désordres, et des crises religieuses qui menacent par leurs hérésies l'unité chrétienne et politique en voie de progrès. L'unité impériale sera le but recherché par Justinien, empereur de 527 à 565.

En 1453, la prise de Constantinople par les Turcs marqua la chute définitive de l'Empire romain d'Orient.

## Fusion des civilisations et rôle de l'Église

L'arrivée progressive des Barbares dans le monde romain s'est accompagnée d'une adaptation aux coutumes du pays d'accueil. En effet, les Barbares, confrontés à des responsabilités administratives ou militaires, étaient tenus d'adopter la langue latine. Ils y ajoutèrent les vêtements, les demeures et même les usages de la vie courante. Mais, le point essentiel de cette fusion de civilisations fut le mélange de dialectes germains et de la langue latine populaire. Il devait en résulter, pour la Gaule, la formation de langues romanes, ancêtres du français.

De même, dans le domaine juridique, le droit germanique s'ajouta au droit romain. La tradition barbare des partages successoraux des royaumes entre tous les fils entraîna la multiplication puis la suppression de royaumes affaiblis et rivaux.

Les coutumes barbares de justice pénale restèrent longtemps appliquées. Ainsi :

- le **wehrgeld** (le prix du sang), améliorant la loi vengeresse du talion, tarifait par de l'argent le prix du dommage causé, en fonction de la qualité de l'offense et des circonstances du délit ;
- les **ordalies**, épreuves par le feu ou par l'eau, furent appliquées pour juger de l'innocence d'un accusé, au travers de sa résistance physique ;
- le **duel judiciaire** mettait aux prises l'accusateur et l'accusé, le « jugement de Dieu » ne pouvant que favoriser l'innocent.

Puis, peu à peu, les coutumes barbares se transformèrent en lois, écrites en latin, en s'inspirant d'ailleurs du *codex* romain. Ce fut le cas de la loi Gombette des Burgondes, de la loi salique des Francs (qui interdisait aux femmes la transmission de l'héritage ou de la couronne) et du code d'Euric des Wisigoths.

Mais les Barbares ne surent pas appliquer le système fiscal romain et accordèrent des dispenses d'impôts à des privilégiés qui, localement, se substituèrent à l'autorité des rois barbares ; ils seront à l'origine des seigneurs, de leur puissance territoriale et de leur force militaire symbolisée par le château fort.

La lutte pour le pouvoir fut intense. Les crimes se succédèrent. On peut rappeler ici que l'autorité de Clovis sur les Francs ne put s'établir qu'au prix du meurtre de ses concurrents, insensibles au titre de « consul » que Rome lui avait décerné pour son courage.

Les Romains adoptèrent, de leur côté, la métallurgie des Francs et des Germains. Leurs lames d'épées forgées à partir du fer étaient d'une grande solidité, accrue par un martelage à froid. Chacune d'elles était un « chef-d'œuvre » et cet état d'esprit, cette recherche de la qualité, se maintiendra chez les artisans du Moyen Âge.

Dans ce processus d'unification, le rôle de l'Église, reconnue officiellement en 313 sous Constantin, ne fut pas négligeable. Aussi, lors des invasions, les évêques remplacèrent peu à peu, dans leurs diocèses, les fonctionnaires romains (administration, justice) ou l'armée défaillante ; le pouvoir du clergé, devenu partie intégrante de la société, s'accrut. Beaucoup d'évêques devinrent ministres, tandis que les moines copistes des monastères se chargeaient de la transmission en langue latine des connaissances de l'Antiquité.

Les sanctuaires chrétiens bénéficièrent du « droit d'asile » ; la vie quotidienne fut rythmée par le son des cloches, et les jours fériés correspondirent aux fêtes religieuses.

Le plus grand problème fut l'extension de l'arianisme chez les Barbares convertis. Cette doctrine, professée par Arius, prêtre syrien, et par les ariens ses adeptes, refusait d'admettre la divinité du Christ, fils de Dieu le Père et partie intégrante de la Trinité (Père et Fils et Saint-Esprit). Cette doctrine fut condamnée en 325 par le concile de Nicée mais subsista chez les Wisigoths et les Burgondes, soucieux de marquer leur indépendance politico-religieuse.

La puissance de l'Église devait se confirmer au Moyen Âge.

# Chapitre 9

# Épanouissement de la civilisation byzantine

## RAPPELS HISTORIQUES : LES GRANDES PÉRIODES DE L'EMPIRE ROMAIN

L'Empire romain d'Occident s'était écroulé sous les invasions barbares. Les derniers envahisseurs, les Lombards, s'étaient emparés de l'Italie du Nord ou Lombardie, tandis que le reste du pays était devenu un royaume ostrogoth. Wisigoths, Ostrogoths et Vandales s'étaient convertis à l'arianisme, façon habile de se démarquer religieusement puis politiquement des Latins qu'ils dominaient.

### L'Empire romain d'Orient

Il subsista sous la forme d'un État marqué par des influences orientales. Cet empire dura de 476 à 1453.

En 476, Odoacre, chef d'une tribu germanique, déposa le dernier empereur d'Occident, Romulus Augustule, avant de céder à son tour sa couronne à Théodoric, chef des Ostrogoths. Par mesure de sécurité et de prudence, les insignes impériaux furent envoyés à Zénon, empereur à Constantinople.

Des difficultés importantes subsistaient dans cette partie orientale de l'empire car les peuples y résidant étaient eux-mêmes menacés par les Perses à l'est, les Arabes au sud, les Turcs et les Slaves sur le Danube. À l'intérieur, des factions rivales agitaient le peuple, et l'unité religieuse chrétienne était menacée par des hérésies.

Pourtant l'empire prit le nom d'Empire byzantin, reconnaissant depuis 408 le grec comme langue officielle, et conscient de la précarité de l'Empire romain d'Occident depuis la prise de Rome en 410 par les Wisigoths.

En 527, l'avènement de **Justinien** (527-565) marqua le début d'une période byzantine brillante. Aidé dans sa tâche par l'énergique impératrice **Théodora**, il entreprit de rétablir l'unité intérieure de son empire, et envisagea même le rétablissement de l'ancien Empire romain. Il s'imposa comme le représentant ou vicaire de Dieu sur la terre et mata une révolte de ses opposants à Constantinople en 532.

Rassuré sur le plan intérieur, il entreprit la reconquête des anciens territoires romains. Il reprit l'Afrique du Nord en 534, la Sicile en 535, l'Italie en 536, et le tiers sud de l'Espagne dont Cordoue était la ville principale.

Il se consacra alors à la réorganisation profonde de son empire, où vingt nationalités différentes se côtoyaient. Il en était le pilier central, l'envoyé de Dieu, supérieur aux « patriarches » ou évêques et soutenu par une administration dévouée puissante et centralisée. La religion chrétienne ainsi interprétée de façon personnelle et originale fut appelée **orthodoxe**, c'est-à-dire à la doctrine droite.

Justinien fit construire à Byzance la basilique Sainte-Sophie, joyau de la ville, et San Vitale à Ravenne en Italie.

La langue et la civilisation grecques se répandirent, participant au prestige immense de cet empire pour lequel on a pu parler de « premier âge d'or ». Mais le prix à payer fut lourd et, en 565, à la mort de Justinien, le pays était épuisé.

Du VIIe au IXe siècle, l'empire passa entre les mains de divers empereurs soumis aux mêmes difficultés :

- à l'intérieur, la crise religieuse menée par les « iconoclastes », ou briseurs d'images saintes adorées par certains ;
- à l'extérieur, les assauts barbares, perses et musulmans (siège de Byzance en 717), qui menaçaient la cohésion de l'empire.

Du IXe au XIe siècle, la dynastie de Macédoine rétablit l'ordre et la sécurité à Byzance. Les Russes furent évangélisés et convertis par les missionnaires

Cyrille et Méthode, qui inventèrent dans ce but l'« écriture cyrillique ». Les Arabes furent repoussés en Crète, à Chypre, en Syrie et près de Jérusalem.

L'Arménie fut soumise, mais les Bulgares (descendants des Huns) menacèrent à leur tour l'empire. Basile II (976-1025) les écrasa et fit crever les yeux des 15 000 prisonniers. Le roi Siméon de Bulgarie en mourut. Pourtant, ce fut le « deuxième âge d'or byzantin » car l'empire avait récupéré de nouveaux territoires, et la civilisation à Byzance était brillante.

## Le grand schisme d'Orient

En 1054, le schisme grec troubla l'Église chrétienne, dirigée au début par cinq patriarches, ceux de Rome, Constantinople, Antioche, Jérusalem et Alexandrie d'Égypte. Ces trois derniers patriarcats perdant de leur importance en raison des conquêtes arabes, Rome et Constantinople se disputèrent donc la direction de la chrétienté.

Dans la « ville éternelle », le pape ne parvenait pas à se faire entendre et perdait, au profit d'un islam jeune et conquérant, l'Afrique du Nord, l'Espagne et la Syrie. La faiblesse politique de Rome, jointe à des divergences de pensée concernant les icônes, entraîna une scission, le « Grand Schisme », par lequel l'Église d'Orient, soumise au patriarche de Constantinople, refusa l'autorité de Rome.

Ce patriarche dirigea l'Église grecque, définitivement appelée « orthodoxe », devenant ainsi le chef spirituel de tous les chrétiens d'Orient, y compris les Bulgares et les Russes.

Le XI^e siècle fut marqué par la perte de la puissance et de la force d'un Empire byzantin isolé, à qui l'Occident ne s'intéressait pas. Même les croisades, entreprises pour libérer les lieux saints du joug turc, ne parvinrent qu'à affaiblir cet empire. Si l'on ajoute les crises sociales, le refus d'obéissance des propriétaires fonciers et l'indépendance manifeste du patriarche et de son clergé vis-à-vis du *basileus* (empereur), on comprend l'effondrement de cet empire.

Les razzias des Turcs et des Normands venus de la mer du Nord réduisirent les territoires impériaux à leur plus simple expression : la capitale, Byzance. La ville devait pourtant résister encore deux siècles avant de tomber aux mains des Turcs de Mahomet II en 1453.

## LA CIVILISATION BYZANTINE AU TRAVERS DE SA CAPITALE

Elle fut un sujet d'émerveillement pour les Occidentaux, en particulier pour les croisés, éblouis par le faste oriental et par Constantinople qui en était le reflet. L'empereur, le *basileus*, y résidait comme un potentat. Couronné par le patriarche de la ville, il était « infaillible » dans les domaines de la religion, de la justice et de l'administration. Son pouvoir était donc absolu, et son érudition lui permettait d'assimiler les influences grecques, romaines et orientales.

La ville, construite par Constantin en 330, comptait sans doute un million d'habitants. Elle était protégée par les triples remparts construits sous l'empereur Théodose. La vie politique s'y concentrait aussi bien dans son palais impérial, son sénat, que dans son hippodrome où concouraient des factions politiques rivales.

Son université en faisait le centre de la vie intellectuelle, maîtrisant en particulier l'enseignement du grec, la littérature, la philosophie et les sciences.

Sa cathédrale, la basilique Sainte-Sophie, participait à son rayonnement religieux et artistique tout comme d'autres églises, chefs-d'œuvre de l'art byzantin.

Vivante, animée, active, la cité commerciale tirait de sa position géographique des avantages économiques et le contrôle des échanges entre l'Orient et l'Occident. La stabilité presque millénaire de la valeur du « sou d'or » de Byzance favorisait la confiance des marchands.

L'artisanat local en tira bénéfice, utilisant souvent des matières premières importées. Une main-d'œuvre active, dont les esclaves restaient les principaux acteurs, s'adonna au tissage des soieries, des brocards aux fils d'or et des toiles.

On peut ajouter aussi l'orfèvrerie, le travail de l'émail, celui des perles, de l'ivoire, la création de parfums subtils, la finesse des enluminures et la décoration par des mosaïques de verre ou de pierres semi-précieuses. Enfin il ne faut pas négliger la fabrication du caviar, la conservation du poisson, le transport des épices, du sel ou du miel, produits locaux ou importés.

Vierge de tendresse, Eleousa, école de Brocou, XVIᵉ siècle (copie par D. Garcin)

Constantinople fut le centre d'une vie artistique brillante, toute à la gloire du christianisme, religion d'État depuis Constantin. Elle s'exprima au travers de ses « icônes », de ses fresques et surtout de ses mosaïques, décorant somptueusement l'intérieur d'églises prêtes à accueillir de nombreux fidèles.

## Les icônes

Les icônes étaient des tableaux peints, sur des planches de bois de tilleul, suivant des règles strictes d'utilisation de produits naturels. Si l'or représentait la lumière divine, chaque couleur avait un sens, tout comme la taille et la disposition des personnages. Les modèles représentés étaient immuables, tel le Christ Pantocrator, c'est-à-dire tout-puissant, ou des Vierges à l'enfant Jésus, protectrices et aux gestes symboliques.

L'artiste s'effaçait derrière le croyant, cherchant avant tout à exprimer sa foi et à la communiquer.

L'utilisation de filigranes d'or ou d'argent, l'incrustation de pierres précieuses et de perles embellissaient encore ces icônes, devenues, pour certains croyants, objets d'adoration au pouvoir mystérieux ou miraculeux.

Les iconoclastes, ou casseurs d'images, refusèrent de devenir des inconditionnels de ce culte. En 745, la politique s'en mêlant, cet art religieux fut interdit. Reprise plus tard, surtout en Russie, cette forme d'imagerie devint seulement un support à la prière.

## Les mosaïques

Les fresques ou peintures murales participaient à l'enseignement des épisodes sacrés de la Bible ou des Évangiles, ou à la connaissance des scènes de la vie impériale.

Les mosaïques imitèrent les fresques et reprirent les modèles des icônes, mais en utilisant des cubes de verre colorés ou dorés à l'or fin. Ce matériau peu malléable exigeait des dessins nets, des attitudes strictes, entraînant des expressions un peu figées.

Ces livres d'images, muraux ou inscrits dans les coupoles, participèrent grandement à l'instruction d'un peuple illettré mais croyant.

La cathédrale de Monréale non loin de Palerme, en Sicile, offre, à l'intérieur, la plus grande surface incrustée de mosaïques, après Sainte-Sophie. Murs et dômes sont couverts de plus de 6 400 m² de mosaïques illustrant la Création, les prophètes de la Bible, la vie du Christ et la naissance de l'Église.

La réputation de l'art byzantin fut telle que toute l'Europe demanda à Constantinople des artistes susceptibles de faire rayonner dans le monde connu l'originalité de leur art.

# LE MONDE SLAVE

Le monde slave prit la suite du monde byzantin dans toute l'Europe centrale et de l'Est, et dans les Balkans.

Qui étaient les Slaves ? Issu des Indo-Européens, c'est le groupe ethnique et linguistique le plus important d'Europe. Originaires d'une vaste région comprise entre la Russie, l'Ukraine et la Pologne, les Slaves vivaient de l'agriculture et de l'élevage. Leurs migrations les entraînèrent jusqu'à la Baltique, au nord, et la Méditerranée, au sud. Ils se fondirent dans les peuples germaniques et celtiques en s'intégrant dans les royaumes ainsi créés.

La première principauté slave, appelée **Rus**, avait été celle de Kiev, fondée en 882. Kiev est toujours considérée comme la mère des villes russes.

Les populations slaves se convertirent au christianisme et acceptèrent la culture occidentale. Leur grand drame fut le **schisme d'Orient** qui, en 1054, sépara les chrétiens fidèles à Rome (catholiques romains) des chrétiens fidèles à l'orthodoxie byzantine. Au premier groupe appartiennent les Polonais, les Slovaques, les Tchèques, les Slovènes et les Croates. Le deuxième groupe comprend les Serbes, les Macédoniens, les Bulgares et une grande partie des Russes et des Ukrainiens.

Les Slaves se veulent les nouveaux représentants de la civilisation byzantine après la chute de Constantinople :

- l'alphabet cyrillique reprend l'alphabet grec en le modifiant ;
- les plans des églises russes, leur décoration intérieure et les rites religieux conservèrent les prescriptions byzantines ;
- un signe de croix modifié fut adopté ;
- le patriarcat de Moscou et de toute la Russie devient le successeur, l'héritier de celui de Byzance.

Deux faits historiques importants ont accentué la division des Slaves :

- au XIV$^e$ siècle, la domination ottomane (turque) impose l'islam dans tout le sud du monde slave. Une partie seulement des Slaves s'y soumet ou se convertit librement ;
- au XX$^e$ siècle, les soviets dominent l'URSS et ses « États satellites » d'Europe. La religion orthodoxe est désavouée mais perdure.

L'effondrement de la dictature soviétique entraîne la création d'États indépendants démocratiques. Malheureusement, les rivalités nationales, religieuses et politiques se révèlent à nouveau, entraînant des conflits qui se régénèrent sans cesse. Ceux de l'ex-Yougoslavie en sont un premier exemple frappant.

# Chapitre 10

# La civilisation arabo-islamique

## L'ARABIE AVANT L'ISLAM

Au VII<sup>e</sup> siècle, qui connut les débuts de l'Islam, la péninsule Arabique, enserrée par la mer Rouge, le golfe Persique, la Méditerranée et le golfe d'Oman (océan Indien), était avant tout une région de plateaux désertiques et semi-désertiques, de part et d'autre du tropique du Cancer. Seul le Sud-Ouest yéménite, ancien royaume de Saba, plus montagneux, bénéficiait de pluies favorisant la végétation.

Des groupes de nomades, les **Bédouins**, y élevaient des dromadaires, indispensables au commerce caravanier entre l'Asie, l'Afrique et l'Europe. Ils étaient organisés en tribus dirigées par un cheikh élu par consensus. Polythéistes, ils adoraient de nombreux dieux et craignaient des génies invisibles issus du feu, les djinns.

La Mecque, ville commerciale importante, était déjà célèbre par sa Kaaba, gros rocher de forme cubique dans lequel était incrustée la « pierre noire ». Cette pierre, blanche à l'origine, aurait été noircie par les péchés des hommes. En ce lieu déjà mythique, Abraham, le patriarche nomade dont parle la Bible, serait venu rendre visite à son premier fils Ismaël, qu'il avait eu de sa servante Agar. Ismaël est considéré comme l'ancêtre des Arabes.

C'est à La Mecque, ce lieu riche à la fois d'idoles et de traditions, que naquit le prophète Muhammad, appelé aussi Mohammed ou Mahomet. Il entoura la Kaaba d'une mosquée, faisant de ce lieu déjà saint le pèlerinage le plus célèbre de l'islam.

# MAHOMET

Mahomet est né vers 570 dans une tribu marchande de La Mecque, les Koraïchites (Qoraychites). Orphelin dès l'âge de six ans, il fut recueilli par son oncle Abu-Talib et l'aida dans son commerce caravanier.

À vingt ans, il entra au service d'une riche veuve, Khadidja, de plus de dix ans son aînée. Il l'épousa cinq ans plus tard, formant jusqu'à ce qu'elle meure un couple monogame uni. Il eut avec cette première épouse plusieurs enfants, dont seule une fille, Fatima, survécut.

Suivant les habitudes de sa tribu, il lui arrivait de se retirer pour réfléchir et pour prier dans une des grottes du mont Hira, proche de La Mecque. C'est là que, vers 610, il déclara une nuit de juillet avoir eu des visions et avoir entendu la voix de l'ange Gabriel (ou Jibril) lui intimant l'ordre de devenir le messager de Dieu et de prêcher. Cette nuit fut appelée « la Nuit du destin ».

Après une période de doute, il accepta. Ses prédications, inspirées par Allah (Dieu), lui étaient dictées par l'ange Gabriel au cours de méditations extatiques. Récitant alors les paroles divines, il laissait à tous ceux qui l'écoutaient le soin de noter ces paroles.

À la volée, des scribes marquèrent ce qu'il disait, sur des palmes, du cuir, des omoplates de chameau ou de moutons et sur des poteries.

Sa « révélation » fut connue, d'abord de sa famille qui l'encouragea, puis de sa tribu, puis des habitants de La Mecque. Refusant les idoles, il proclamait l'existence d'un Dieu unique, rejoignant en cela les juifs et les chrétiens.

Il s'attira ainsi de nombreux ennemis et, après la mort de ses principaux soutiens, sa femme et son oncle, il se sentit menacé et quitta La Mecque pour se réfugier à Yatrib, devenue par la suite Médine (qui signifie la ville du prophète). Ce départ, le 16 juillet 622, appelé **Hégire** (émigration), marque le premier jour de l'An I du calendrier musulman et de l'ère musulmane, appelée à son tour l'Hégire.

À Médine, Mahomet, chef religieux, devint aussi un chef militaire et politique. Son influence s'accrut. En 630, il s'empara de La Mecque, détruisant les idoles aux cris de « **Allah Akbar** » (Dieu est grand), et fit de la Kaaba le cœur symbolique de la religion qu'il prêchait ; ce fut l'*islam*, mot qui signifie « soumission » ou « abandon à Dieu ». Les tribus bédouines, oubliant leurs rivalités, se rallièrent à lui.

Il mourut en 632. Son successeur prit le titre de **khalife** (calife) ou chef de la communauté islamique. Les notes éparses de sa prédication furent rassemblées et organisées en chapitres. Vers 650, le **Coran** avait pris sa forme définitive.

Le plus ancien exemplaire conservé date de 776 et montre bien l'immuabilité de ses termes.

# LA RELIGION ISLAMIQUE

## Le Coran

Le mot Coran (Qôran) signifie « récitation ». Il désigne le livre saint de l'islam. Il regroupe une multitude de « versets » en 114 « sourates » et 60 chapitres. La première sourate est un hymne très poétique à la gloire de Dieu. Très courte, elle se compose de 7 versets.

Les autres sourates sont organisées de façon méthodique, de la plus longue à la plus courte. Ainsi la deuxième sourate comprend-elle 286 versets, la troisième sourate 200 versets, et ainsi de suite jusqu'aux dernières, composées seulement de 5 à 9 versets. Le style des sourates, très pur et très imagé, est un exemple et un modèle de l'arabe littéraire.

Les sourates expriment la croyance en un Dieu Unique et miséricordieux, Allah, qui seul mérite l'adoration et la soumission des hommes.

Elles évoquent aussi les luttes de Mahomet contre les « incroyants » et les « infidèles », c'est-à-dire contre ceux qui n'ont pas voulu croire, ou qui comme les Juifs ou les chrétiens ont parfois oublié les enseignements des prophètes de la Bible.

Les sourates regroupent aussi, en un véritable « code » de vie, les principes moraux et les lois religieuses qu'il faut observer.

À ce livre saint s'ajoutent les **hadiths**, recueil des paroles du Prophète et rappel des grands moments de sa vie. Les Hadith regroupés composent la **sunna**, ouvrage signifiant « tradition » et composé trois siècles après le Coran.

L'islam est donc la croyance en un Dieu Unique, déjà révélé aux hommes au cours des temps. L'islam croit aux anges, à Abraham, à

Moïse et aux prophètes, dont le Christ fut le dernier représentant avant Mahomet. Le Jugement dernier fait aussi partie des croyances de l'islam.

## Les pratiques religieuses

À l'exemple de Mahomet, tout bon musulman doit satisfaire à cinq devoirs majeurs.

### La chahada (shahâda)

C'est la profession de foi, affirmée en levant l'index vers le ciel, de la croyance en un seul Dieu : « Il n'y a de Dieu qu'Allah, et Mahomet est son messager. »

### Les prières

Elles associent paroles et gestes rituels. Elles sont précédées par les « ablutions » à l'eau des mains, du visage, des pieds, en signe de purification. S'il n'y a pas d'eau, le symbole reste acquis, en utilisant du sable, des petits cailloux ou en répétant simplement les gestes rituels.

Elles ont lieu cinq fois par jour : à l'aube, au dernier coup de midi, au milieu de l'après-midi, à l'instant du coucher du soleil derrière l'horizon, et à la tombée de la nuit.

Du haut du minaret de la Mosquée, le **muezzin** ou crieur chante l'appel à la prière. Les croyants doivent le respecter même s'ils sont dans la rue. Pour qu'une prière soit valable, il faut se tourner vers La Mecque.

### Le jeûne

C'est un sacrifice, une privation en hommage à Dieu. Il doit être respecté durant le mois de **ramadan**, celui où Mahomet a commencé de vivre sa révélation.

Ce mois ne tombe pas forcément en juillet car le calendrier musulman, s'appuyant sur les lunaisons et non sur le cycle solaire, comptabilise des années plus courtes que les nôtres.

Le ramadan consiste à vivre sans boire, même en été, sans manger, sans fumer et sans rapports sexuels, du lever au coucher du soleil. Les nuits sont entrecoupées, au détriment du repos, par les repas indispensables à la vie. Le travail journalier devient alors de plus en plus pénible au fil des jours.

La fin du jeûne est marquée par une grande fête : l'« Aïd al Fitr ».

### L'aumône légale

C'est un don obligatoire, payé à l'origine par les riches et destiné à être réparti entre les pauvres. Elle avait un sens de purification.

### Le pèlerinage à La Mecque

Moment très important de la vie du musulman, il doit se faire au moins une fois dans la vie pour ceux, du moins, qui en ont les moyens financiers ou la capacité physique.

Le pèlerinage ou **hadj** (Hajj) doit se situer le dernier mois de l'année musulmane. Le mot désigne aussi le pèlerin qui a satisfait à cette vénération.

Le pèlerinage traduit l'union à Dieu, l'union à son prophète et l'union de tous les musulmans du monde, quelles que soient leur origine et leur nationalité.

Les pèlerins, égaux devant Dieu, satisfont en premier aux rites de purification, et revêtent tous la tunique blanche sans couture.

Puis entrés dans la mosquée, ils font sept fois le tour de la Kaaba, essayant au passage de toucher la pierre noire. Hors de la mosquée, ils parcourent sept fois encore le trajet entre deux collines situées en face de la Kaaba. Les pèlerins doivent ensuite se rendre à Médine, où se trouve le tombeau du prophète et de ses compagnons.

Quand ils n'ont pas les moyens de se rendre à La Mecque, les musulmans peuvent aller en d'autres lieux saints plus proches de chez eux, par exemple Qum en Iran, ou Kairouan en Tunisie, ou Jérusalem, d'où Mahomet se serait élevé au ciel jusqu'à Dieu après un voyage nocturne et miraculeux depuis La Mecque.

## La loi islamique ou charia

La charia est l'ensemble des dogmes et des lois qui régissent la vie des personnes et des sociétés musulmanes. Elle tire ses règlements du Coran qui la définit, de la sunna ou tradition, mais aussi de l'interprétation des **oulémas** ou docteurs de la loi, qui dirigent les communautés.

Il en est résulté des dissensions entre écoles juridiques opposées, qui se sont répercutées dans la vie des individus et des sociétés jusqu'à nos jours.

La charia touche à des domaines aussi vastes que variés. Ainsi :

- elle s'occupe des biens, reconnaissant le droit à la propriété, les commerces, les salaires, mais refuse l'usure, intérêt abusif d'un prêt ;
- elle régit les personnes et leurs rapports dans la société, réglant mariages, répudiations et successions ;
- elle tolère la polygamie avec un maximum de quatre épouses ;
- elle donne au père de famille une puissance si forte qu'il peut décider seul du mariage de ses enfants ;
- le garçon doit être circoncis avant sept ans suivant la tradition d'Abraham et en signe d'alliance avec Dieu.

Il existe aussi un certain nombre d'interdictions comme la consommation du porc et celle d'animaux qui ne sont pas **halâl**, c'est-à-dire égorgés suivant les rites, car le sang de l'animal est impur. Il faut ajouter à ces interdits celui des alcools, des stupéfiants et la pratique des jeux de hasard. Enfin, aucune représentation divine n'est admise, comme les statues ou les images.

La **djihad**, ou guerre sainte, est à la fois la lutte contre le mal qui est en soi, et la guerre contre les ennemis de Dieu. Certaines interprétations y ont ajouté un sens politique.

# L'EXPANSION DE L'ISLAM

L'histoire de l'islam, de sa fondation à nos jours, comporte quatre temps forts.

Aux VIIe et VIIIe siècles, les **califes** successeurs de Mahomet (Ali, le 4e, a épousé Fatima, la fille du prophète) construisent un vaste empire, de l'océan Atlantique à l'Inde. Damas, en Syrie, devient une nouvelle capitale islamique.

Trois échecs interrompent cette expansion :

- la résistance de Byzance en 718 ;
- celle de Charles Martel à Poitiers en 732 ;
- une expédition sans suite dans le Turkestan chinois (751).

Les IXe et Xe siècles marquent un regain de puissance des Perses et des Iraniens. La civilisation arabe développée de 750 à 1260 par la dynastie des **califes Abbassides**, et surtout par Haroun al Rachid, connaît un véritable « âge d'or ». **Bagdad**, en Irak actuel, et **Cordoue**, en Espagne, sont de nouvelles capitales islamiques.

Du XIᵉ au XIXᵉ siècle, l'islam reste conquérant en Afrique, en Asie, en Inde, en Malaisie et même en Europe, malgré plusieurs coups d'arrêt notables :

- les **croisades** (1095-1270) sont des expéditions de monarques, de chevaliers et de simples chrétiens, pour obtenir l'indépendance des lieux saints de Palestine et le libre accès à Jérusalem ;
- la **Reconquista** libère en 1492 la péninsule Ibérique du dernier royaume musulman, celui de Grenade ;
- la **prise de Bagdad**, en 1258, par les Mongols de Gengis Khan, a déjà donné le coup de grâce à l'empire des Abbassides, mais pas à l'islam auquel les Mongols et Tartares se sont convertis.

**Istanbul**, ancienne Byzance puis Constantinople, est la ville la plus célèbre de cette époque.

Aux XIXᵉ et XXᵉ siècles, l'empire arabo-musulman, trop vaste, a disparu. La nomination par le calife d'un vizir puis d'émirs en province a abouti à la création de nouvelles dynasties indépendantes et concurrentes. L'expansion coloniale européenne a bénéficié de ces divisions et faiblesses pour s'étendre.

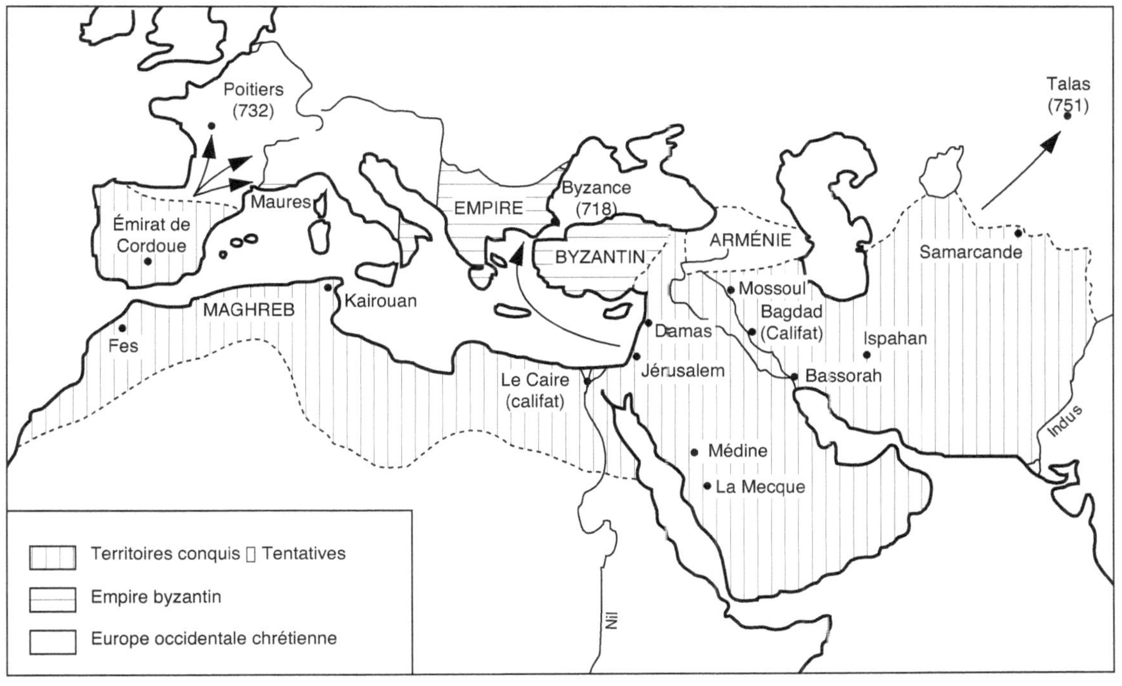


Expansion de l'islam au XIᵉ siècle

**Gengis Khan (v. 1162-1227)**

> Gengis Khan (de son vrai nom, Tamudjin) est la traduction de « souverain universel », titre que le grand conseil mongol lui accorda en 1206 pour ses victoires sanglantes sur des clans rivaux, des Turcs et des Tatars.
>
> Gengis Khan créa un empire qui s'étendait de l'Asie centrale à la Chine du Nord. Il fit brûler Pékin en 1215. À l'ouest, il s'empara de l'Iran, de l'Afghanistan, du Turkestan russe puis de la Bulgarie. Il arrêta ainsi l'influence du christianisme.
>
> Karakorum fut sa capitale, il y régnait en grand seigneur, ouvert à toutes les discussions concernant les religions (chrétienne, musulmane, bouddhiste, brahmaniste).
>
> Son code, le « Yassak », régissait les relations humaines, conseillant entre autres :
> - l'application des lois de l'hospitalité entre nomades ;
> - le refus de l'oppression des faibles ;
> - des punitions pour l'adultère ;
> - l'interdiction des beuveries (sauf une fois par mois !) ;
> - l'interdiction d'uriner en public.
>
> Il mourut brusquement (empoisonné ?).

Depuis la fin de la Seconde Guerre mondiale, le monde islamique a retrouvé pour des raisons diverses sa pugnacité d'origine et cherche une nouvelle unité, origine de multiples conflits actuels.

La djihad, guerre sainte qui assure le paradis d'Allah à ceux qui meurent en combattant, est devenue pour certains fanatiques le moteur et le ciment de l'unité politico-religieuse qu'ils préconisent.

# LES DIVISIONS RELIGIEUSES DE L'ISLAM

Bien avant le morcellement politique du monde arabe, des divisions religieuses ont donné naissance à plusieurs « tendances », aux relations souvent difficiles.

## Les sunnites

Les sunnites, ou orthodoxes, étaient et sont toujours les plus nombreux. Ils se disent les seuls vrais héritiers de la sunna et de la pensée réelle du Prophète. Soucieux de l'avis des communautés, on les considère comme des modérés. Ils vénèrent la fille du Prophète, Fatima, dont la « main » est un symbole et un bijou protecteurs. Pour eux, les imams des mosquées ne disposent que de l'autorité religieuse.

## Les chiites

Les chiites regroupent les partisans d'Ali, gendre du Prophète, et vénèrent aussi la « main » de Fatima. Mais ils estiment que le calife ne peut être qu'un descendant du Prophète et qu'à ce titre, chef temporel et spirituel, il est en droit d'exiger l'obéissance parfaite des fidèles. Ils suivent les règlements de leur propre école juridique.

Ils représentent 10 à 13 % des musulmans du monde et sont majoritaires en Iran et en Azerbaïdjan.

## Les kharidjites

Les kharidjites, en dissidence depuis Ali, souhaitent l'élection du calife par les croyants. Il doit être « le meilleur » parmi les musulmans et pas forcément arabe. Leur morale reste rigoriste.

Certaines de leurs communautés s'installèrent en mer d'Oman, à Mascate ou à Zanzibar. Ils furent aussi nombreux en Afrique du Nord, à Djerba en Tunisie et surtout en Algérie, à Tiaret et dans le Mzab, où ils prirent le nom de « mzabites ».

## Les soufistes

Les soufistes ou « assoiffés de Dieu » existèrent dès les débuts de l'Hégire. Adorateurs de l'» Unique », ils se rassemblaient en confréries et menaient une vie exemplaire. Beaucoup de saints musulmans furent des « soufis ». Leur mysticisme les poussait à approfondir leur religion, même par des moyens curieux pour le profane. Ainsi les « derviches tourneurs » de Damas dansaient-ils en tournant sur eux-mêmes jusqu'à la syncope. C'était leur façon d'exprimer et de simuler, par cette danse sacrée réservée à des initiés, le mouvement cosmique des astres.

## Les ismaéliens

Les ismaéliens furent des dissidents, partisans du septième calife Ismaël. Ils furent nombreux en Inde, au Pakistan, en Turquie et en Afrique orientale. Leur chef devait prendre plus tard le titre d'« Agha-khan » et son épouse celui de « Begum ». Modernes et actifs ils ont exercé un rôle humanitaire.

## Les Frères musulmans

Depuis 1928, les Frères musulmans, mouvement sunnite né en Égypte, regroupent les partisans du réveil de l'islam et du rejet de toute influence étrangère, surtout occidentale, en raison, disent-ils, du rôle corrupteur exercé sur les populations. Ils greffèrent leur action sur les revendications du tiers-monde auquel ils s'assimilaient. De religieux, leur mouvement devint politique, voire révolutionnaire. Auteurs de nombreux attentats et poursuivis pour cela, ils se réfugièrent dans la clandestinité. L'assassinat du président d'Égypte Anouar El Sadate en 1981 leur fut imputé.

Les divisions du monde arabe sont au XXe siècle le reflet direct de celles qui naquirent avec l'islam, avec en plus le désir de retrouver la puissance politique des débuts de l'Hégire.

## Les Salafistes

Ils sont proches à la fois des sunnites et des Frères musulmans. Comme les premiers, ils se disent les légitimes héritiers de l'islam originel du Prophète, dont ils sont seuls capables d'interpréter les enseignements. Mais ils sont moins tolérants, n'admettent pas les chants, les danses, les discussions et l'inactivité des jeunes. Ils sont anti-démocratiques.

La prière masculine à la mosquée est obligatoire, tout comme le port de la barbe. L'éducation doit encourager la suppression des mauvaises habitudes. Ces exigences les rapprochent des Frères musulmans. Mais partiellement, car ils n'apprécient pas leur action politique visant à une prise de pouvoir « à tout prix ».

Ils sont surtout présents en Arabie saoudite, et leur mouvement s'étend de plus en plus au Proche et au Moyen-Orient, en Afrique du Nord et même en Afrique de l'Ouest.

## LA CIVILISATION MUSULMANE À SES ORIGINES

Elle doit son originalité à la fusion d'emprunts extérieurs mêlés aux exigences directives de l'Islam. Son âge d'or se situe entre les VIIIe et XIIe siècles de notre ère.

L'islam est avant tout une foi qui imprègne les modes de vie, les sociétés et parfois les gouvernements. Cette foi comporte une confiance absolue en Dieu, voire un fatalisme exprimé par les termes arabes si souvent utilisés de « **Inch'Allah** » (à la grâce de Dieu) et de « **Mektoub** » (c'est écrit).

## L'islam est la source de la loi

Le croyant, dit le Coran, n'est jamais seul ; il vit en société. En conséquence, le spirituel et le temporel sont imbriqués ; Dieu seul peut être le grand législateur par l'intermédiaire des Oulémas, ou docteurs de la loi, qui interprètent et appliquent dans les textes juridiques les principes religieux et les directives divines. Les gouvernants dépendent des oulémas (ulemas).

Des écoles juridiques différentes s'opposent par leurs interprétations car elles privilégient l'une ou l'autre de ces sources, aboutissant parfois à des lois particulièrement rigoristes à nos yeux.

- Les **marabouts** sont à l'origine de saints personnages, importants surtout dans l'Afrique noire islamisée. De nos jours, des charlatans utilisent malheureusement ce terme pour tirer parti de la confiance des gens.
- Le **mufti** est une sorte de docteur de la loi. Le plus important est le grand mufti.
- La **fatwa** est sa réponse, son avis à une question posée.
- Un **mollah** est un enseignant des écoles coraniques.
- L'**ayatollah** désigne, en Iran, un maître, savant, inspiré par Dieu (Ayat'Allah, signe de Dieu).
- Les **zaouïas** sont des communautés de religieux, possédant la **baraka**, c'est-à-dire le pouvoir surnaturel. Ce mot désigne, au sens commun, la chance.
- Les **qâdis** sont à la fois les juges et les notaires.

## La société musulmane

On ne peut pas en comprendre le fonctionnement si l'on n'admet pas d'abord ses principes de base.

Le musulman est le détenteur de la vérité grâce à la « Révélation » transmise par Dieu à Mahomet. Il se considère donc comme privilégié face aux autres hommes, les « non-musulmans » incroyants ou infidèles, tels les juifs et chrétiens, qui n'ont pas su respecter les enseignements de leurs guides et prophètes Abraham, Moïse, Jésus.

Il en résulte qu'un musulman ne peut pas être esclave et par corollaire, qu'un esclave qui se convertit à l'islam doit être « affranchi ».

### La famille

Le noyau familial s'appuie sur le chef de famille car Dieu a créé l'homme supérieur à la femme.

La femme, épouse et mère, est respectée, mais elle doit vivre dans des pièces qui lui sont réservées et doit porter, pour sortir, un voile masquant sa tête, son visage, voire son corps en entier.

La jeune fille ne peut qu'épouser un musulman, choisi par ses parents. Sa répudiation, toujours possible, entraîne le règlement minutieux de la restitution de sa dot.

### L'enseignement

L'enseignement se pratique d'abord dans les écoles coraniques pour les enfants de sept à douze ans. L'étude du Coran en est la base.

L'enfant en mémorise les versets, les récite par cœur, en apprend les tracés de l'écriture, et en découvre la poésie et l'élégance littéraire. L'étude du calcul n'est pour autant pas négligée.

À douze ans, l'enfant passe directement dans l'enseignement supérieur assuré dans les mosquées. Puis, à partir du $X^e$ siècle, des universités ou **medersas** sont créées. Réservées à des boursiers et à des privilégiés, elles développent, avant toute autre discipline, langues, sciences, philosophie, l'étude approfondie de la religion et du droit coranique.

### La vie urbaine

Le cadre de vie urbain est particulier ; il se caractérise par sa vie bruyante et colorée, s'exerçant autour de quatre pôles : la mosquée, le marché, les cafés et les bains maures.

Les **mosquées** sont partout présentes, dressant vers le ciel leurs minarets, fil conducteur vers Dieu. Nous en verrons l'organisation en fin de ce chapitre.

Les **marchés** se regroupent en un dédale de ruelles, à ciel libre ou couvertes de plafonds voûtés. On les appelle les **souks** ou **bazars**.

Ils offrent depuis les temps anciens leur artisanat séduisant de cuivres travaillés, de bijoux d'or et d'argent ciselés, de tapis, de cuir. Les étals de gâteaux au miel, de dattes, de figues sèches, de cacahuètes et de fruits locaux mêlent leurs parfums à ceux de multiples épices. L'ombre des « croisés » du XII<sup>e</sup> siècle y retrouve sans nul doute celle des touristes du XX<sup>e</sup> siècle fascinés par cette vie intense. Les petits vendeurs de mille riens en profitent.

Les **cafés** sont nombreux, fréquentés. C'est un lieu de « palabre », de discussions animées, pour les hommes qui y consomment, dans des verres décorés d'arabesques, le café, le thé ou les boissons rafraîchissantes.

Les **bains maures**, ancêtres des saunas, sont nécessaires à l'hygiène, mais aussi à la purification complète des corps dans le cadre des prières rituelles. Ils combinent plusieurs salles ; certains jours y sont réservés aux femmes et aux enfants.

Dans cet « art de vivre », les maisons sont d'apparence extérieure sévère, s'ouvrant sur les ruelles étroites de la **casbah**, la citadelle traditionnelle, par les ouvertures indispensables, portes et fenêtres grillagées, ou par des **moucharabis**, balcons extérieurs fermés de grilles. Elles sont en général de forme cubique, à un étage et recouvertes par une terrasse. Mais l'intérieur y est chaleureux, comme nous l'ont peint nombre d'» orientalistes », grâce à ses cours intérieures ou « patios » agrémentés de jardins, de fontaines et d'oiseaux. Au graphisme coloré des carrelages muraux, répondent la douceur des tapis de haute laine ou de soie suivant les régions, et surtout la chaleur d'un accueil devenu un art irremplaçable de vivre et de recevoir.

## Différents types d'économie

L'Empire musulman des VIII<sup>e</sup> et IX<sup>e</sup> siècles s'est développé essentiellement en zone climatique aride et semi-aride, favorisant des productions adaptées au climat et aux sols. Quatre grandes activités s'y sont développées conjointement :

### L'élevage

L'élevage nomade des moutons et des chameaux est une source de revenus variés : transport, laine, cuir, viande, lait, combustible par la bouse séchée.

### L'agriculture

L'agriculture sédentaire des « oasis » a été favorisée par l'utilisation de l'eau des nappes phréatiques, remontée à l'air libre et redistribuée grâce à un réseau ingénieux de « **norias** », roues recueillant l'eau dans des outres de peau, et de **shadufs**, appareils à levier élevant et répartissant l'eau dans des canaux d'irrigation. Les rois des oasis, les palmiers-dattiers, ont abrité sous leurs hautes palmes des arbres fruitiers introduits plus tard en Europe, tels le mûrier, l'abricotier, le pêcher et les agrumes. Des légumes, comme les artichauts et les aubergines, trouvaient au pied de ces arbres le sol superficiel nécessaire à leur croissance.

### L'artisanat

L'artisanat a perfectionné au cours des temps, grâce à une main-d'œuvre habile, le travail des tapis (Iran, Turquie, Pakistan), des toiles de lin puis de coton (Égypte), les tissus brochés aux motifs incrustés, parfois « filigranés » de fils d'or, damassés (Damas), ou l'» ottoman » aux fines rayures en relief et la « mousseline » si légère de Mossoul.

Le travail minutieux du cuir tanné, coloré, repoussé, incrusté, a fait la réputation du Maroc par exemple. Il est à l'origine de la fortune de Cordoue en Espagne et de ses « cordonniers » illustres.

Le travail des métaux a offert un éventail de productions passant de la bijouterie (or, argent, cuivre) à la fabrication des armes aux lames et aux poignées « damasquinées », c'est-à-dire incrustées de fils d'or et d'argent ou de nacre et d'ivoire (Damas, Tolède), en passant par les objets usuels, plateaux, aiguières, théières, vases, concurrençant la création d'objets en verre soufflé ou émaillé.

### Le commerce

Le commerce s'est enrichi de toutes ces productions, utilisant pour le négoce aussi bien les routes terrestres caravanières que les voies maritimes. Jusqu'au XVIᵉ siècle, l'océan Indien a été une zone exclusivement réservée aux navires arabes, les « **caraques** », qui le parcouraient de l'Inde à l'Afrique et à la péninsule Arabique.

Une monnaie réputée favorisa le commerce :

- le **dinar** était d'or ;
- le **dihram** se composait d'argent.

Mais pour éviter les transports de fonds déjà risqués, les Arabes inventèrent les chèques (**saqq** en arabe), les lettres de change et des systèmes de compensation d'une ville à l'autre.

Les survivances actuelles de ces modes de vie sont nombreuses. Les cités arabes ont conservé leur style de constructions, les sociétés, leurs habitudes et leurs coutumes vestimentaires, altérées parfois par la modernisation.

## LA VIE INTELLECTUELLE

Elle s'appuie avant tout sur la langue arabe, à qui nous devons la transcription écrite du savoir des civilisations antérieures byzantines ou asiatiques. Les bibliothèques portaient le nom significatif de « maisons de la sagesse ».

Le Caire était un foyer intellectuel réputé. Mais d'autres villes s'y ajoutaient, dont Bagdad, devenue la première ville de l'empire.

Nous devons aux Arabes le symbole zéro, représenté chez les Sumériens ou chez les Hindous par un vide. Les chiffres arabes (1, 2, 3, 4…) ont remplacé les chiffres romains dans un système décimal. L'invention de l'$x$ pour désigner une inconnue algébrique a grandement favorisé les progrès mathématiques. La trigonométrie s'appuya à son tour sur des recherches grecques et hindoues.

D'autres domaines ont connu un développement remarquable, dont bénéficiera notre Moyen Âge occidental souvent par l'intermédiaire de l'Espagne. Ainsi peut-on citer de réels progrès dans les domaines suivants :

- l'**optique** (Ibn al Haytham, 1038) : explication de la vision, la constitution de l'œil, la réflexion et réfraction de la lumière ;
- la **mécanique**, illustrée par les roues hydrauliques de la noria ;
- la **chimie** (Al Biruni) des minéraux et des métaux progressa ; il s'y greffa l'al-chimie (« al » est un article arabe), transformation recherchée ou symbolique des corps en or ; ainsi que la découverte de l'alcool et de plusieurs acides ;
- l'**astronomie** (Al Biruni) vit le perfectionnement de l'astrolabe, permettant de mesurer la position de la Terre face aux astres à

partir de la ligne d'horizon ; la boussole, invention chinoise, fut transmise à l'Europe ;

- la **géographie** : les premières cartes furent réalisées pour faciliter le commerce (Idrissi vers 1130, Ibn Battuta en 1350) ;
- l'**histoire** : Ibn Khaldoun, vers 1380, s'attacha à l'étude des sociétés et des relations humaines. Il nous a permis de connaître la vie, la pensée et les œuvres de Mahomet et de ses successeurs ;
- la **philosophie** se développa avec des traductions d'Aristote surtout et les développements de ses commentateurs (Avicenne, Averroès…) ;
- la **poésie** resta un domaine favorisé soutenu par la musique et concurrencé par la prose des contes des *Mille et Une Nuits* toujours célèbres ;
- la **médecine**, enfin, réalisa de réels progrès, au point que les médecins et chirurgiens arabes furent considérés comme les plus capables du monde connu (ligatures, trépanations, opérations). Pour cela, leur recherche s'appuya d'abord sur l'anatomie précise du corps humain et des animaux. Puis, utilisant les vertus des épices, des plantes, des herbes, les médecins soignèrent par une médecine naturelle les maux et souffrances de leurs patients. Le clou de girofle, le haschich, l'opium furent dosés et utilisés en ce sens.

Tous ces progrès posèrent de nombreux problèmes aux théologiens qui cherchaient à comprendre les relations entre Dieu, la religion et la science.

Mais, curieusement, à partir du XIIIe siècle, la vie intellectuelle musulmane se réfugia dans un frileux sommeil, tandis que l'Europe s'ouvrait au monde et aux progrès.

## Le canon de médecine d'Avicenne

Avicenne, vers l'an 1000, dans son ouvrage de médecine générale le *Canon*, donne successivement du corps humain :
- une vision anatomique et physiologique des organes, et des conseils d'hygiène ;
- la liste alphabétique des médicaments simples et leurs propriétés ;
- la description des maladies depuis la tête jusqu'aux pieds ;
- les maladies courantes et localisées, fièvre, contagion, tumeurs, pustules ;
- la liste de 760 médicaments composés.

# L'art musulman

Il a été influencé à la fois par les civilisations antiques, par les modèles locaux (Berbères, Perses) et surtout par les exigences de l'Islam. C'est une des plus belles réussites de la civilisation arabe.

L'unité architecturale des monuments religieux (mosquées) ou civils (palais, bains) est donnée essentiellement par le décor. L'islam interdisant les représentations d'Allah, des hommes ou des animaux, les seuls éléments décoratifs sont les motifs géométriques, les courbes ou rinceaux et l'utilisation de l'épigraphie ou écriture.

L'« **arabesque** » en est le résultat, entrelacs de motifs géométriques symétriques, de décors floraux et de versets du Coran.

Les matériaux utilisés sont variés : marbre, pierre, brique, plâtre, stuc (mélange de plâtre et de poudre de marbre) évidé en dentelles ajourées dont le soleil se joue en reliefs d'ombre et de lumière. L'Institut du monde arabe à Paris offre depuis 1987 une interprétation moderne de ces mêmes principes au travers de matériaux actuels : béton, verre, aluminium. Mais l'un des modèles classiques du genre reste le palais de l'**Alhambra** à Grenade ou, loin de l'Europe, le **Taj Mahal** en Inde.

Ce système décoratif se retrouve partout, dans les plafonds de bois, les meubles incrustés de nacre, d'os ou d'ivoire, les carreaux de faïence émaillée aux couleurs vives appelés « **azuleros** » en Espagne, dans les tissus, les coffrets, les tapis, la vaisselle, les bijoux et mêmes les livres enluminés.

Les Maures, succédant aux Arabes, conservèrent, en l'embellissant et en le diversifiant encore, l'art arabe.

# La mosquée, œuvre de synthèse

Haut lieu de la religion, la mosquée est aussi un témoin de la civilisation et de l'art musulmans. Elle mérite à ce titre une place à part.

Les mosquées présentent toutes en général la même ordonnance. Elles comprennent :

- une **cour rectangulaire**, entourée d'un portique ou galerie couverte. Au milieu de la cour, des fontaines et bassins permettent aux fidèles de satisfaire aux ablutions obligatoires (nuque, visage, mains, pieds) qui les autorisent à se présenter purifiés devant Dieu ;

- la **salle de prière**, à colonnades soutenant le toit, possède un sol nu ou recouvert de tapis. Pour prier, l'assemblée doit se tourner vers La Mecque dont la direction est indiquée par une niche vide, le mirhab, creusée dans l'un des murs ;
- Près du mirhab, au sommet d'escaliers, se dresse la chaire, le « minbar », d'où l'imam dirige la prière et prononce ses prédications ;
- le **minaret** est la haute tour au sommet de laquelle le crieur ou « muezzin » appelle les fidèles à la prière. La mosquée peut posséder plusieurs minarets.

Mosquée de Cordoue (Espagne), portail latéral

Beaucoup de mosquées sont des chefs-d'œuvre de l'art musulman. On peut citer par exemple :

- la Grande Mosquée de Damas ;
- la mosquée d'Ibn-Touloun au Caire ;
- la mosquée de Kairouan en Tunisie ;

- celle de Cordoue en Espagne, transformée en cathédrale – tandis qu'à Istanbul, la mosquée de Sainte-Sophie est une ancienne église ;
- la Grande Mosquée de Casablanca inaugurée en 1993 par le roi Hassan II du Maroc.

La civilisation arabo-islamique des temps classiques a participé grandement à l'évolution de l'humanité. Elle s'est trouvée, en particulier, à la charnière entre le monde antique et le monde occidental. Elle reste puissamment vivante au XX$^e$ siècle et surtout en ce début de XXI$^e$ siècle où elle veut se libérer de certains clichés occidentaux et de ses divisions internes, accentuées par la politique. Les dunes et les palmiers, les barils de pétrole, le tchador contesté ou la djellaba ne sont pas l'unique réalité de la civilisation musulmane, à la fois une et multiple.

Le Coran reste la source de son unité. Mais la multiplicité de ses traducteurs et interprètes ouvre la voie aux excès sanglants qui agitent le globe. L'islam est en pleine mutation et en pleine expansion.

# Les nouveaux centres du monde : Europe et océan Atlantique

# Chapitre 11

# La civilisation médiévale européenne : l'exemple français

Durant un millénaire, du Ve au XVe siècle, se développe en Europe une riche civilisation qui s'appuie sur des fondements grécoromains et qui y mêle :

- les apports barbares ;
- la spiritualité chrétienne ;
- les influences d'une civilisation musulmane conquérante, à son apogée entre le VIIe et le XIe siècle.

L'unité géopolitique de l'Empire romain est détruite par les envahisseurs barbares. Seul subsiste, à l'est de la Méditerranée, l'Empire romain d'Orient, appelé vers 630 Empire byzantin, du nom grec de Constantinople : Byzance.

## DOMAINE GÉOGRAPHIQUE DES FUTURS ROYAUMES EUROPÉENS

À l'ouest de l'Europe, et non sans heurts, les premières amorces de royaumes barbares se créent. Des régions se soumettent à des chefs de tribu ; il s'agit simplement au début d'une domination familiale, sur laquelle se grefferont, par assimilation, les peuples indigènes.

Leur histoire est complexe, parfois obscure et marquée de divisions, d'alliances, de reconquêtes. Quant aux frontières, elles restent floues et ne peuvent que donner une idée schématique de la future Europe. Cependant, des peuples impriment localement leur présence :

- le nord de l'Europe, domaine des Danois, des Suédois, des Norvégiens et des Frisons, puis la Grande-Bretagne, tombe sous la domination des Angles et des Saxons qui ont déjà soumis les Britons du pays de Galles ;
- les Alpes occidentales, la Suisse, le Jura, les vallées de la Saône et du Rhône sont le domaine d'élection des Burgondes ;
- la péninsule Ibérique est contrôlée par les Wisigoths jusqu'en 711, date à laquelle ils doivent se replier devant l'envahisseur arabe ;
- de l'arc alpin à l'Adriatique, un vaste domaine s'ouvre aux Ostrogoths puis aux Lombards ;
- les Balkans, peu habités, deviennent une possession slave, tandis que la future Grande-Bulgarie est soumise par les Huns ;
- c'est entre les Pyrénées et le Rhin (voire l'Elbe) que se développe le seul royaume important et durable, dirigé par un presque vrai gouvernement : le royaume des Francs.

Dans ce puzzle de peuples, l'Église est l'unique force civilisatrice et le seul élément d'unité. En effet, malgré de nombreuses persécutions, l'évangélisation a gagné du terrain en Europe.

Le pape Grégoire le Grand (590-604) et ses missionnaires en sont les principaux artisans, au point que vers 750 le mot « chrétienté » désigne l'Europe. L'unité politique suivra, sous le sceptre de Charlemagne.

# L'ŒUVRE DES MONARQUES FRANÇAIS DE 476 À 1453

La France sera dirigée successivement par trois grandes familles ou dynasties : les Mérovingiens, les Carolingiens, les Capétiens.

## Les Mérovingiens (448-751)

Ils tirent leur nom de **Mérovée**, grand père de Clovis (465-511), leur véritable fondateur. Aidé par Clotilde, son épouse burgonde, il favorise le développement du catholicisme et agrandit son royaume. Mais, à sa mort, respectant la coutume franque, ce royaume est partagé entre ses quatre fils, devenant :

- l'Austrasie, capitale Metz ;
- la Neustrie, capitale Soissons ;
- le royaume de l'Île-de-France, autour de Paris ;
- le royaume d'Orléans.

Ce n'est qu'un début, car les partages se multipliant à chaque génération, la France se désagrège en provinces indépendantes et rivales. Il en est de même pour l'Allemagne et pour le reste de l'Europe.

Des répits existent ; ainsi le « bon roi » Dagobert parvient, durant son règne de 628 à 639, à rétablir et la paix et le sentiment d'appartenance à un même royaume.

Après lui, la dynastie perdra son autorité, les derniers rois mérovingiens, souvent morts jeunes, seront appelés **rois fainéants**, pour avoir délégué leurs pouvoirs à des dignitaires formant le **Palais**, sorte de gouvernement, tels :

- le **sénéchal**, ou chef de la garde ;
- le **camérier**, ou gardien du trésor ;
- le **maire du palais**, surtout, sorte d'intendant de la maison royale, puis véritable détenteur du pouvoir, au point de remplacer le roi.

Pour l'administration, le royaume, divisé en régions ou cités, dépendait des comtes qui regroupaient entre leurs mains les fonctions politiques, juridiques, financières et militaires.

Au terme de luttes cruelles, l'Austrasie triomphe de la Neustrie. Son maire du palais, **Charles Martel**, s'illustre à Poitiers en 732, en repoussant un raid des Arabes installés en Provence et en Italie.

Son fils, **Pépin le Bref**, en accord avec le pape, dépose le dernier roi mérovingien et se fait élire roi des Francs. L'onction religieuse, ou sacre, confère un caractère divin à la nouvelle royauté.

Le sacre met en valeur la puissance de l'Église qui :

- conseille les rois ;
- participe à la vie administrative, sociale, éducative, juridique et militaire des nouveaux sujets royaux.

Les abbayes deviennent des îlots de recherche littéraire et scientifique. Enfin, rois et fidèles créent, par leurs donations en argent, en terres et propriétés, un véritable patrimoine aux membres du clergé.

## Les Carolingiens

Ce sont les successeurs de Charles Martel (Carolus en latin) et de son fils Pépin le Bref (751-768). C'est à ce dernier que le pape doit, en remerciement de son aide, la création des **États de l'Église** en Italie. De ce fait, le pape, chef spirituel, devenait aussi un chef temporel, un monarque dans son nouveau domaine.

**Charlemagne** (768-814) est le plus grand représentant de cette dynastie.

Empire de Charlemagne (814) et partage de 843

Héritier en 768 du royaume franc, souverain intelligent, ferme, parfois dur, mais puissant et respecté, il reste le premier créateur de l'Europe. Son domaine, acquis par ses conquêtes et sa diplomatie, s'étendait de l'océan Atlantique à l'Oder et au Danube, et de la mer du Nord à l'Espagne septentrionale incluse et à l'Italie romaine.

Le pape Léon III le couronne empereur des Romains le 25 décembre 800. Sa résidence préférée était son palais d'Aix-la-Chapelle. À sa mort, en 814, il fut enterré à Munster.

Son œuvre est importante :

- soucieux de paix et de justice, il réorganisa l'administration, déléguant ses pouvoirs :
  - à des **comtes**,
  - à des **marquis**, pour les marches ou régions frontalières du royaume,
  - à des *missi dominici* (« envoyés du maître », en latin) ou inspecteurs itinérants chargés de la surveillance de tout le royaume ;
- pour créer une élite de fonctionnaires, il encouragea la fondation d'écoles.

L'exploitation des terres s'organisait autour de centres vitaux, les *villae*. Chaque *villa*, en l'absence de voies de communication, devait essayer de se suffire à elle-même en exploitant les terres, les prés, les forêts, en utilisant les ressources de son propre bétail, et en profitant des capacités d'artisans multiples et indispensables. Beaucoup de ces *villae* deviendront le cadre initial de nouveaux centres de vie, au cœur d'une seigneurie.

La sécurité d'un tel empire posait des problèmes. C'est pourquoi Charlemagne encouragea le système de la recommandation, qui plaçait un protégé ou **vassal** sous la protection d'un protecteur ou **suzerain**. Le développement de ce système donnera naissance à la **féodalité**.

À la mort de Charlemagne, l'empire, légué à son unique fils survivant, Louis le Pieux (814-840), retrouva ses divisions coutumières avec ses petits-fils, Charles, Louis et Lothaire. Le **traité de Verdun** en 843 attribua :

- à Charles le Chauve, une France étroite de l'Atlantique à la Meuse et à la Saône-Rhône ;
- à Louis le Germanique, les territoires orientaux compris entre la mer Baltique et les Alpes ;

- à Lothaire, un long royaume Nord-Sud, séparant les deux précédents depuis la mer du Nord jusqu'à l'Italie.

Les frontières de ces nouveaux royaumes seront modifiées encore, au gré des héritages et des faiblesses monarchiques. Puis de nouvelles invasions, les Vikings ou Normands au nord, les Magyars ou Hongrois à l'est, les Maures ou Sarrasins au sud (Provence), entraîneront de nouvelles difficultés et l'éclatement du royaume en duchés rivaux.

Trois grands pays émergeront, La France, la Germanie, l'Italie.

Affaiblis, les derniers Carolingiens subissent la pression du comte Eudes, élu roi en 888 dans son domaine parisien, puis celle de ses successeurs non moins respectés. Les grands seigneurs, soutenus par l'Église, choisissent alors Hugues Capet comme chef de file d'une nouvelle dynastie.

## Les Capétiens

Le nouveau roi Hugues Capet (987-998) restaure la fonction royale. N'était-il pas à la fois l'élu des seigneurs et le roi consacré par l'Église, donc roi par la grâce des hommes et surtout par la grâce de Dieu ?

Ses successeurs eurent un rôle modeste car limité à leur domaine propre : l'Île-de-France. Mais ils sont à l'origine d'une nouvelle étape : l'affirmation du principe de la **monarchie héréditaire**, valable dans toute l'Europe. Pour plus de sécurité, les monarques associèrent de leur vivant leurs fils au pouvoir. Ils parvinrent aussi à agrandir le domaine royal grâce à une panoplie d'interventions : diplomatie, guerres, mariages.

C'est à **Philippe II Auguste** (1180-1223) que la France doit :

- l'affaiblissement de la puissance anglaise continentale ;
- le triplement des possessions royales autour de l'Île-de-France ;
- le développement de sa capitale Paris et la création d'une enceinte s'appuyant sur le château fort du Louvre, édifié pour abriter ses archives politiques et administratives.

On en voit encore les fossés ou douves remises à jour lors de la création de la pyramide du Louvre.

Les principales difficultés, toile de fond des divers règnes capétiens, sont conjointement ou séparément les suivantes :

### Les rivalités de puissance entre la monarchie et la papauté

Qui doit dominer l'autre :

- le pape, détenteur du pouvoir divin de sacrer le roi et de celui de l'excommunier, c'est-à-dire de l'exclure de la chrétienté, en cas de désobéissance ?
- ou le roi, conscient des difficultés de son royaume, des alliances à conclure et des progrès à entreprendre ?

Qui doit intervenir dans la nomination des membres du clergé ? Et surtout dans celle du pape, détenteur du pouvoir spirituel et allié indispensable en temps que chef temporel ?

### Philippe le Bel et l'ordre des Templiers

Les Templiers, ou chevaliers du Temple, sont un ordre à la fois militaire et religieux, fondé en 1119 à Jérusalem pour protéger les pèlerins durant les croisades. Ils acquirent des richesses considérables, visibles et invisibles, au point de devenir les banquiers des rois et des princes, exerçant ainsi sur eux une influence politique sensible. De plus, leurs secrets bien gardés attirèrent la curiosité et la convoitise.

Le roi français Philippe le Bel utilisa leurs compétences financières avant de prendre ombrage de leur puissance. Des recherches actuelles laissent penser que l'arrestation des principaux Templiers et leur condamnation à mort répondaient davantage à des motifs politiques et financiers qu'à des accusations d'hérésie, d'idolâtrie et de sodomie. L'ordre fut supprimé en 1307 ; ses survivants se réfugièrent au Portugal, à Rhodes, à Malte et en Écosse, où ils furent à l'origine de la franc-maçonnerie.

La **querelle des investitures**, entre l'empereur d'Allemagne Henri IV (1054-1106) et le pape Grégoire VII, en est un exemple qui se termina au profit du pape. Désormais, le pape devait assumer seul la nomination des évêques, sans en référer à l'empereur. Le concordat de Worms, signé en 1122, admettait le principe de la séparation des pouvoirs spirituels (le pape) et temporels (l'empereur).

### Les huit croisades

De 1096 à 1291, elles manifestent un élan religieux européen touchant toutes les couches de population. Mais ce sont surtout des entreprises militaires difficiles, entraînant des combattants, les croisés, loin de leur pays pour libérer en Palestine les Lieux saints, surtout Jérusalem, du joug des Turcs qui en interdisaient l'accès aux pèlerins chrétiens.

Louis VII (1137-1180), Philippe-Auguste (1180-1223), Louis IX dit saint Louis (1226-1270) y participèrent, aux côtés d'autres monarques européens tels Frédéric Barberousse, empereur d'Allemagne, et Richard Cœur de Lion, roi d'Angleterre.

Malgré des réussites temporaires, ces croisades ne parvinrent pas à leur but initial, et les Lieux saints retournèrent aux mains des musulmans. Cependant, elles eurent des résultats positifs tels :

- la reprise des contacts avec les civilisations moyen-orientales ;
- le renouveau du commerce méditerranéen par Venise, Gênes, Byzance ;
- l'enrichissement de certains seigneurs.

Elles sont, de toute façon, un formidable témoignage de la foi chrétienne.

### La lutte contre l'Angleterre

Elle a aussi marqué le Moyen Âge capétien.

À l'origine, un vassal du roi de France, le duc de Normandie Guillaume le Conquérant, devient, avec l'accord du pape, roi d'Angleterre en 1066. La tapisserie de la reine Mathilde, à Bayeux en Normandie (70 m × 2,50 m), raconte en images suivies, riches d'enseignements, cette épopée normande.

Mais dès lors est créée une situation ambiguë, simplifiée ici en trois points :

- un vassal du roi de France peut-il devenir roi d'Angleterre ?
- peut-il considérer ses fiefs français comme une propriété personnelle revenant à son nouveau royaume ?
- comment concilier les intérêts nationaux du nouveau monarque et l'application du serment de fidélité du vassal à son suzerain français ?

Dans la pratique, les successeurs de Guillaume d'Angleterre accroissent même leurs possessions continentales par mariages, héritages et conquêtes, au point que Henri II Plantagenet, roi d'Angleterre de 1154 à 1189, parvient à posséder l'ouest de la France, de la Seine aux Pyrénées (son étendard joint le lys de France aux léopards des Plantagenets).

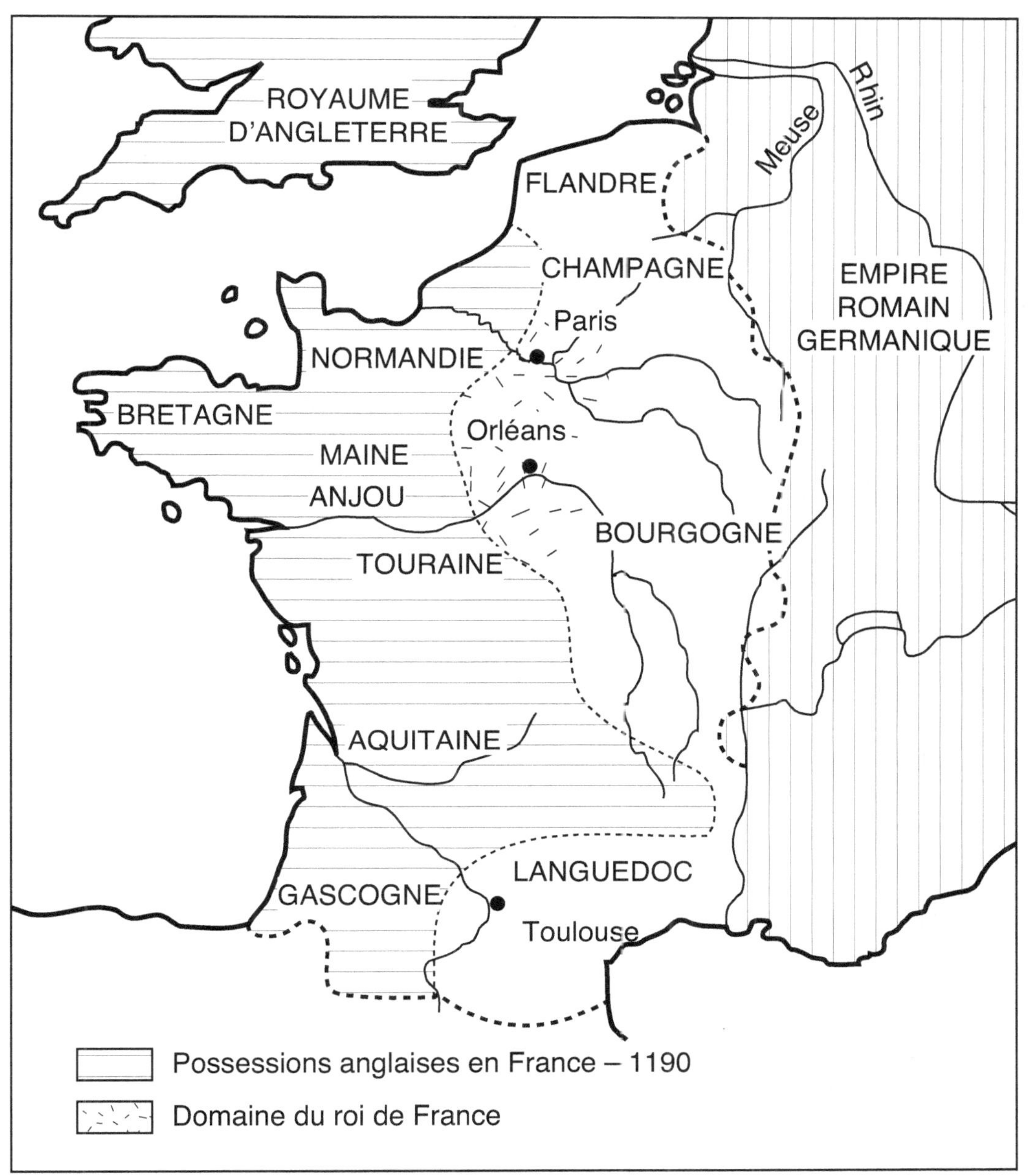


Possessions anglaises en France – 1190

Philippe Auguste, saint Louis puis Philippe le Bel (1285-1314) tenteront de conserver à la France son unité.

Le conflit renaît en 1328 à la mort de Charles IV le Bel (1322-1328), troisième fils et dernier descendant mâle de Philippe le Bel. La **loi salique** (des Francs Saliens) écartant les femmes de la royauté, deux candidats au trône de France se présentent :

- Philippe le Valois, neveu de Philippe le Bel ;
- Édouard III d'Angleterre, petit-fils de Philippe le Bel par sa mère.

Les seigneurs français sont partagés. Une longue période de conflits intermittents et désastreux pour la France commence. C'est la **guerre de Cent Ans**, de 1337 à 1453.

Les premières armes à feu apparaissent. Au terme de combats meurtriers et de trêves, le dauphin Charles VII (1422-1461), appelé aussi par dérision « le Roi de Bourges », n'a pu hériter que de territoires situés au sud de la Loire.

Il doit son couronnement à Reims en 1429 à **Jeanne d'Arc**, qui a su, par sa foi et son courage, redonner confiance aux troupes royales. Prisonnière des Anglais, elle meurt sur le bûcher, à Rouen, le 30 mai 1431. Mais Charles VII, continuant l'œuvre entreprise, libère la France épuisée de la domination des Anglais et de celle de leurs alliés, les seigneurs français. Seules les îles de Jersey, Guernesey et la ville de Calais restent anglaises.

### La croisade contre les Albigeois

Elle est, sous le règne de Philippe Auguste, une lutte contre les hérétiques cathares, du Languedoc et du Toulousain (Toulouse, Foix, Carcassone, Albi, Nîmes, Béziers). Les Cathares croyaient en deux principes, le Bien et le Mal qui luttaient entre eux, l'homme étant une création du diable. Ils refusaient l'autorité papale, les sacrements, la dîme (impôt versé au clergé). Ils avaient leur propre morale, condamnant la féodalité, la guerre, la justice des grands (roi, Église, seigneurs), la violence, et même le meurtre des animaux.

Les intérêts religieux, sociaux, puis politiques se mêlant, le pape Innocent III et le roi Philippe Auguste s'entendirent pour extirper par les armes l'hérésie cathare. La lutte armée fut préparée par l'Inquisition, tribunal religieux créé au XIII<sup>e</sup> siècle pour enquêter sur les déviations religieuses. Les hérétiques furent dénoncés, condamnés à la torture et au bûcher, leurs biens furent confisqués.

En 1244 la destruction du château de Montségur en Ariège, où 200 **Parfaits** (les plus « purs » suivant leur hiérarchie) furent brûlés vifs, marque la fin officielle de cette hérésie. Mais elle subsista en Catalogne et en Lombardie.

Le catharisme vaincu disparut lentement, mais il inspira par la suite des penseurs libéraux.

Le symbolisme cathare apparaît dans l'art languedocien sur certaines stèles funéraires sous forme d'ancre, de colombe, d'étoile à cinq branches (ou pentagramme) et de la croix de Toulouse.

Enfin il serait intéressant de se pencher sur l'origine de noms patronymiques du sud-ouest de la France, comme celui de Bonhomme et Bonshommes, remontant sans doute à cette période d'expansion cathare où ce nom désignait les fidèles convaincus.

### L'œuvre de Louis XI

En 1453, date qui marque conventionnellement la fin du Moyen Âge, le roi de France est Charles VII. Mais c'est à son fils et successeur Louis XI (1461-1483), le plus grand roi de la France du Moyen Âge, que le pays doit sa réorganisation. Complétant habilement l'œuvre de ses prédécesseurs :

- il rétablit l'unité territoriale de la France ;
- il affermit l'autorité royale.

Pour cela, il lutte contre son riche et puissant voisin Charles le Téméraire, duc de Bourgogne, n'hésitant pas à s'allier contre lui avec les Lorrains ou à financer le départ de France des Anglais. À la mort de son rival et vassal, il annexe la Bourgogne et la Picardie.

Il confisque aussi aux nobles qui le combattent leurs fiefs les plus importants, par exemple la Provence.

S'appuyant sur les paysans et les bourgeois, il réorganise l'administration et les finances, mettant ainsi un frein au rôle politique et militaire des seigneurs et nobles.

Il crée des impôts permanents qui subsisteront jusqu'à la révolution française de 1789. Ces impôts sont les suivants :

- la **taille**, sur les terres, payée par tous ;
- les **aides**, droit payé sur les marchandises, huile, vin par exemple ;
- la **gabelle**, impôt sur le sel, très impopulaire ;
- les **traites**, sortes de douanes entre les provinces.

Pour mieux établir l'« assiette », c'est-à-dire la base de calcul des impôts, et pour mieux les percevoir, il crée des circonscriptions administratives : les **généralités**.

Il étend à d'autres villes que Paris la création des cours de justice ou **parlements**. Il renforce l'organisation de l'armée, favorise les industries textiles et celle de l'imprimerie toute nouvelle. Enfin, pour marquer son autorité sur l'Église, il désigne au pape les évêques qui doivent être nommés.

Toutes ces transformations annoncent le début d'une nouvelle période que les historiens appellent les **temps modernes**.

# RICHESSES DE LA CIVILISATION FRANÇAISE

La France est alors le pays d'Europe le plus puissant et le plus peuplé. Il s'y développe une riche civilisation que l'on retrouve, à quelques différences près, dans les États voisins. Cette civilisation s'épanouit au travers :

- de la société ;
- de la vie économique ;
- de la vie culturelle et artistique.

## La société au Moyen Âge

Pour répondre aux problèmes posés par la diversité des peuples, le rétablissement de la paix, l'absence de centralisation du pouvoir, la société se partage en groupes différents, mais au rôle précis :

- les chevaliers ;
- les paysans ;
- les commerçants et artisans ;
- le clergé.

De l'an 800 jusqu'au milieu du XIV<sup>e</sup> siècle, cette société féodale se retrouve partout en Europe et marque son dynamisme par une évolution constante.

### *Les chevaliers et les nobles*

L'insécurité et la nécessité de se défendre localement ont entraîné la création d'un système original : la féodalité. À l'origine, les rois carolingiens remerciaient de leur aide les fonctionnaires et les chefs militaires en leur conférant :

- un titre : duc, comte, etc. ;
- un domaine foncier dont ils avaient la charge, mais pas la propriété.

En échange de ces domaines appelés « fiefs », les grands seigneurs juraient aide et fidélité au roi, leur suzerain suprême, dont ils devenaient les vassaux. Ils s'engageaient, aussi, à protéger et administrer les terres concédées.

La pyramide féodale s'organise ainsi :

- au sommet, le roi ;
- au milieu, une hiérarchie de seigneurs souvent apparentés au monarque ; chaque vassal ayant la possibilité de diriger plusieurs vassaux dont il est alors le suzerain immédiat ;
- à la base, les chevaliers.

La chevalerie est à l'origine de l'aristocratie dans toute l'Europe. L'étude des armoiries, emblèmes des familles nobles, est une source de renseignements historiques.

Le système se perfectionna, précisant à chacun ses droits et ses devoirs. Le suzerain doit au vassal :

- la rémunération de ses services par l'octroi d'un fief qui le nourrira, lui et sa famille ;
- la protection militaire et juridique.

Le vassal doit au suzerain :

- la fidélité (sinon il est **félon**, traître) ;
- l'aide militaire ou service d'**Ost** ;
- l'aide juridique dans les jugements ;
- l'aide financière, ou aide aux quatre cas, soit :
  - pour libérer un suzerain prisonnier, en participant à la rançon,
  - lorsque le fils du suzerain est armé chevalier,
  - pour le mariage de sa fille aînée,
  - pour partir en croisade.

Le **droit de relief** est la somme versée par le vassal au fils d'un suzerain décédé.

**L'investiture** est la cérémonie, au cours de laquelle un vassal se recommande à un suzerain. En présence de membres du clergé, le vassal rend à son supérieur, et à genoux, l'hommage qu'il lui doit.

Le chevalier peut succéder à son père. Pour cela il commence son éducation militaire à 7 ans. Puis, vers 14 ans, il devient écuyer d'un seigneur. À 18 ans, il reçoit son armement au cours d'une cérémonie appelée l'**adoubement**. Il peut alors appartenir à son tour à cette élite militaire qui deviendra peu à peu la noblesse.

Les armures des chevaliers sont imposantes. Les musées nationaux ou régionaux en possèdent souvent. L'armure comprend :

- le **heaume**, casque protégeant le visage ;
- le **haubert**, lourde cotte de mailles de fer (anneaux puis écailles ou plaques) protégeant le corps, parfois jusqu'aux genoux ; elle peut peser jusqu'à 10 kg ;
- les jambières métalliques, articulées aux genoux et se terminant par des brodequins ;
- des gantelets pour les mains ;
- un écu ou bouclier de bois puis de métal, décoré aux armoiries du chevalier.

L'armement se compose essentiellement :

- d'une lourde épée retenue à la taille par un baudrier ;
- d'une lance longue (2 à 4 m), difficile à manier.

Le chevalier, en temps de paix, s'entraîne dans les tournois, monté sur son « destrier » (cheval) ; en période de guerre, un chevalier désarçonné ne peut se relever sans l'aide de son écuyer.

Le **château fort** est à la fois :

- la forteresse protectrice des paysans proches ;
- le lieu de vie du seigneur.

Construit sur un site défensif, motte, butte ou escarpement rocheux, il comprend, de l'extérieur vers l'intérieur :

- un fossé, la **douve**, rempli d'eau ;
- une muraille ou **courtine** formant un rempart de plusieurs mètres (parfois 8 m) d'épaisseur, elle est construite sur un remblai et porte à son sommet un chemin de ronde protégé par des **créneaux** ;
- des tours d'angle, percées d'étroites **meurtrières** d'où les archers visent leurs ennemis, tout en profitant de leur abri. À leur sommet, une galerie en saillie appelée **mâchicoulis** possède un plancher percé d'ouvertures, permettant de jeter sur les assaillants des blocs de pierre, de l'huile bouillante ou de la poix fondue (résine des pins et sapins) ;

- l'unique entrée du château, la **poterne**, est défendue par d'épaisses portes de bois précédées d'une **herse** ou grille métallique que des poulies peuvent relever ou abaisser ;
- un **pont-levis** isole encore mieux le château, si nécessaire ;
- l'intérieur assez vaste peut abriter les hommes, les animaux, les ateliers de travail indispensables à certains métiers, les réserves de nourriture et d'armes, le puits qui assure l'approvisionnement en eau ;
- le **donjon** en est le dernier abri et la résidence du seigneur et de sa famille ;
- les murs en sont hauts, crénelés au sommet, épais, percés de rares ouvertures.

Mais le château est un lieu de vie malgré son inconfort ; des cheminées chauffent, éclairant de leurs feux des pièces sobrement meublées.

Les banquets réunissent la famille, les amis, et les produits de la chasse enrichissent des menus compliqués. Les repas peuvent être entre-coupés de spectacles (bouffons, jongleurs, montreurs d'ours…) et les veillées s'organisent autour de poètes, musiciens, conteurs itinérants appelés **troubadours**, **trouvères** ou **ménestrels**.

La chasse aux faucons, dressés à capturer des proies de petite taille (lapins), est réservée aux seigneurs les plus riches. Cet art si difficile se développe à nouveau dans notre Europe du XXI$^e$ siècle.

Les châteaux forts et les sites fortifiés font partie du patrimoine national. Il en reste en France moins d'un millier sur les presque trente mille construits à l'origine. Encore beaucoup sont-ils réduits à l'état de ruines, que hantent encore des fantômes mémorables ! Les plus visités sont, pour notre pays :

- le Haut-Kœnigsbourg en Alsace ;
- le Louvre (fondations) de Philippe-Auguste ;
- Pierrefonds, merveilleusement restauré dans la région parisienne ;
- Foix, Salses, Montségur en Midi-Pyrénées ;
- château Gaillard, Caen, Gisors en Normandie ;
- Angers, Loches, La Rochelle dans l'Ouest ;
- ajoutons les cités fortifiées d'Avignon, Carcassonne, Tarascon, Aigues-Mortes…

### Les paysans ou vilains

Ils forment 90 % de la société féodale, et leur rôle consiste à nourrir aussi bien les seigneurs qui les protègent, que le clergé, aux charges sociales multiples. Ils dépendent totalement de leurs maîtres.

Les plus pauvres et les moins libres s'appellent les **serfs**. Tous doivent au seigneur :

- des jours de **corvées** pour l'entretien des bâtiments, des chemins, des cultures ;
- des redevances en espèces, le cens, ou en nature, le **champart** ;
- des **banalités** pour utiliser le four, le moulin, le pressoir, que seul le seigneur peut posséder.

Leur vie quotidienne s'égrène au rythme solaire. Le répit hivernal permet les longues veillées près de la cheminée. Ainsi se développe la tradition orale qui mêle souvenirs, expériences ou histoires de fées et de loups-garous.

Le vêtement simple, de tissu grossier, se compose d'une tunique effleurant les genoux, de chausses et d'une cape à capuchon.

Les repas, frugaux, alternent des soupes, des bouillies, des galettes de céréales, des laitages, y ajoutant si possible du pain de seigle, rarement de la viande, parfois un peu de vin léger ou du cidre.

La maison se compose d'une pièce unique, au sol battu, abritant aussi un peu de bétail ; les murs sont en torchis (boue mêlée à de la paille et du bois). L'ameublement, plus que sommaire, comprend le lit recouvert de paille servant de matelas et de couverture, une table, un banc, le coffre à linge étant l'unique vrai meuble.

Mais si la natalité restait forte, un enfant sur deux mourait avant l'âge d'un an, et un sur deux encore avant sa vingtième année. Lorsqu'ils survivaient, leur subsistance posait des problèmes, surtout en période de disette. La légende populaire du Petit Poucet prit sans doute naissance dans ce contexte !

### Les artisans

La recherche d'un métier fut la conséquence de l'accroissement de la population. L'agriculture ne nourrissait plus des familles entières malgré les défrichements ; l'artisanat rural ou urbain se développa en relation avec l'agriculture (charron, maréchal-ferrand, tonnelier, ferronnier) ou avec la vie quotidienne (tisserand, drapier, cordonnier…). À Paris, sous Saint-Louis, on comptait près de cent métiers différents.

En ville, grâce au renouveau commercial, les métiers permettent de s'enrichir. Ils s'organisent en corporations de même activité, régis par un statut collectif ; ils défendent ainsi la qualité de leur travail.

Les corporations se doublent de confréries religieuses possédant leur saint patron, par exemple :

- saint Joseph pour les charpentiers ;
- saint Éloi pour les orfèvres et ferronniers ;
- saint Crépin pour les cordonniers ;
- sainte Anne pour les dentellières.

Au sommet de la hiérarchie des métiers se situent les **maîtres**, qui ont subi avec succès la création du **chef-d'œuvre**, sorte d'examen pratique, et ont payé au roi un droit d'entrée dans la corporation.

Au-dessous, les **compagnons**, déjà qualifiés, perfectionnent leurs qualités d'exécution. Ils peuvent soit rester salariés d'un maître, soit réaliser un chef-d'œuvre, passeport pour la maîtrise. Cela leur coûte très cher et, en période de crise, les admissions sont limitées. Les fils de maître ont plus de chances d'être acceptés.

Les apprentis sont les débutants.

### Le clergé et la vie religieuse

Le clergé forme un groupe social important. Mais sa puissance provient essentiellement :

- de son influence sur les esprits, car la foi est intense ;
- de son instruction, renforcée par la connaissance du latin ;
- de sa richesse, fruit des donations, de la dîme paroissiale, des héritages personnels.

Les **trésors** des cathédrales, que l'on peut apprécier au cours de visites culturelles, mettent en évidence cette richesse au travers d'objets de culte réalisés en métaux précieux, ou de vêtements sacerdotaux superbement brodés.

Le **clergé séculier** regroupe les prêtres, curés des paroisses, au contact du monde, du siècle. Le clergé **régulier**, vivant suivant une règle, est celui (masculin ou féminin) des monastères et des abbayes.

L'Église, force religieuse et politique, exerce un rôle social important. En cette rude période féodale elle s'efforce surtout d'adoucir les mœurs. Ainsi :

- la **veillée d'armes** du chevalier devient une veillée de prières au cours de laquelle le puissant chevalier promet de se mettre au service de Dieu, de la justice et de son prochain ;
- la **trêve de Dieu** limite les dégâts en vies humaines en interdisant les combats entre seigneurs, du jeudi au dimanche (en mémoire de la passion du Christ) ;
- le **droit d'asile** dans les églises et les monastères évite souvent une justice expéditive.

L'Église connaît aussi des difficultés morales car sa richesse a entraîné le recul de l'esprit de charité et de sacrifice, l'autorité pontificale n'est pas toujours respectée. C'est pourquoi une réaction apparaît et des réformes sont entreprises.

Des **papes** comme Léon IX et Grégoire VII surtout menèrent des réformes. Ce dernier laisse son nom à la réforme grégorienne qui précise les points suivants :

- le pape ne peut être élu que par les cardinaux, sans intervention royale ;
- le pape peut réunir les prélats en conciles pour régler avec eux les problèmes d'ordre religieux ;
- les légats du pape sont des diplomates en relation avec les monarques ;
- les membres du clergé ne peuvent pas être nommés par des laïcs, si puissants soient-ils.

Henri IV d'Allemagne, Frédéric Barberousse et Frédéric II de Prusse refuseront ces décisions, puis se soumettront pour éviter l'excommunication papale qui, les plaçant hors de l'Église, leur aurait retiré toute autorité sur leur peuple.

Des **ordres religieux** sont créés, pour redonner à l'Église son idéal de pauvreté et de service d'autrui. Dès le vi[e] siècle, saint Benoît de Nursie fonde les **bénédictins**. Au xie siècle, saint Bruno crée les

**chartreux**, et peu après saint Bernard réforme l'ordre bénédictin tombé en décadence (à partir des abbayes de Cîteaux et Clairvaux). Puis au XIII$^e$ siècle, saint François d'Assise crée l'ordre des **franciscains** et saint Dominique celui des **dominicains :** en raison de leur mode de vie, ils furent appelés des « ordres mendiants ».

La crise la plus sérieuse de l'Église fut causée en 1302 par l'installation en **Avignon** du pape Clément V, originaire de Bordeaux et non d'Italie comme le voulait la tradition. Après lui, six autres papes en firent la nouvelle capitale de la chrétienté et y construisirent leur palais-forteresse, luxueusement décoré.

Il en résulta un **schisme**, ou scission des chrétiens, et la nomination parallèle de plusieurs papes. Au total, de 1305 à 1417, dix papes y résidèrent, avant que l'unité religieuse fût rétablie et que la cité papale fût abandonnée au patrimoine artistique français.

## La vie économique

Elle déroule ses activités dans les villages et dans les villes, dont les limites cèdent sous la poussée démographique.

### Les villages

À l'origine, ils dépendaient, pour leur protection, d'une seigneurie et de son château, près duquel ils se blottissaient. L'église, toujours belle, en marquait le centre. Elle s'encadrait d'un côté par le cimetière, et de l'autre par la place ombragée. De ce centre rayonnaient les rues puis les routes. Des **calvaires** au Christ en croix marquaient les limites administratives du village. Les maisons plus ou moins importantes et leurs jardins potagers formaient les **tenures**. Les terres labourables, les prairies, les bois composaient le terroir agricole au-delà duquel il fallait défricher.

Deux formes d'exploitation des terres apparaissent : l'exploitation communautaire et l'exploitation individuelle. Elles tiennent compte pour ce choix du relief, de la qualité des sols, du climat, de la présence de l'eau et même des mentalités locales.

### L'exploitation communautaire

Pratiquée dans les grandes plaines agricoles de l'Europe du Nord et du Nord-Ouest, elle favorise le partage du **finage** (terres cultivables du village) en plusieurs parties ou **soles**. Chaque sole est cultivée à tour de rôle pour éviter l'épuisement de la terre. La **jachère** est la période de repos d'une sole. Les troupeaux regroupés qui y paissent y ajoutent leur engrais naturel (fumier).

D'abord biennale (un an sur deux), la jachère devient triennale, gros avantage permettant d'accroître les ressources. La rotation des cultures alterne sur chaque sole : jachère, céréale riche (blé), céréale pauvre (seigle, avoine). Ce qui donne :

|  | **sole 1** | **sole 2** | **sole 3** |
|---|---|---|---|
| **1re année** | jachère | blé | seigle |
| **2e année** | blé | seigle | jachère |
| **3e année** | seigle | jachère | blé |

Chaque année donc, le village dispose de ces trois ressources.

Pour faciliter les tâches communautaires sur chaque sole, les haies et les clôtures sont supprimées. Il en résulte un paysage de champs ouverts, appelé aussi « champagne » ou « campagne ». Les paysages ruraux actuels reflètent cette évolution.

### *L'exploitation individuelle*

L'exploitation individuelle répond à d'autres critères :

- sols discontinus, en raison du relief ;
- présence de l'eau partout (pluviosité ou sols imperméables) ;
- polyculture nourricière.

Le paysage est alors celui du bocage marqué par des champs entourés de haies vives de végétation. Chaque exploitant choisit ses cultures ; l'habitat tend à se disperser, les travaux agricoles utilisent des instruments simples : faucilles, faux, pelles, fourches, scies, râteaux, herses. La charrue remplace peu à peu l'araire et permet des labours plus profonds. Le collier d'épaule (et non plus de cou), pour les chevaux, et le joug, pour les bœufs, permettent à l'animal de tirer des charges plus fortes.

Les moulins à eau ou à vent, suivant les régions, utilisent dès le IXe siècle des forces naturelles. Quantité de métiers dépendant de l'agriculture apparaissent ou se développent (charron, maréchal-ferrand, tonnelier…).

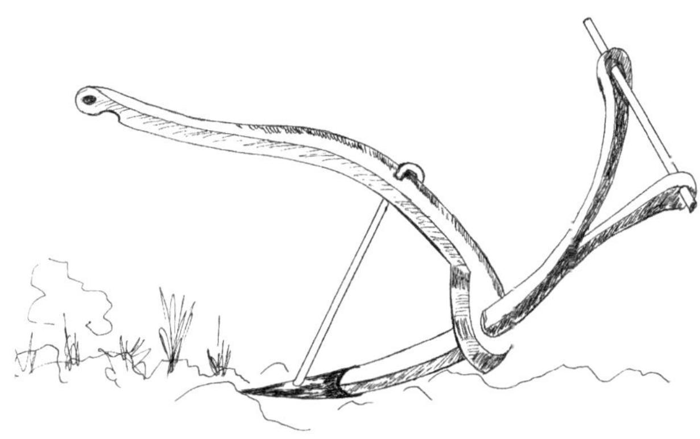

Premières araires – Soc en fer

La toponymie, ou étude des noms de villages, hameaux, lieux-dits, nous renseigne sur l'évolution, parfois très ancienne, de nos villages d'aujourd'hui.

## Les villes

Elles naissent à l'origine de l'accroissement de bourgs, gros villages de 2 000 habitants environ. Leurs habitants sont les **bourgeois**, le terme ne prenant que plus tard une connotation sociale. Les **faubourgs** sont les zones d'extension de la ville au-delà des remparts.

À l'intérieur, les rues sont étroites et entourées de maisons à étages, juxtaposées les unes à côté des autres. L'église la plus vaste peut devenir cathédrale si un évêque en à la charge.

Les façons de vivre et les activités citadines diffèrent peu de celles des villageois. Le soir, le **couvre-feu** replie chacun chez soi, et les braises doivent être éteintes pour éviter les incendies de maisons le plus souvent encore en bois. Les puits et fontaines restent indispensables.

Mais l'artisanat et le commerce s'y développent intensément, enrichissant les plus habiles. La campagne environnante nourrit la ville (légumes, produits laitiers, fruits, volaille, vigne). Par un juste retour des choses, elle s'enrichit aussi.

Peu à peu, les villes veulent s'affranchir de la tutelle des seigneurs et des charges financières qu'ils leur imposent. Elles demandent des libertés et le droit de s'organiser par elles-mêmes. Ce sont les **franchises** inscrites dans des **chartes**, qui les délient de leur soumission aux seigneurs et en font des **villes franches**.

Dès lors indépendantes, les villes doivent se défendre et s'administrer. Elles s'entourent de remparts, construisent un beffroi qui domine la ville et ses alentours. Des **halles** peuvent abriter les riches marchands, des **échoppes** regroupent par rues et par affinités les petits métiers ; les **tavernes** sont des lieux de rencontres.

Les villes nomment leurs dirigeants, appelés suivant les régions : maires, échevins, bourgmestres, consuls…

Au XIIIe siècle, la plupart des villes dépassent 10 000 habitants. Mais, Cologne, Londres comptent environ 40 000 habitants ; Bruges, Gand ont environ 50 000 habitants. Florence, Milan, Venise surtout totalisent de 100 000 à 200 000 habitants. Paris, avec ses 200 000 habitants au moins, est la ville la plus peuplée d'Europe.

# LES GRANDS PÔLES D'ACTIVITÉ EN EUROPE

## Le commerce et la monnaie

Le commerce en Europe est à son apogée au XIIIe siècle. Cela s'explique par l'accroissement de la population (il faut produire pour satisfaire ses besoins), par une plus grande sécurité sur les routes comme dans les villes, par une meilleure qualité de la production.

Trois grandes zones d'activité se développent :

- la zone nord-européenne autour de la mer Baltique et de la mer du Nord ;
- la zone méditerranéenne qui a reconquis sa place grâce aux croisades ;
- entre ces deux régions, la Champagne est une étape indispensable, un lieu d'échange, grâce à ses foires.

Au début du Moyen Âge, la monnaie byzantine est très présente partout, la frappe de l'or étant interdite en Europe. Puis souverains et seigneurs émettent leur propre monnaie. Les pièces les plus célèbres sont :

- le **florin d'or** gravé de la « flor » ou fleur de lys de Florence ;
- le **ducat d'or** de Venise à l'effigie de son gouverneur, le doge, et de sa basilique Saint-Marc ;
- l'**écu d'or**, émis par saint Louis, s'illustre par son titre ou pourcentage d'or élevé ;

- le **gros d'argent** appelé **sou**, fabriqué à Tours sous saint Louis, devint la monnaie internationale ;
- des pièces de moindre valeur existaient, tels le setier, le denier, l'obole, le parisis, le tournois…

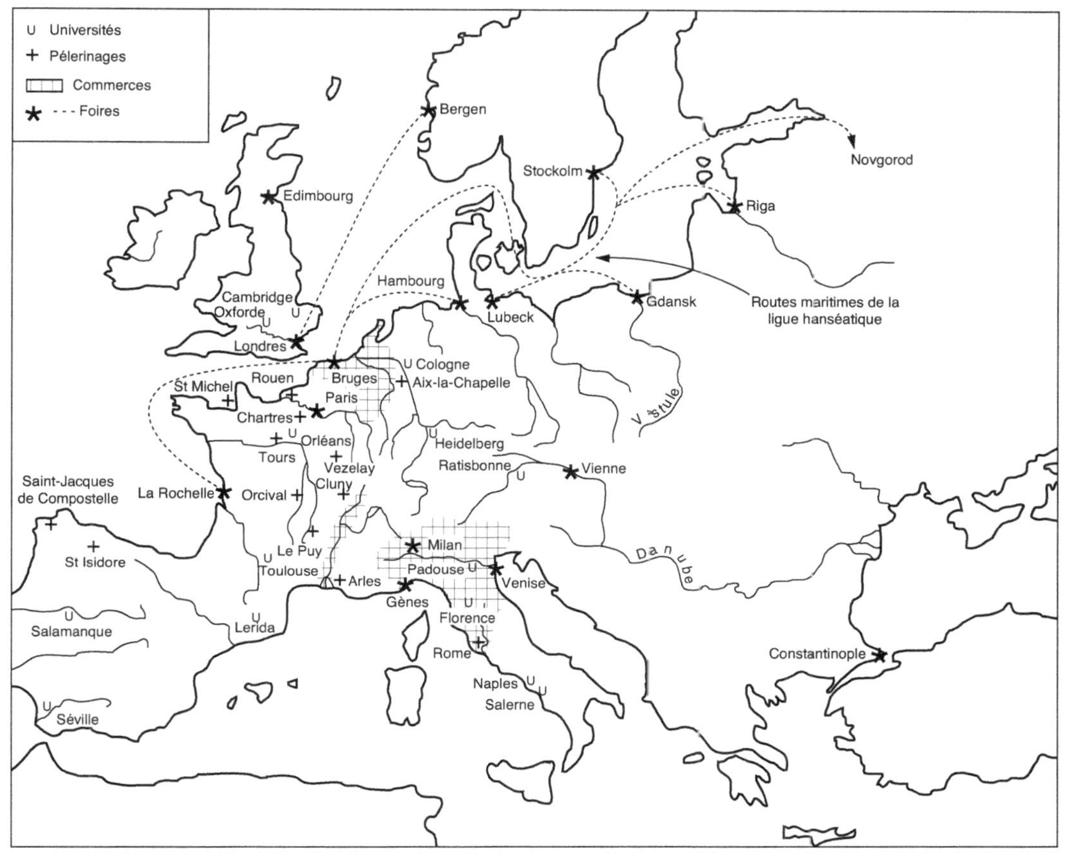


Centres d'activités en Europe – Nord et Ouest (XII–XIIIᵉ siècle)

Les changeurs font fortune. Puis, pour éviter le transport de pièces de monnaie ou de produits lourds, apparaît un nouveau système, la **lettre de change**, sorte de contrat permettant de payer une marchandise, choisie sur échantillon, dans une autre ville.

## L'Italie du Nord

Sa célébrité provenait de ses fabriques d'étoffes de laine puis de soie, qui s'exportaient à l'étranger à partir de centres urbains producteurs comme Florence et Milan. Le travail des métaux importés de Germanie s'y ajouta, ainsi que celui d'objets manufacturés. Les surfaces emblavées (cultivées en blé) s'accrurent.

Deux ports rivaux profitaient de l'aubaine, **Venise** et **Gênes**, qui assuraient les échanges de produits occidentaux avec les produits orientaux (soieries, tapis, fruits, pierres précieuses, épices). Les routes génoises et vénitiennes aboutissaient au Moyen-Orient, où les Arabes prenaient le relais vers l'Extrême-Orient au travers des déserts (**Route de la soie** au Nord vers la Chine et des épices au Sud vers l'Inde).

Les croisades avaient aussi favorisé les échanges, et **Marco Polo** (1254-1324), riche marchand vénitien, avait fait connaître à l'Europe, par son ouvrage le *Livre des merveilles*, les extraordinaires produits de l'Orient.

Venise était dirigée par un **doge** (du latin *dux*, chef, et *ducere*, conduire), qui résidait dans le fameux palais des Doges dont la basilique Saint-Marc était la chapelle privée.

Les marchands italiens, très habiles, étaient les plus réputés en Europe et furent les premiers inventeurs des banques où fructifiait leur argent.

## Le nord de l'Europe

Cette région formait aussi une zone de production et de commerce privilégiée. La Flandre avait développé ses activités drapières (laines, velours, brocarts) et agricoles et l'énergie de ses moulins à vent permettait déjà de pomper l'eau de ses **polders** pour les rendre cultivables. De plus, sa position de plaque tournante nord-euro-péenne favorisait les échanges avec l'Angleterre, les pays scandinaves, l'Allemagne, la Russie.

Le commerce était centré autour de la mer Baltique et de la mer du Nord ; des associations de commerçants, les **hanses**, rivalisaient pour transporter par voies fluviales ou maritimes et vendre les métaux d'Allemagne, le sel, les bois scandinaves, les fourrures russes, les poissons des mers froides ou les indispensables céréales.

La **Ligue hanséatique**, ou ligue teutonique (allemande), fut la plus puissante. Le principal port était Lubeck, qui rivalisait avec la fla-mande Bruges, appelée aussi en raison de ses nombreux canaux la Venise du Nord.

## Les foires de Champagne

Elles bénéficiaient de leur position géographique dans la vaste plaine du Bassin parisien. Ainsi, elles formaient une étape incontournable entre l'Italie et la Flandre en devenant un lieu d'échanges.

Les principales foires se tenaient à Provins, Troyes mais aussi à Châlons, Lagny et Bar-sur-Aube. Celle du Lendit existait près de Paris. Elles se succédaient en hiver (foires froides) comme en été (foires chaudes) et duraient plusieurs semaines.

Les marchands y prirent l'habitude de proposer leurs produits par échantillons et d'accepter un règlement à crédit et par lettres de change. Ainsi déjouaient-ils les tentatives de vols. Mais les changeurs de monnaies royales ou féodales faisaient aussi fortune en échangeant monnaies fortes et monnaies faibles.

Les foires ont favorisé le développement urbain.

## Les lieux de pèlerinage

Ils attiraient aussi les foules de chrétiens, soucieux de se faire pardonner leurs péchés et d'augmenter leurs chances d'aller au Paradis.

En Europe les principaux sites religieux étaient Rome, berceau de la chrétienté, et Saint-Jacques-de-Compostelle dans le nord-ouest de l'Espagne, où aurait séjourné l'apôtre saint Jacques. Des étapes étaient organisées pour les marcheurs, prêts à surmonter les difficultés du trajet.

Venus de tous les horizons sociaux, les pèlerins portaient une vaste cape, la pèlerine, un chapeau de feutre où, comme Louis XI, à chaque pèlerinage ils accrochaient croix ou coquilles Saint-Jacques ; ils s'aidaient dans leur progression d'un bâton assez haut appelé le **bourdon**.

En France, les pèlerins s'arrêtaient aussi à Vézelay, Le Puy, Tours ; mais bien d'autres lieux de pèlerinages locaux s'étaient créés, notamment autour des reliques de saints.

## Les universités

Au Moyen Âge, les écoles, lieux déterminés pour les études, n'existent pas. Dans les campagnes, un enseignement sommaire est assuré par le curé, dans l'église. Il existe aussi, pour les adolescents, des écoles monastiques chargées de former les étudiants ou **clercs**. Elles perdent de leur importance au profit des écoles des villes, ou des écoles épiscopales, sous la direction de l'évêque. Ces écoles ont pour but de former les futurs membres du clergé. C'est pourquoi les clercs portent déjà la robe de bure et la tonsure des moines.

Les clercs viennent de tous les milieux sociaux. Certains sont riches, d'autres sont pauvres et doivent exercer diverses activités pour vivre et payer leurs maîtres. C'est pourquoi des centres d'hébergement sont créés pour eux par de riches bourgeois. Ce sont les **collèges**, qui ne deviendront que plus tard des lieux d'enseignements. Le plus célèbre est la **Sorbonne**, fondée en 1257 par Robert de Sorbon, chapelain du roi Louis IX.

La vie du collège est de type monastique, les règlements sévères, mais des bibliothèques permettent aux étudiants de compléter les leçons, orales et en latin, de leurs maîtres.

Puis des **universités**, ou associations d'étudiants, sont créées. Le pape reconnaît cette création dans l'espoir que les universités instruiront mieux les prêtres et les théologiens capables de lutter contre les hérésies. Les étudiants en attendent une organisation plus libre, des privilèges judiciaires, la hiérarchie des grades obtenus et une réputation solide.

L'université la plus célèbre en Europe est celle de Paris. Elle regroupe plus de trois mille étudiants. Certains historiens parlent même de près de dix mille élèves. Elle comprend quatre facultés : la faculté des Arts ou des Lettres est la plus importante ; à sa tête se trouve le recteur. On y va de treize à vingt ans environ. Les jeunes clercs y reçoivent une formation littéraire et scientifique de base. C'est l'équivalent de nos études secondaires. Ils en sortent bacheliers et peuvent alors s'orienter vers les études correspondant au métier choisi. Ils deviennent alors des laïcs.

Les autres facultés sont celles de Médecine, de Droit et de Théologie. Elles sont soumises à un doyen. La licence obtenue est valable dans toute l'Europe.

D'autres universités sont réputées :

- en France, Montpellier (médecine), Toulouse, Perpignan et Orléans (droit) ;
- en Italie, elles sont très nombreuses, on peut citer Bologne (droit), Pise, Sienne, Plaisance, Padoue, Naples ;

- en Angleterre, Oxford (sciences) et Cambridge ;
- dans la péninsule Ibérique, Lisbonne, Salamanque, Séville, Lérida ;
- en Allemagne, la plus célèbre est celle d'Heidelberg (XIV$^e$ siècle), mais il faut y ajouter Ratisbonne et surtout Cologne, ville la plus peuplée de l'empire.

Foyers d'idées nouvelles, et peu à peu séparées de l'Église, les universités accroîtront au fil des siècles leur rayonnement international.

# La vie intellectuelle

L'épanouissement de la pensée dans de nombreux domaines est dû à l'essor de ces facteurs complémentaires que sont les universités, les villes où se brassent des idées nouvelles et les échanges internationaux. Les itinéraires commerciaux, les pèlerinages et les croisades ont favorisé, à leur manière, les contacts entre peuples différents.

## La philosophie scolastique et les sciences

Des « maîtres » à penser se font connaître dans toute l'Europe comme :
- **Albert le Grand** (1220-1280) à Cologne, dominicain, savant et philosophe, passionné par toutes les sciences ;
- **Thomas d'Aquin**, son émule, né en Italie (1227-1274) puis enseignant à Paris, considéré comme le plus grand philosophe et théologien du Moyen Âge ;
- **Roger Bacon** (1214-1292), moine franciscain, connu à Oxford pour ses travaux d'astronomie et d'alchimie, il fut appelé « le Docteur admirable ».

Tous cherchent à mieux connaître et comprendre la philosophie des anciens grecs et latins. Surtout, ils souhaitent concilier les points de vue du théologien et de l'homme de sciences dans la difficile explication de la « création » de l'univers et de l'homme, et articuler la connaissance rationnelle naturelle et la connaissance issue de la révélation chrétienne.

Les **sciences** s'affirment sous l'impulsion des chimistes musulmans, et l'Europe, à son tour, se passionne pour les « alchimistes » qui cherchent à découvrir dans leurs tours-laboratoires, comme celle du château d'Heidelberg en Allemagne, la « pierre philosophale », c'est-à-dire le moyen de transmuter les métaux, le plomb surtout, en or. Plus symboliquement, cette recherche exprime l'aspiration humaine à un bonheur que seuls le travail sur soi, la domination des tendances et l'abandon des préjugés lui permettront de découvrir.

## La littérature

La **littérature** reste avant tout orale. Elle s'épanouit grâce aux trouvères et aux troubadours, dans les châteaux féodaux du XI^e au XIII^e siècle. Malheureusement, beaucoup d'œuvres de ces périodes ont disparu ou ont été remaniées. La littérature écrite s'exprime par des ouvrages savants et en latin. Mais, de plus en plus, des œuvres destinées à un public populaire mêlent, dans leur expression, le latin et le français.

Les sources d'inspiration varient, reflétant les sensibilités, les croyances, les joies ou les angoisses des Européens de leur époque.

### *Les sources religieuses*

Les sources religieuses restent privilégiées. Le « merveilleux chrétien » s'exprime dans des drames liturgiques empruntant leurs sujets :

- soit à la vie des saints, et on les appelle alors des **miracles** ;
- soit à la Bible (Ancien et Nouveau Testament), ce sont alors des **mystères** ou « mistères ». Ce mot est tiré du latin *ministerium*, qui signifie action, représentation.

Des représentations théâtrales ont lieu sur le parvis des cathédrales.

### *Les sources guerrières*

Les sources guerrières nous donnent les **chansons de geste** ; là encore, le mot latin, *gesta*, a un sens précis, celui de faits ou d'actes historiques. Ces poèmes épiques restent fidèles à l'idéal et à la morale chrétienne de l'époque. On peut citer *La Geste du Roi* (Charlemagne) d'où est tirée la Chanson de Roland, ou la *Geste de Guillaume d'Orange*.

### *Les romans courtois*

Les romans courtois vont de pair avec le retour de la paix, du raffinement et du luxe. La galanterie devient à la mode et l'amour se doit d'adopter les règles subtiles de la courtoisie.

**Chrétien de Troyes**, par exemple, tire sa renommée de ses romans écrits en celte vers 1170. On y découvre **Lancelot**, dit « le Chevalier à la charrette », immortalisé sous les traits du valet de trèfle de nos joueurs de cartes, ou le **roi Arthur** au pays de Galles.

**Perceval**, pieux chevalier, part à la quête du « Graal », plat merveilleux inépuisable d'une nourriture exquise, devenu la coupe sacrée où fut recueilli un peu de sang du Christ. Richard Wagner s'en inspirera pour son opéra *Parsifal*.

**Tristan et Iseult** illustrent, à leur tour, l'inévitable fatalité et la dualité de l'amour et de la mort.

### Les sources populaires

Des sources variées s'expriment au travers d'œuvres dont est friand un petit peuple au solide bon sens. Elles sont à l'origine d'ouvrages pittoresques cités ci-après.

- Les **fabliaux** sont des contes en vers, illustrant de façon comique et satirique les défauts ou la sottise des êtres humains. Les femmes n'y sont pas ménagées.
- Les **contes**, proches des fabliaux, ont un caractère moralisateur.
- Les **farces** illustrent la naïveté des campagnards et marquent la naissance du théâtre comique.
- Le **Roman de Renart**, né en Lorraine, tourne habilement en dérision le monde féodal et caricature la société des hommes au travers de celle des animaux. Le maître en est Goupil, le fin renard qui se joue d'Isengrin, le loup, mais qui trouve parfois plus rusé que lui. Chanteclerc le coq, Couart le lièvre, Tiècelin le corbeau, Brun l'ours, Beaucent le sanglier, ou Noble le roi lion participent à ses aventures. Ils illustrent les difficiles rapports des êtres dans leur lutte pour la vie.
- Le **Roman de la Rose** traduit à sa façon allégorique les espérances, les luttes, les joies et les tourments de la vie amoureuse. La rose, femme aimée du poète, doit être découverte, atteinte et conquise si possible !

### Les chroniques

Il ne faut pas oublier, dans cet éventail incomplet d'œuvres littéraires, les chroniques historiques, œuvres en prose de ces premiers journalistes et historiens que furent :

- Villehardouin (1152-1213) pour sa chronique sur la quatrième croisade ;
- Joinville (1225-1317) sous Louis IX ;
- Froissart (1337-1402) pour la guerre de Cent Ans.

### La Divine Comédie de Dante

Le Florentin Dante Alighieri (1265-1321) doit sa renommée à la *Divine Comédie*, œuvre lyrique et dramatique remplie de fougue, de surnaturel et d'allégories. Le poète y raconte son voyage imaginaire dans les neuf cercles de l'enfer, les neuf gradins du purgatoire et les sept ciels du paradis, au terme desquels se trouvent son aimée Béatrice, l'amour, la lumière et Dieu.

# L'ART AU MOYEN ÂGE

À la vitalité intellectuelle de l'Europe s'ajoute une créativité artistique constante, qui se manifeste dès le XIe siècle aussitôt que la paix remplace le cahot des invasions et que le spectre de la misère s'efface. Le dénominateur commun de cette créativité est la foi chrétienne qui submerge tout le continent et ne demande qu'à s'extérioriser comme pour exorciser les malheurs du temps.

C'est pourquoi, au Moyen Âge, l'art est avant tout religieux, imprimant de l'architecture à la miniature ses caractères sacrés. Le Moyen Âge connaît deux formes d'expression artistique :

- l'**art roman**, qui se développe du XIe au XIIIe siècle ;
- l'**art gothique**, qui s'exprime surtout aux XIIIe, XIVe et XVe siècles.

Mais il n'existe pas de coupure entre ces deux périodes, où art roman et art gothique ont pu aussi bien coexister que se succéder, en fonction des sensibilités nationales, régionales, des styles locaux et des matériaux utilisés.

## L'art roman ou art des campagnes

Essentiellement architectural, l'art roman marque le retour aux sources et aux techniques romaines, d'où son nom. Mais aux temples païens succèdent les églises, lieux de prière et de rassemblement des fidèles et, dans ce but, elles s'émancipent des modèles antiques et s'enrichissent d'éléments nouveaux.

Ainsi, le plan basilical, simple, rectangulaire, calqué sur celui des édifices romains à usage civil, se modifie-t-il en s'enrichissant d'un chœur vaste, de coupoles et de clochers destinés à mieux honorer Dieu vers qui ils s'élèvent.

Les charpentes en bois des églises primitives, trop facilement incendiées, disparaissent, et la voûte romaine de pierre, arrondie en berceau ou demi-cercle, remplace le plafond.

Les techniques se perfectionnent. Les pierres taillées et appareillées de la voûte sont soulignées d'**arcs doubleaux** qui les renforcent. Les murs, jamais très élevés, épaississent pour soutenir cette voûte, que des **piliers** massifs comme les arches d'un pont maintiennent par endroits. À l'extérieur, des **contreforts** s'opposent au poids et à la poussée des voûtes, pour les consolider.

Les ouvertures et les fenêtres sont rares, mais elles créent une ambiance intime, propice à la prière et à la méditation. L'orientation des édifices vers l'Est célèbre non pas le soleil des païens, mais le Christ ressuscité, lumière du monde.

Le symbole de la croix se retrouve dans la **nef** qui s'allonge, coupée au niveau du chœur par un **transept**. La nef, d'ailleurs, se divise en trois, laissant les bas-côtés latéraux à la circulation des fidèles, accompagnés parfois d'un petit bétail qui y trouve, comme leurs propriétaires, un abri temporaire.

Derrière le chœur et l'autel, l'**abside**, arrondie, peut être contournée par un déambulatoire qui suit la succession de chapelles incrustées dans les murs en **absidioles**.

Ces églises, surtout en France, existent partout en milieu rural où se rassemble la majorité des populations. Elles sont souvent liées à la présence d'un monastère, d'un cloître ou d'une abbaye (Cluny au XIIe siècle), et les moines, architectes anonymes, en sont les patients maîtres d'œuvre. Témoins de la vitalité religieuse d'une région comme de ses particularismes locaux, elles bénéficient pour leur construction du renouveau économique européen attesté par les dons des laïcs.

On doit aux écoles régionales françaises le particularisme des églises alsaciennes, normandes (Caen), provençales (Arles), auvergnates (Saint-Nectaire, Issoire, Brioude, Clermont), bourguignonnes (Autun, Paray-le-Monial) et du Sud-Ouest (Périgueux).

Le caractère sacré des églises romanes se retrouve aussi dans les sculptures et les peintures subordonnées à l'architecture. Leur but est essentiellement éducatif : permettre aux croyants, pour la plupart illettrés, de connaître et de comprendre leur religion.

Ainsi les sculptures des colonnes et des chapiteaux, et les bas-reliefs du tympan qui surmonte les portes d'entrée, représentent-elles des personnages ou des scènes de l'Ancien et du Nouveau Testament. Les draperies rigides des vêtements rappellent parfois les mosaïques byzantines, les monstres, diables et damnés évoquent des influences germaniques et scandinaves ; les feuillages corinthiens et les animaux fantastiques s'inspirent des Orientaux que les croisés ont fait connaître.

Les peintures murales, encore sans volume ni perspective, utilisent une palette simple de couleurs superposées que le temps atténue. Elles illustrent, toujours de façon didactique (éducative), les messages du christianisme.

Il existe aussi des enluminures de manuscrits, œuvres de moines copistes, qui rehaussent de dorures les feuillages, les arabesques et les couleurs vives de leurs dessins à thème ou les lettres initiales des débuts de chapitres.

L'orfèvrerie religieuse s'enrichit à son tour de candélabres de bronze sculpté, de reliquaires précieux, d'objets de culte, ciboires d'or, ostensoirs d'argent ou de vermeil, que nous révèlent encore les « trésors » d'églises, ou les musées.

## L'art gothique ou art urbain

L'adjectif « gothique » utilisé par les artistes de la Renaissance désignait un style associé à leurs yeux, et à tort, aux Goths, ces barbares destructeurs de l'équilibre romain. L'éloge du style gothique n'est plus à faire, mais le mot est resté pour désigner les formes artistiques exprimées aux XIII$^e$, XIV$^e$ et XV$^e$ siècles.

Art royal, né en Île-de-France, il a couvert la France, et même l'Europe, de chefs-d'œuvre essentiellement architecturaux et religieux, les églises et les cathédrales. Les cathédrales, siège d'un évêché, étaient plus importantes.

La transition entre l'art roman et l'art gothique s'est opérée dès le milieu du XII<sup>e</sup> siècle, associant parfois dans un même édifice les deux influences. Mais, peu à peu, l'architecture gothique a trouvé son âme par des caractères spécifiques.

## L'architecture gothique

Les églises gothiques, expression de la ferveur des hommes comme de la grandeur princière, se voulaient :

- plus vastes pour accueillir les fidèles ;
- plus hautes pour symboliser l'élévation vers Dieu ;
- plus belles en hommage à son Dieu triomphant, dont l'amour illuminait les âmes.

Sur le plan pratique, ces ambitions se traduisirent par les efforts constants d'architectes civils qualifiés pour renouveler les techniques de construction. Le progrès technique le plus manifeste fut l'allégement des voûtes par une **croisée d'ogives** décomposant les forces exercées en quatre ou six parties ou plus, et créant des secteurs indépendants s'appuyant sur une armature de nervures multiples de pierre, composées d'« **arcs brisés** ».

Des piliers élancés soutenaient, à l'intérieur, les points de retombée de ces arcs, dans une nef subdivisée parfois en cinq travées. Les voûtes se libérèrent en nefs audacieuses dépassant parfois cinquante mètres de hauteur. Les murs, allégés, s'ouvrirent à la lumière par de vastes fenêtres ogivales dont les vitraux deviendront l'élément décoratif essentiel.

Le plan en « **croix latine** » se généralisa mais sans exclusive, et de multiples innovations, tours, clochetons, pinacles, chapelles, agrémentèrent façades, murs et toitures. À l'extérieur, des arcs-boutants affinés furent chargés d'épauler les murs, parfois superposés en **double volée**. Ils furent aussi ponctués à leur base de **gargouilles**, poissons, chimères (animaux fantastiques) ou êtres humains sculptés, ayant à leur charge l'évacuation des eaux de pluie.

Les fenêtres filtrèrent la lumière, en éclaboussures de vitraux aux tons éclatants, profonds, inégalés, de rouges, de bleus auxquels s'ajoutèrent des jaunes lumineux. Les ouvertures circulaires ou ovales prirent le nom de « **rosaces** », telle la grande rosace de Notre-Dame de Paris au diamètre impressionnant de 10 mètres.

Ces vitraux d'une richesse incomparable furent l'œuvre de spécialistes, les « peintres-verriers », qui reproduisaient les esquisses des thèmes religieux sélectionnés. Les verres étaient déjà colorés dans la masse avant d'épouser les formes choisies par le maître verrier qui utilisait pour cela un fer rougi au feu. Le relief d'ensemble pouvait être ajouté par l'utilisation de plusieurs couches de peintures, chargées d'ombrer ou d'opacifier certains verres. Les pièces obtenues étaient ensuite assemblées grâce à des plombs rainurés qui compartimentaient, tout en les maintenant, les formes ou les couleurs.

L'art gothique a évolué au cours des siècles :

- au XII<sup>e</sup> siècle, il se mêle à l'art roman ;
- au XIII<sup>e</sup> siècle, le style dit « **à lancette** » désigne l'emploi d'ogives aiguës ;
- au XIV<sup>e</sup> siècle, le « **gothique rayonnant** » s'exprime en ogives équilatérales ;
- au XV<sup>e</sup> siècle, le style « **flamboyant** » crée des ogives formées d'angles obtus.

L'influence de l'art gothique s'est étendue à toute la France par l'intermédiaire d'écoles régionales aux empreintes originales, et à l'étranger grâce au rôle d'architectes français.

Amiens, Chartres, Bourges, Paris, Reims, Albi, Strasbourg ne sont que quelques exemples de notre patrimoine gothique. Il faudrait aussi ajouter Cologne, Anvers, Bruxelles, Milan, Cantorbery, York, Westminster, et mêmes Burgos et Tolède pour évoquer l'évolution et les particularismes de l'art gothique européen.

Des monuments autres qu'églises et cathédrales témoignent encore de cette explosion artistique. En voici quelques exemples :

- le monastère du Mont-Saint-Michel ;
- les fortifications d'Avignon, Aigues-Mortes, Carcassonne ;
- l'hôtel particulier de Jacques Cœur à Bourges ;
- le palais de Justice de Rouen ;
- les halles de Bruges ;
- les hôtels de ville de Calais, Douai, Arras, Ypres et Bruges ;
- les hôpitaux comme les Hospices de Beaune ;
- des ponts comme le pont Valentré à Cahors ou le Ponte Vecchio à Florence (Italie).

### La sculpture gothique

Comme la sculpture romane, elle participa à l'embellissement des monuments et à l'éducation religieuse des fidèles. Mais les statues en « ronde-bosse » se libèrent des piliers, créant surtout des « Vierge à l'enfant Jésus » aux proportions calculées (allongées lorsqu'elles sont placées très haut) ou équilibrées, associant gestes gracieux et sérénité dans l'expression. Les formes fantastiques, réalistes, voire grotesques, d'un Moyen Âge tourmenté perdent leur importance.

L'art funéraire se caractérise par la création de tombes royales ou seigneuriales surmontées de « gisants » représentant les défunts allongés.

La peinture murale cède la place à des « **tapisseries** » qui contribuent à la renommée de la Flandre et des villes du nord de la France. À la laine se joignent les fils de soie, d'or et d'argent ; l'iconographie, jadis toute biblique, commence à s'enrichir de thèmes profanes comme la chasse, le bal…

Surtout la **peinture sur panneaux** de bois se répand, donnant aussi bien, des « retables » dressés derrière l'autel, que des œuvres de moindre dimension. L'influence des dorures byzantines se manifeste localement mais la perspective reste encore mal maîtrisée.

Des objets précieux de culte, des miniatures et des enluminures participent à l'élan gothique, témoin *Les Très Riches Heures du duc de Berry* des frères Limbourg (1410) qui illustrent à leur façon la vie seigneuriale, les travaux saisonniers et les signes zodiacaux qui y président.

C'est en Italie, restée plus proche de l'Antiquité grecque et romaine, que devaient naître de nouvelles expressions artistiques. Elles se développèrent parallèlement au gothique avant de le supplanter et de redonner à l'« Homme » une place et un rôle un peu oubliés.

# Chapitre 12

# L'aventure interocéanique

Les grands voyages de découvertes des XV^e^ et XVI^e^ siècles sont l'aboutissement des progrès accumulés par les civilisations antérieures, qu'elles soient méditerranéennes, orientales ou européennes.

Mais c'est l'Europe en pleine vitalité qui en a été l'instigatrice, Portugal et Espagne en tête, puis la grande bénéficiaire en se retrouvant au cœur d'un système expansionniste mondial.

On doit à ces voyages des résultats impressionnants, en particulier :

- la confirmation de la rotondité de la Terre ;
- la découverte d'un nouveau continent, peuplé de surcroît ;
- l'établissement de relations maritimes suivies, entre des fragments de continents, « mondes » déjà connus, mais isolés les uns des autres ;
- la prospérité des ports puis des pays riverains de la façade océanique européenne.

Il faut y ajouter, pour plusieurs siècles, l'ouverture d'un champ d'expansion maritime et terrestre où s'illustreront tant d'explorateurs.

## L'HÉRITAGE REÇU

### Les acquis anciens

Conscients de la rotondité de la Terre que laissait présager la ligne d'horizon, les uns considéraient la Terre comme un disque plat, les autres, depuis Ptolémée au II^e^ siècle après J.-C., comme une sphère sur laquelle l'Europe, l'Asie et l'Afrique formaient un ensemble continental unique entouré par l'océan mondial. En fait, les espaces connus gravitaient seulement autour des côtes. Au large, les risques se nommaient perdition, tempêtes, courants. Les survivants de tentatives aventureuses décourageaient les nouveaux venus par de terrifiantes descriptions qui alimentaient les superstitions.

Pourtant, un nouveau départ fut tenté par les Portugais, curieux d'explorer cet océan qui mourait à leurs pieds. Vers 1460, et sous l'impulsion de leur roi **Henri le Navigateur**, des marins, des mathématiciens, des astronomes, des cartographes unirent leurs connaissances et leurs efforts pour tenter l'impossible.

## Les acquis récents

Un ensemble de progrès techniques permit aux nouveaux marins d'affronter l'océan Atlantique. Le but essentiel, mais pas le seul, était, si la Terre était bien ronde, de trouver par l'Ouest une voie maritime menant à l'Inde et à ses richesses, court-circuitant ainsi les marchands du Moyen-Orient arabe et de l'opulente Venise. Ces progrès étaient les suivants :

- la **boussole**, invention chinoise transmise au XIII$^e$ siècle à l'Occident par les Arabes ; perfectionnée, elle prendra le nom de « compas » et permettait de naviguer par temps brumeux ;
- le **gouvernail d'étambot** facilitait les manœuvres pour diriger un navire. L'étambot était la solide pièce de bois, mobile et verticale, fixée à l'arrière de la quille et servant à supporter le gouvernail ;
- les **portulans**, ou recueils de cartes du tracé des côtes, signalaient aussi l'emplacement des abris portuaires ;
- l'**astrolabe** mesurait la hauteur du soleil et des astres au-dessus de l'horizon, et par là déterminait la latitude suivie. Perfectionné vers 1513, il deviendra en 1660 le « sextant » ;
- les **voiles carrées**, s'ajoutant aux voiles latines triangulaires, augmentaient la vitesse et la maniabilité des navires.

La **caravelle** regroupait tous ces progrès. Ce navire, plus haut et plus puissant que les nefs traditionnelles, pouvait affronter la houle atlantique et emporter dans sa coque ventrue de 20 à 40 hommes, les réserves de vivres, l'armement et du matériel de réparation. Elle bénéficiait, pour une longueur de 20 à 30 mètres, d'une largeur de 8 à 10 mètres et d'un tirant d'eau de 3 à 6 mètres (profondeur verticale de la coque au-dessous de la ligne de flottaison).

Trois grands mâts soutenaient une voilure importante de voiles carrées et triangulaires, lui permettant d'atteindre des vitesses de 10 à 15 km/heure. Ce calcul de la vitesse se faisait au début à l'aide d'un sablier comptabilisant le temps passé par un bâton de bois, jeté à l'avant du navire, pour en atteindre l'arrière.

## Les difficultés qui subsistent

Le calcul de la longitude restait toujours incertain. À bord, la conservation de l'eau et des aliments, vite moisis ou souillés par les rats, était impossible. Des maladies, comme le scorbut, la diphtérie, le typhus, les dysenteries décimaient les équipages au cours de ces traversées qui duraient plusieurs mois.

Si l'on ajoute les tempêtes, ou à l'opposé l'immobilisation, l'« encalminage » des navires par calme plat, on comprend mieux les angoisses des marins, les nombreuses mutineries et le refuge que leur offrait l'alcool. Il restait enfin, à l'accostage, l'accueil… imprévisible des indigènes.

## Les préparatifs

Ils se révélèrent minutieux et coûteux pour armer les navires, en trouver les officiers, former un équipage souvent composé de prisonniers, prévoir en nombre suffisant les vivres, l'armement, les pièces de rechange. C'est pourquoi ils furent l'œuvre de monarques et d'États, et non de particuliers qui ne pouvaient en supporter ni les frais ni les risques.

Mais l'espoir était grand de trouver la route de l'Asie, appelée « les Indes », par deux voies maritimes :

- l'une contournant l'Afrique ;
- l'autre en se risquant plein ouest, sur l'océan Atlantique.

La richesse était à ce prix, évitant la concurrence des trafiquants arabes et vénitiens et ouvrant une nouvelle voie commerciale aux soieries, à l'or, aux pierres précieuses, perles, porcelaines, parfums, encens et « épiceries » (somme des épices de toutes sortes) : poivre, cannelle, gingembre, muscade, clous de girofle indispensables à l'art culinaire et à la médecine.

# LES GRANDS NAVIGATEURS

Ils sont, par-delà les maillons anonymes, les auteurs reconnus de quatre-vingts ans de recherches hasardeuses avant d'arriver en Inde, et de plus de cent ans de navigation pour réaliser le premier tour du monde. Le tableau suivant rappelle leur œuvre.

| Navigateurs | Pays commanditaires | Dates | Objectifs atteints |
|---|---|---|---|
| Les Portugais | Portugal | 1415 | Ceuta (détroit Gibraltar) |
| | | 1416 | Cap Bojador (Mauritanie) |
| | | 1420 | Île de Madère |
| | | 1427 | Les Açores |
| | | 1447 | Cap Vert (Sénégal) |
| | | 1471 | L'Équateur |
| | | 1483 | Embouchure du Congo |
| Barthélemy Diaz | Portugal | 1487 | Afrique du Sud (cap de Bonne-Espérance), Afrique orientale, les Bahamas, Cuba |
| Christophe Colomb (Génois) | Espagne | 1492-1503 | Haïti, Antilles, côtes de l'Amérique centrale (il pense être en Asie) |
| Vasco de Gama | Portugal | 1497 | Afrique du Sud puis de l'Est, Inde |
| Alvarez Cabral | Portugal | 1500 | Brésil, côtes sud-américaines, Inde |
| Amerigo Vespucci (Florentin) | Espagne | 1502 | Venezuela (il donne son nom au nouveau continent reconnu comme différent de l'Inde) |
| Magellan (Portugais) et Del Cano | Espagne | 1520-1522 | Amérique du Sud, Terre de Feu (détroit de Magellan), Philippines, Afrique du Sud : 1er tour du monde |
| Les Portugais | Portugal | 1542 | Contacts avec le Japon appelé Cipangu |

# CONSÉQUENCES DES VOYAGES DE DÉCOUVERTES

## Conséquences politiques

Les explorations se transformèrent en conquêtes, puis en empires coloniaux.

### L'Empire portugais

À l'est, **Albuquerque** en fut le créateur de 1510 à 1514. Il s'empara d'Aden (mer Rouge), d'Ormuz (golfe Persique), de Malacca, Java, des Moluques et parvint même en Chine.

À l'ouest, **Cabral** y ajouta le Brésil, où le portugais est toujours parlé.

Cet empire, à but essentiellement commercial, restait surtout formé de « comptoirs » maritimes.

### L'Empire espagnol

Il fut l'œuvre de conquérants, les « **conquistadores** », aventuriers à la recherche de l'or, de la gloire et promoteurs d'un christianisme mal compris.

**Cortez** conquit le Mexique de 1520 à 1522. **Pizarre** et **Almagro** s'emparèrent du Pérou entre 1532 et 1535. Ils furent malheureusement en trente ans les artisans de la destruction des civilisations précolombiennes (mayas, aztèques et incas) auxquelles ils superposèrent l'influence ibérique.

De part et d'autre du Mexique, les territoires nord-américains devinrent la Nouvelle Espagne et ceux de l'Amérique du Sud formèrent la Nouvelle-Castille.

Angleterre et France entrèrent à leur tour dans la compétition :

- pour l'Angleterre, **Jean et Sébastien Cabot** explorèrent en 1497-1498 Terre-Neuve et la côte atlantique canadienne jusqu'au Labrador ;
- pour la France, il faut surtout citer **Jacques Cartier**, sous François I$^{er}$, qui remonta le Saint-Laurent dans l'espoir de découvrir un passage nord-est vers l'Asie.

Dans ce contexte de conquêtes, pirates, flibustiers et corsaires harcelèrent les convois de caravelles pour s'emparer de leur butin.

## Conséquences économiques

Elles intéressèrent indirectement, par-delà la puissance portugaise et espagnole, les pays riverains de l'Ouest Atlantique.

### Les ports

Les ports, tels Lisbonne, Séville et surtout Anvers, devinrent les nouvelles plaques tournantes du commerce intercontinental. Vers 1550, plus de cent cinquante navires sillonnaient chaque année l'Atlantique ; d'autres, contournant l'Afrique, ruinaient le commerce méditerranéen.

### La monnaie

La monnaie espagnole envahit l'Europe (or, argent du Pérou) avec, pour corollaire, inflation et croissance des prix. Les commerçants et les banquiers s'enrichirent, et les propriétaires fonciers ne furent plus les uniques détenteurs de la richesse.

Le goût du luxe créa des conditions idéales à la « Renaissance » artistique. Mais l'Espagne, grisée par un or qu'elle croyait intarissable, perdit le goût du travail, passant de l'« Âge d'or » à une situation plus précaire.

### L'agriculture

De nouvelles ressources agricoles apparurent. L'Europe découvrit le maïs, la pomme de terre, les haricots rouges, la tomate, le tabac, la citrouille, ainsi qu'une faune inconnue.

L'Afrique ajouta à ses productions de canne à sucre et de bananes, le cacao américain, l'arachide, la patate douce et le manioc.

L'Europe trouva en échange un débouché à ses productions de blé, d'orge, d'avoine, de seigle, et transmit à l'Amérique le riz d'Asie ainsi que ses animaux domestiques, chevaux, bovins, ovins, caprins et volaille.

## Conséquences humaines

Les populations indiennes fragilisées déclinèrent, tandis que les civilisations portugaises et espagnoles s'installaient sur le Nouveau Continent, devenu l'Amérique latine par ses langues, ses constructions, ses églises, ses mœurs et sa religion chrétienne.

Le développement des mines et des plantations nécessita une main-d'œuvre nombreuse. Ainsi débuta la « **traite des Noirs** » d'Afrique et le retour à un esclavage antique qu'on croyait oublié dans les pays chrétiens.

Le christianisme, imposé ou accepté, se diffusa dans tous les territoires occupés. Il supprima certes les rites sacrificiels humains des Amérindiens, mais trop de massacres ternirent l'image de la nouvelle religion plus conquérante que compréhensive.

Le savoir, accru par l'expérience, apprit à reconnaître ses limites et à s'ouvrir à de nouveaux horizons et de nouvelles recherches. Les convictions religieuses, philosophiques, scientifiques furent bousculées, préparant ainsi la voie à une crise de la pensée, qu'Humanisme et Réforme tenteront de résoudre.

# Chapitre 13

# Continent américain et civilisations précolombiennes

En abordant sur des terres inconnues attribuées au continent asiatique, les premiers conquérants furent stupéfaits d'y trouver des êtres humains aussi ignorés que leurs modes de vie. S'appuyant sur leurs convictions géographiques et troublés par des ressemblances indiscutables, ils les appelèrent « Indios », et « Indes occidentales » les territoires conquis au profit de la monarchie espagnole. Ce nom d'Indiens leur resta, même après qu'Amerigo Vespucci eût affirmé, le premier, qu'il s'agissait d'un continent inconnu.

## ORIGINES DU PEUPLEMENT INDIEN

Les « indigènes » du continent américain sont originaires de l'Asie mongole et de la Sibérie est et nord. Dans la lente évolution de leur paléolithique, ils ont profité des dernières glaciations du pléistocène quaternaire. Entre − 80 000 et − 10 000 de notre ère, les différents épisodes de la glaciation de Würms ont abaissé de 120 mètres le niveau actuel des océans et des mers. Ainsi, par vagues migratoires et au hasard de leurs pérégrinations de chasseurs nomades, ils ont pu franchir les terres émergées de l'actuel détroit de Béring.

Le peuplement du continent s'est effectué en plusieurs millénaires, mais c'est surtout à partir de − 20 000 que des groupes sporadiques aux affinités ethniques, linguistiques et culturelles se sont répandus sur les 15 000 km nord–sud des « Amériques ».

Des vestiges datés au carbone 14, armes de pierres taillées, pointes de flèches, roches façonnées pour écraser les céréales ont permis de retrouver « quelques » maillons de leur progression et d'attester de leur présence en 11 000 avant notre ère au Mexique, et en 7 000 en Patagonie. Les travaux de recherche des archéologues se poursuivent.

Peuples indiens et civilisations précolombiennes
(d'après P. Chaunu, *L'Amérique et les Amériques*, A. Colin)

Par ailleurs, vers l'an 1000, des **Vikings** scandinaves venus d'Islande et du Groenland sur leurs « drakkars » (dragons) ont abordé à Terre-Neuve, puis à l'embouchure du Saint-Laurent. Le seul site archéologique reconnu (fondations de maisons et objets utilitaires) se trouve sur l'« anse aux Meadows » (méduses) découverte en 1960, au nord de Terre-Neuve, et classée par l'Unesco dans son patrimoine mondial.

Le chiffre de la population totale du continent américain est sujet à caution. Dans son *Atlas de l'histoire moderne* (éd. R. Laffont, 1985, page 8), Colin Mac Evedy l'évalue pour 1483 à 11 millions d'âmes, dont 5 pour l'Amérique centrale. Mais il reconnaît que d'autres chercheurs parlent de 30 à 40 millions d'habitants.

Les peuples amérindiens se sont dispersés ; certains sont restés nomades : on les appelle les « peuples indiens primitifs ». D'autres, sédentarisés par la culture du maïs, ont donné naissance aux empires et aux civilisations précolombiennes.

## LES PEUPLES INDIENS PRIMITIFS

À l'origine, les tribus nomades vivent de la cueillette, de la chasse et de la pêche. Elles n'ont pas d'unité linguistique. Leur localisation actuelle sur tout le continent américain permet de penser qu'elles ont suivi trois itinéraires principaux :

- la voie littorale du Pacifique ;
- la voie du Grand Nord ;
- la voie intérieure des vastes « prairies » nord-américaines.

### Amérindiens du Sud

Leur dispersion et leur isolement les ont protégés longtemps des « conquistadores ». Des rameaux de ces peuples originels subsistent et forment encore 60 % de la population initiale de l'Amérique latine.

- À l'**ouest des Andes**, les prédécesseurs des Incas à qui ils ont transmis leurs langues, s'appellent les **Chibchas**, les **Karas** et surtout les **Quechuas** et les **Aymaras**, encore reconnaissables au Pérou. Les **Araucans** ont occupé le sud du Chili, les **Tehuelques** et les **Patagons** l'extrême sud interocéanique.
- À l'**est des Andes**, les vastes aires d'expansion des principaux groupes sont devenues les domaines des **Caraïbes** du golfe du Mexique, des **Arawaks** du Venezuela, des **Jivaros**, célèbres

réducteurs de têtes d'Amazonie, des **Tupis** et des **Ges** du Brésil, des **Guaranis** du Paraguay.

## Amérindiens du Nord

### Le Grand Nord

Il a été choisi par des peuples déjà adaptés à la civilisation du froid. Ils forment les **Yukons**, les **Aléoutes**, les **Inuits** et les **Esquimaux** ; leur organisation sociale s'appuie sur la lutte collective contre le froid pour la survie du groupe. Le « chef » de tribu invoque les « esprits » de la création, omniprésents.

Des vestiges d'armes, d'outils, d'objets d'art en os ou en ivoire de morse témoignent de leurs activités quotidiennes. Kayak et anorak sont leurs legs les plus mondialement répandus.

### Les Indiens des « prairies »

Descendants des derniers venus asiatiques, ils se sont disputé des territoires de plus en plus occupés. Ils ont imprimé leurs noms au vocabulaire géographique, à la toponymie locale, et se sont différenciés par le langage.

- Au nord-est, les **Algonquins**, **Mohicans**, **Cheyennes**, **Massachussets**, **Delawares**, **Pieds Noirs** et **Ottawas** ;
- à l'est, les **Iroquois**, **Hurons**, **Eries**, **Mohawks** et **Cherokees** ;
- au sud-est, les **Natchez**, **Creeks**, **Seminoles** et autres Cherokees ;
- au centre, les **Sioux**, futurs maîtres du Far-West, vivant de leurs troupeaux de bisons, tout comme les **Dakotas**, les **Iowas**, les **Kansas**, les **Missouris**, les **Omahas** ;
- au sud-ouest, les **Apaches** et les **Navajos**. Les Espagnols ont appelé « **Pueblos** » les premiers indiens sédentarisés rencontrés.

Le folklore cinématographique et touristique a mis en relief certaines coutumes indiennes, dont voici le sens.

- Les **totems** sont des troncs d'arbres sculptés, stylisant plantes, animaux et masques humains. Ils symbolisent l'union homme-nature et doivent attirer la protection des « esprits » vénérés par la tribu. Ils peuvent aussi tenir lieu d'écriture et raconter l'histoire du clan.

- Le **chaman**, visionnaire, guérisseur et sorcier, sert d'intermédiaire indispensable entre les esprits, les forces de la nature et les hommes.
- Les **coiffures de plumes d'aigle** (le seul oiseau qui peut regarder le soleil) symbolisent la valeur, la bravoure et le rang du guerrier.
- Les **chants et les danses guerrières** honorent le « Grand Esprit » de l'univers, ses manifestations dans tous les phénomènes naturels, et sa présence cachée dans les végétaux, les minéraux, les animaux et chez l'homme. La victoire est le signe tangible de sa protection.
- Les **tatouages**, peintures corporelles et rituelles des « Peaux-Rouges », sont à base d'ocre ou de noir. Parures festives ou protection magique, ils s'ajoutent aux invocations.
- Le **scalp**, ou chevelure de l'ennemi vaincu ou mort, est indispensable à l'apaisement des « esprits ». Sa magie protège des futurs ennemis. Plus simplement, c'est la preuve matérielle du courage.
- Le **sachem** est le chef important d'une tribu. Il peut fumer le calumet de la paix, pipe au long tuyau de bois sculpté. En temps de paix, sa fumée enivrante procure des « visions » importantes pour la conduite de la tribu. Après un conflit, il scelle la paix entre les combattants.

Les tribus indiennes d'Amérique du Nord furent les plus mobiles. Celles d'Amérique du Sud, isolées par le relief ou la végétation, s'organisèrent en circuit fermé.

C'est en Amérique centrale et andine que la culture du maïs fixa les peuples créateurs de civilisations originales découvertes par les Espagnols : la civilisation maya décadente, la civilisation aztèque au Mexique, et la civilisation inca au Pérou, toutes deux en plein essor.

## LES CIVILISATIONS PRÉCOLOMBIENNES

Formées dès 5000 avant J.-C., beaucoup d'entre elles ont disparu. Leur histoire est difficile à reconstituer.

Elles ont en commun les caractères suivants :
- la sédentarisation favorisée par la culture du maïs ;
- une organisation sociale stricte, répartissant droits et devoirs entre :
  - une aristocratie puissante,
  - une hiérarchie religieuse,
  - un peuple soumis ;

- un développement en circuit fermé, en « îlots de civilisation », s'appuyant sur leur propre génie inventif en raison de l'isolement du continent encore inconnu.

Principales acquisitions :

- la culture du maïs, des haricots, des courges ;
- la maîtrise progressive des pierres de construction (pyramides, murailles, temples, demeures, pavement de rues) ;
- l'utilisation des métaux précieux (or, argent, cuivre), celle des pierres semi-précieuses (obsidienne, jade, turquoise) pour le décorum religieux ou politique. Les plumes colorées des oiseaux tropicaux, utilisées en coiffure, sont un signe de puissance.

Ce qu'ils n'ont pas découvert :

- la roue, ce qui explique le portage à dos d'hommes ;
- le tour du potier ;
- la métallurgie du fer et surtout celles des armes ;
- l'élevage des animaux domestiques et de basse-cour (excepté le dindon) ;
- la variété d'expression architecturale de l'Europe.

Leur faiblesse technique jointe à des croyances mythiques naïves expliquent leur effondrement face aux groupes pourtant limités mais ambitieux et bien armés de « conquistadores ».

## La civilisation olmèque (1500-400 avant J.-C.)

Elle s'est développée sur la zone côtière sud du Mexique, y dispersant plus de 2 000 sites souvent modestes. Le mot *olmèque* signifie « peuple du pays du caoutchouc ». On n'a d'elle qu'une vision imparfaite mais, par tout ce qu'elle a transmis aux peuples méso-américains, elle a mérité le titre de « civilisation mère ».

Les Olmèques vivaient du maïs, favorisé par le climat tropical, et de la pêche, abondante surtout aux embouchures.

Ils divinisaient bon nombre d'animaux surtout le serpent, l'aigle et le jaguar. Ce dernier incarne les forces maléfiques qu'il faut conjurer par des sacrifices humains.

Le site olmèque le plus important est celui de **La Venta** aux 7 autels rituels ornés de bas-reliefs symboliques. Les 4 têtes géantes de San

Lorenzo, posées à même le sol, sont des monolithes cylindriques de 15 à 30 tonnes, dont le plus grand atteint 2,50 mètres de haut. Ils sont distants d'une centaine de kilomètres de leur roche originelle, ce qui pose la question de leur transport. Les visages larges sont typés, aux traits empâtés, à la bouche charnue rappelant la gueule du jaguar. On suppose qu'ils représentent une dynastie de rois-prêtres.

Tête olmèque de La Venta
(d'après *The First Americans* de G.H.S. Bushnell, éd. Lara, Mexico, 1968)

Par ailleurs, le musée de Mexico abrite des haches de sacrifices, des statuettes anthropomorphiques de jade, des masques et des bijoux. Cette civilisation, brutalement disparue, a légué à ses successeurs ses traditions et sa langue.

## La civilisation maya à son apogée (300-900 après J.-C.)

Elle couvre alors une aire de plus de 300 000 km$^2$ (Mexique sud, Guatemala, Honduras, Salvador) avant de se réduire à la presqu'île mexicaine du Yucatan.

Les Mayas vivaient en cités-États associées mais relativement indépendantes et paisibles. Ils avaient atteint un niveau élevé de connaissances et d'organisation qui excitaient la jalousie de tribus voisines belliqueuses.

### La société

Elle se partageait entre :

- les classes privilégiées de nobles, de fonctionnaires et de prêtres ;
- les classes laborieuses d'agriculteurs, d'artisans et de commerçants ;
- et les esclaves.

Les **prêtres**, à la fois savants, philosophes, guérisseurs et devins, dominaient la population :

- **astronomes**, ils avaient découvert avec précision les cycles planétaires, les éclipses et la durée de l'année, ce dont témoignent leurs calendriers de pierre. La mort et l'éventualité de la fin du monde les angoissaient ;
- **mathématiciens**, ils utilisaient un système numérique vigésimal procédant par puissance de 20 et utilisant trois signes : le point ou unité, la barre valant cinq, le trou représentant le zéro ;
- leur **écriture** était composée de hiéroglyphes dont le tiers seulement a pu être compris.

Figure de Jaïna (Mayas)

L'obligation essentielle des Mayas était la construction de temples vénérant les forces cosmiques divinisées. On en a découvert près d'une centaine. Les temples, édifiés au sommet de pyramides à escaliers, cachaient un sanctuaire représentant la Terre-mère. Les prêtres qui en sortaient symbolisaient le triomphe de la vie sur les forces de l'ombre.

Leurs croyances « magico-mythiques » expliquaient les mystères de l'univers. Ainsi, la Terre-mère ne pouvait être fécondée que par le sang humain qui permettait le renouveau de la vie végétale, animale et humaine. Cette interdépendance des dieux et des hommes garantissait la survie de l'humanité.

Pour la croissance du dieu-maïs, il fallait par exemple :

- invoquer lors des semailles la déesse Coatlicue, détentrice de la terre et de la fertilité ;
- obtenir la protection de Tlaloc, dieu de la pluie, et de ses esprits subordonnés les Tlaloques ;
- satisfaire la déesse Chicomecoalt, dont l'esprit se cachait dans les grains de maïs ;
- ne pas oublier de prier le dieu du feu lors de la consommation des épis de maïs.

Mêlées aux motifs géométriques, les volutes du nénuphar et du serpent symbolisaient le triomphe du monde aérien sur le monde caché.

## Le jeu de la pelote

Le jeu de la pelote honore la création du monde, car la lourde pelote de caoutchouc représente le Soleil. Les joueurs de deux camps adverses doivent l'envoyer au travers d'un anneau de pierre uniquement avec les hanches ou les genoux. Seuls les nobles peuvent y jouer, et la foule parie. Les vaincus ou leur capitaine peuvent être sacrifiés. La statue du dieu du maïs Chacmool à demi allongé, genoux repliés, tient sur son ventre la coupe du sacrifice.

### *Les cités témoins*

Les plus représentatives de la civilisation maya à son apogée sont :

- **Palenque** (683) célèbre par sa grande pyramide, ses inscriptions, le trésor de jade de la tombe d'un grand prêtre, le palais blanc du gouverneur et sa tour d'observation des astres. Les principaux symboles représentés sont :
  - le nénuphar, signe d'abondance et de pouvoir,

- la croix de l'arbre de vie,
- le maïs des offrandes et le cigare dont la fumée permettait de prévoir l'avenir ;

- **Uxmal** (987), l'un des sites les plus imposants (300 ha), les plus harmonieux et les mieux conservés ;
- **Chichen Itza**, ville guerrière reconstruite au XIe siècle. Sa pyramide du **Kukulcan** − le serpent à plumes, symbole du bien − compte autant de marches que de jours de l'année ;
- **Tikal** (292-869), au Guatemala, compte plus de 3 000 édifices disséminés dans un rayon de 16 km ; 83 stèles érigées tous les vingt ans (système vigétimal) permettent de les dater. La cité a été, elle aussi, brusquement abandonnée au Xe siècle, et la jungle l'a envahie.

D'autres cités s'y ajoutent : **Bonampak**, célèbre par ses fresques, **Campeche**, entourée de remparts, **Mayapan**, la dernière-née. Au Honduras, **Copán** posséde un stade immense et des pyramides sacrificielles. À l'arrivée des Espagnols, les Mayas débordés par les Toltèques étaient en pleine décadence. Mais la civilisation maya n'a pas encore livré tous ses secrets…

## La civilisation aztèque

### *Leur histoire*

Les Aztèques viennent d'Aztlan, berceau des tribus « Mexica ». Dans leur recherche de terres, ils auraient suivi un oracle leur conseillant de s'installer là où ils verraient un aigle posé sur un cactus et dévorant un serpent. Après un siècle et demi de recherches, ils reconnurent le signe promis sur une île du lac salé de Texcoco.

En 1325, ils y fondent Mexico-Tenochtitlan. La zone est marécageuse et délaissée par les tribus locales. Ils l'aménagent, la drainent, font un apport de terre et deviennent riches et puissants. Alliances ou inimitiés se créent. Ils exigent des impôts de dépendance et des levées d'hommes pour les sacrifices.

À l'arrivée de Cortès, le roi **Moctezuma II** règne à Tenochtitlan sur une vingtaine de peuples. Il sait, par les légendes toltèques et mayas, que **Quetzalcoatl**, le serpent à plumes, dieu du ciel et de la terre chassé de Tula par Tezcatlipoch, le méchant dieu du ciel nocturne, doit réapparaître un jour, à l'est, pour rétablir la paix et la prospérité. Les Espagnols sont confondus avec l'escorte divine, conduits dans la capitale et comblés de présents. Ils renversent les idoles, pillent les trésors et rasent la capitale. L'empire s'effondre.

## La société

Elle distingue citoyens et non-citoyens. Les citoyens comprennent la classe dirigeante et une classe montante :

- au sommet l'**empereur**, chef politique et militaire, élu au sein d'une même lignée ;
- le vice-empereur et les **grands fonctionnaires** militaires, civils, et juridiques ; ce sont tous d'anciens guerriers. Ils sont nommés par l'empereur et sont révoqués en cas d'incapacité ;
- les **guerriers** regroupent tous les hommes de l'empire assurant le service militaire. Les meilleurs font carrière et peuvent accéder à de hautes responsabilités ;
- les **dignitaires religieux** forment une hiérarchie de prêtres, prêtresses et mages soumis à deux grands pontifes. Guerriers dans leur jeunesse, ils assurent à leur tour l'enseignement militaire dans leurs monastères. Les temples sont très riches.

La classe montante, fermée et enrichie, distingue :

- les **commerçants**, les producteurs et petits vendeurs ; les négociants en sont les plus importants, ils organisent le commerce et dirigent des corporations influentes. La classe dirigeante s'en méfie ;
- les **artisans** travaillent en famille, leurs enfants leur succèdent, les plus réputés sont les orfèvres, joailliers et les plumassiers (ornements de plumes) ;
- les **paysans** forment la majorité du peuple. Usufruitiers de leurs terres qui appartiennent à l'État, ils doivent impôts, corvées et service militaire. Toute promotion sociale leur est permise.

Les non-citoyens sont :

- les ouvriers agricoles, les immigrés et les domestiques. Ils ne doivent ni impôts ni corvées, seulement le service militaire ;
- les **esclaves**, bien traités, sont destinés aux sacrifices ; ils sont prisonniers de guerre ou tribut humain de cités vassales. À ce groupe appartiennent aussi des marginaux, des enfants vendus par des parents pauvres et des condamnés de droit commun, car la prison n'existe pas. Ils ne doivent ni impôts ni corvées ni service militaire.

Toute cette population est unie par ses croyances et ses rites religieux.

### La religion aztèque

Cette religion compliquée imbrique mythes, observations astronomiques, phénomènes naturels incompris, divisions sociales, étapes de la vie et comportement quotidien. Sa suppression par les conquérants entraînera la ruine générale. C'est une religion polythéiste qui croit :

- au couple primordial Soleil-père et Terre-mère ;
- à leurs quatre enfants correspondant aux points cardinaux, et à leurs épouses déesses ;
- à leurs descendants innombrables, créateurs de la vie sous toutes ses formes et protecteurs d'entités abstraites (métiers, voisinage, boissons, nomadisme, etc.). Le peuple dépend d'eux.

Les prêtres étudient la cosmogonie, la théologie et la philosophie.

Le peuple aztèque est responsable de la course solaire que seul le sang humain peut alimenter. Les sacrifices humains sont donc un devoir sacré et normal, et la guerre le moyen de se procurer les 20 000 sacrifiés annuels que les dieux réclament.

Parmi les dieux, on peut citer :

- **Huitzilopochtli**, soleil protecteur des Aztèques, surtout des guerriers pour qui la mort est un honneur ;
- **Coatlicue**, son épouse est la Terre-mère, déesse de la fertilité ;
- **Tlaloc**, dieu de la pluie bienfaisante, de la germination et de l'abondance ;
- **Xipe-Totec**, dieu du printemps, de la végétation de la vie agricole, représenté sous la forme d'un écorché vif ;
- **Chicomecoatl**, dieu du grain de maïs ;
- **Toniatiuh**, dieu-Soleil du calendrier aztèque. Les disques, à ses oreilles, sont des bijoux réservés aux grands dignitaires ; sa langue pendante indique sa soif du sang humain régénérateur ;
- **Quetzalcoalt** associe les plumes du quetzal, oiseau mexicain, à Coalt, le serpent. Il représente la lumière du jour qui naît à l'Est, le printemps, le bonheur et les arts.

Les pratiques règlent, de la naissance à la mort, les étapes et actions de la vie.

Tlaloc, dieu de la pluie

Les rites cruels sont indispensables à la survie d'un monde appelé « soleil ». Le leur, le cinquième, est destiné comme ses quatre prédécesseurs à la destruction par un tremblement de terre. Pour en retarder l'échéance :

- les jeunes prêtres s'entaillent quotidiennement les veines pour nourrir la terre de leur sang ;
- les cœurs palpitants de sacrifiés sont l'offrande la plus prisée des dieux ;
- des femmes sont décapitées au cours de danses rituelles ;
- des enfants offerts au dieu de la pluie sont noyés. D'autres sont étouffés ;
- la mort sur le bûcher satisfait le dieu du feu ;
- les écorchés vifs de Xipe-Totec, d'abord criblés de flèches, fertilisent la terre de leur sang. Puis, les prêtres revêtent leur peau et l'enlèvent, rappelant ainsi l'éclosion, le renouveau de la vie.

Le **calendrier aztèque** est indispensable aux devins. Il s'appuie sur les observations du zodiaque. C'est un calendrier solaire et divinatoire. L'année compte 365 jours répartis en dix-huit mois de vingt jours et cinq jours néfastes. Les noms des mois combinés aux chiffres de 1 à 13 déterminent l'horoscope du nouveau-né et les possibilités de contrecarrer les influences néfastes.

Les temples au sommet des pyramides rapprochent l'homme des dieux. Le décryptage des hiéroglyphes, encore peu compris, apportera une meilleure connaissance de cette civilisation aztèque.

## La civilisation inca

Précédée par des cultures locales (chavin, mochica…), la civilisation inca se développa de 1400 à 1500, couvrant à son apogée une aire de 1 million de kilomètres carrés. L'empire inca s'étendit alors sur 4 000 km du nord au sud et 500 km de l'est à l'ouest, de l'Équateur au Chili.

Les Andes, dont les sommets dépassent les 6 000 mètres, en forment l'ossature. Elles plongent dans l'océan Pacifique par une côte aride, et dégringolent à l'est en collines étagées vers l'Amazonie. **Cuzco**, le « nombril du monde », sa capitale, s'est développée à 3 300 mètres d'altitude dans une zone de hauts plateaux.

Les Indiens sont adaptés à l'altitude et au manque d'oxygène. Ils devaient être de 8 à 10 millions au XVI^e siècle. Peuple calme, ils deviennent belliqueux pour protéger leur indépendance et leur sécurité.

L'unité de l'empire est assurée par un réseau de chemins de montagnes ou de routes parfois empierrées, variant de 1 mètre à 8 mètres de large. Ponts de lianes, tunnels, escaliers facilitent l'unique forme de transport : le portage à dos d'hommes.

- la voie royale de montagne (5 200 km) ;
- la voie littorale (5 000 km).

Militaires, porteurs et messagers royaux, les **Chasquis** s'y déplacent de poste en poste.

### *Organisation socio-politique*

L'empire centralisé est un exemple d'organisation communautaire.

- L'**Inca**, son chef au pouvoir absolu, est divinisé en tant que fils du Soleil.
- Les **privilégiés de naissance** regroupent sa famille, les chefs de l'armée, les grands prêtres et les hauts fonctionnaires.
- Les **privilégiés de fonction** sont les prêtres, les responsables civils et militaires, les fonctionnaires.
- Le **peuple** comprend une majorité de paysans et des citadins aux emplois divers.

Incas et Amérindiens du Sud

Toute la production passe entre les mains des comptables royaux avant d'être redistribuée. Ils se servent pour cela du « **quipu** », cordelette à nœuds permettant par le choix des couleurs, l'épaisseur des fils, l'emplacement des nœuds, d'exprimer les unités, dizaines, centaines, milliers.

- Les **artisans** travaillent le cuivre, le bronze, l'or et l'argent ;
- les **femmes** ont la charge des poteries et surtout du tissage des toiles (coton, fibres, laine) aux couleurs vives. Les plus belles sont destinées à l'Inca et aux privilégiés ;
- les **paysans** doivent la « mita », ensemble des travaux d'utilité publique et des corvées agricoles assurant ainsi la production. Les terres n'appartiennent qu'au dieu-Soleil, à ses prêtres et à l'Inca.

Les communautés villageoises ou « **Ayllu** » sont la cellule de base de cette organisation.

Le maïs est produit sur les terres riches ou bien orientées (terrasses), la pomme de terre pousse partout ailleurs. Les récoltes sont redistribuées entre tous les Incas, les surplus engrangés. Monnaie et impôts n'existent pas. Le troc est la seule forme d'échange.

Les lamas (alpagas et vigognes) servent un peu pour le transport et surtout pour le lait, la laine, la viande, le cuir et les excréments combustibles.

Bons administrateurs, les Incas encouragent aussi les astronomes, les architectes et les ingénieurs capables de réaliser des travaux hydrauliques, des constructions de bâtiments et des routes.

### La religion

Elle honore le dieu-Soleil « Inti » au masque de feu, et d'autres divinités inspirées de la nature. Leur représentation imagée n'existe pas.

- **Pachamama** est la déesse-Terre ;
- **Haïratata**, le vent, son époux ;
- **Pajsi**, la lune, protège semailles et moissons ;
- **Warawara**, les étoiles, guident les voyageurs ;
- **Curmi**, l'arc-en-ciel, est un esprit malin dont il faut se protéger en mâchant sans cesse la « **coca** » aux feuilles tonifiantes, plante sacrée et divinatoire des sorciers et des guérisseurs ;
- le **condor** des Andes symbolise le peuple indien vainqueur. C'est une divinité bienfaisante ;
- le **puma** qui peut dévorer le soleil lors des éclipses terrorise davantage ;
- la **mort**, divinité indispensable au renouveau de la vie, n'inquiète pas, l'âme pouvant toujours se réincarner. C'est pourquoi les corps sont embaumés, parés de bijoux et de plumes, accompagnés d'objets familiers. Le froid intense des Andes les conserve.

Les lamas les plus beaux sont sacrifiés dans des lieux saints consacrés au culte solaire et marqués par une pierre levée, l'« **Intuatana** » aux fonctions religieuses et astronomiques.

**Machu-Pichu**, « la ville des aigles » à une centaine de kilomètres de Cuzco, regroupe le plus grand centre religieux des Incas. Temples, palais, demeures sont orientés au Soleil levant.

L'Empire inca fut détruit en 1532 par Pizarró et ses compagnons. Une guerre civile opposant deux successeurs à l'Inca défunt facilita l'emprise des conquistadores sur cet empire qui avait été le plus vaste de l'Amérique du Sud.

# Chapitre 14

# De l'apport culturel des temps modernes en Europe, aux révolutions contemporaines (1453-1789)

Les « temps modernes » désignent la période de trois siècles et demi s'écoulant entre la fin du Moyen Âge, fixée conventionnellement en 1453 (prise de Constantinople par les Turcs) et 1789 (qui ouvre par la Révolution française une ère politique et sociale nouvelle).

Encouragés par les grandes découvertes et leurs richesses scientifiques et culturelles, les intellectuels de cette période partent en quête de nouveaux savoirs. Ils s'appuient pour cela sur une critique audacieuse, approfondie et raisonnée de toutes les idées reçues.

Il en résulte des transformations profondes touchant les domaines des connaissances, des croyances, des modes de vie et de l'expression artistique. Elles sont désignées par les termes suivants : Humanisme, Réforme, Renaissance.

## CAUSES DES TRANSFORMATIONS DE L'EUROPE AU XV<sup>e</sup> SIÈCLE

Abandonnant ses conflits médiévaux, l'Europe entreprend sa réorganisation territoriale. Puis, profitant de la paix, de la richesse, de la diffusion des connaissances et des ressources nouvelles, elle amorce une véritable transformation socio-économique.

## La paix

En supprimant les angoisses suscitées par les guerres et par leur cortège de famines et d'épidémies, la paix redonne aux peuples le goût de « mieux vivre ». Les châteaux forteresses s'effacent peu à peu, remplacés par des palais élégants aux multiples ouvertures. Les villes s'agrandissent et s'animent.

## La richesse en numéraire

Elle provient de l'exploitation des mines d'Amérique (argent, or, étain) et de la fonte des trésors précolombiens. Cette manne, intarissable semble-t-il, profite, en fin de compte, davantage aux pays européens qu'à l'Espagne ou au Portugal, plus enclins à acheter qu'à produire.

L'impulsion est si bien donnée que l'Europe deviendra aux siècles qui suivront le centre et le moteur du monde. Les ports atlantiques, Lisbonne, Séville, Amsterdam, Londres, Nantes, Bordeaux, s'ouvrent aux nouvelles routes commerciales qui remplacent celles de la Méditerranée décadente.

Les propriétaires fonciers ne sont plus les privilégiés de la richesse ; les commerçants, détenteurs de « capitaux », les remplacent. La valeur des marchandises se fixe dans les premières « Bourses », celle d'Anvers en tête. L'accroissement démographique, conséquence de meilleures conditions de vie, crée à son tour un potentiel de ce que l'on appellerait aujourd'hui de nouveaux consommateurs.

## Nouvelles conditions de vie

L'Europe a découvert en Amérique des ressources agricoles nouvelles, comme le cacao-chocolat des Aztèques, le tabac, le quinquina, « le » coca. Elle expérimente la production de maïs, de pommes de terre, de topinambours, de haricots, de tomates et de tabac, dont la diffusion se produira aux XVII<sup>e</sup> et XVIII<sup>e</sup> siècles.

Les textiles flamands et italiens apprennent à utiliser pour leurs teintures les bois américains et la cochenille du cactus, qui remplace, à moindre coût, celle du chêne-kermès méditerranéen.

Aux Antilles, les premiers planteurs européens adaptent avec succès le café, la canne à sucre et le coton.

Le revers de la médaille est la flambée des prix, qui pénalise la masse des « brassiers » et « manouvriers » qui n'ont pour tout capital que leur travail.

Le costume témoigne des différences sociales, et seuls les riches aristocrates, les banquiers, négociants, armateurs, grands bourgeois utilisent le lin, les velours et brocarts, ajoutant au col de leur pourpoint cette curieuse collerette tuyautée et empesée, appelée « fraise ».

## Le rôle de l'imprimerie

En 1450, **Gutenberg** pense à utiliser des caractères mobiles de plomb pour multiplier l'impression des « livres » et diffuser les connaissances que les anciens manuscrits en lettres gothiques, ou « incunables », à la fois coûteux et savants réservaient à de rares et riches lettrés. En collectant et diffusant les connaissances acquises, les livres sont à l'origine de la renaissance intellectuelle.

Vers 1500, le nombre d'ouvrages imprimés est estimé à vingt millions. Source d'idées neuves, les livres sont aussi créateurs d'emplois nouveaux tels que traducteurs, imprimeurs, éditeurs, relieurs, libraires... L'analphabétisme recule.

## L'intervention des mécènes

Ils sont les « sponsors », les « promoteurs » de leur époque. Rois, princes ou papes, ils ont à cœur de montrer la puissance de leur État au travers de leur richesse mobilière. Pour cela, ils appellent, protègent et entretiennent toutes sortes d'artistes. Les premiers mécènes furent italiens, car l'Italie, en tête des pays européens, brillait par ses connaissances, ses industries, son art.

Les plus connus furent **Laurent de Médicis** (1448-1492), prince de Florence, ainsi que les papes **Jules II** (1503-1513) et **Léon X** (1513-1523), à Rome.

En France, le roi **François I**er (1515-1547) est le grand protecteur des lettres, des sciences et des arts :

- il crée en 1530 le **Collège de France** qui ajoute aux enseignements traditionnels (hébreu, grec, latin) d'autres matières refusées par la Sorbonne, telles que la philosophie grecque, les sciences physiques et les sciences naturelles ;

- il est l'initiateur d'une **Imprimerie royale**, ancêtre de l'Imprimerie nationale ;
- il exige dans sa **bibliothèque royale** la présence de tout livre nouveau imprimé dans son royaume ;
- il fait appel, pour la construction des **châteaux de la Loire**, à des artistes italiens chargés de guider les artistes français. Le plus célèbre, Léonard de Vinci, vécut en France, de 1515 à sa mort en 1519.

## L'HUMANISME

Ce mot, inventé au XIX^e^ siècle par des historiens allemands, désigne l'idéal commun de nombreux penseurs du XV^e^ siècle. Pour l'essentiel, l'« Homme » mérite d'être connu, aimé, respecté et heureux sur terre. Il est un être libre, responsable et créatif. La soumission à la volonté divine et le salut de son âme ne sont plus ses préoccupations essentielles.

Les humanistes furent nombreux au XVI^e^ siècle ; différents par leurs origines sociales ou leurs professions, une démarche intellectuelle commune les rapprocha :

- ils voulaient connaître et comprendre les idées et les œuvres de leurs prédécesseurs par une meilleure approche des langues anciennes ;
- ils refusaient les *a priori*, souhaitant acquérir par des voyages d'étude une réflexion et une expérience personnelles ;
- leurs nouveaux idéaux, pour contribuer au bonheur des hommes, s'appelaient Justice, Progrès, Tolérance.

En s'ouvrant ainsi aux idées nouvelles et au progrès, les humanistes refusaient du même coup le fatalisme religieux et l'obéissance passive aux monarques. Ils furent les précurseurs des philosophes du XVIII^e^ siècle, le « siècle des Lumières ».

Leur modèle fut le moine hollandais **Érasme** (1466-1536), à la fois théologien, érudit et philosophe en quête de vérité, soucieux d'appliquer dans sa vie, en pacifiste convaincu, l'amour du prochain et les vertus évangéliques.

Né dans les villes universitaires et les centres d'imprimerie, l'humanisme devait se répandre grâce à la diffusion des idées par les livres et entraîner des transformations spectaculaires dans les domaines des lettres, des sciences, des religions, de la politique et des arts.

## L'humanisme littéraire

Il se traduit par le renouveau des langues parlées, dites « vulgaires » (au sens de *vulgus*, commun) puis nationales, au détriment du latin. Poètes, prosateurs et penseurs les utilisent de plus en plus.

On peut citer, parmi les plus connus, **Machiavel** en Italie, **Luther** en Allemagne, **More** et **Bacon** en Angleterre.

En Espagne, deux nouvelles formes d'expression apparaissent, le **romancero** (poème) et le **roman picaresque** (de *picaro*, gueux, mauvais garçon) qui associe le mal de vivre des pauvres et leur soif d'aventures héroïques.

En France, **Du Bellay**, **Ronsard** et surtout **Rabelais** (1495-1553) et **Montaigne** (1533-1592) furent les premiers à exprimer en « français » leur intérêt pour les sentiments, l'éducation et l'évolution des hommes.

Ces littératures nationales, expression de l'âme populaire, ont contribué, à leur façon, à la construction d'États nationaux ultérieurs.

## L'humanisme scientifique

C'est la recherche du progrès pour l'amélioration de la vie des hommes. Un double effort animait cette démarche :

- la libération de l'emprise de la religion et de la magie ;
- la multiplication des observations, des expériences et leur étude raisonnée.

La lecture des textes anciens, grecs ou arabes facilita cette démarche. Désormais, l'univers apparut comme un objet de recherches et non plus comme un effet de la volonté divine. La recherche scientifique prit naissance, non sans conflits avec l'Église.

Les premiers grands savants furent **Léonard de Vinci** en Italie, **Albert Dürer** en Allemagne, **Nicolas Copernic** en Pologne (héliocentrisme). En France, le médecin **André Vésale** (1514-1564) enseigna le premier l'anatomie. **Ambroise Paré** (1517-1590) fut le père de la chirurgie.

Nés du hasard ou de recherches élaborées, de nouveaux progrès apparurent dans tous les domaines :

- Georges Bauer, appelé **Agricola** (1495-1555), savant, médecin et lettré, se passionna pour la géologie et l'étude des minerais ;
- **Cardan**, mathématicien et physicien, inventa en 1561 un système de suspension ;
- **Mercator** créa un système de projection cartographique et une première carte des mers ;
- **Jansen**, lunetier hollandais, fabriqua une lunette grossissante, ancêtre du microscope ;
- **Palissy** observa les terrains sédimentaires, pressentit les mouvements de l'écorce terrestre et inventa le vernis pour les poteries ;
- il faut aussi évoquer les travaux de **Paracelse** en chimie, de **De Serres** en botanique, ou des progrès variés touchant des domaines aussi différents que la verrerie, la soierie, l'horlogerie mécanique.

Les armes à feu en bronze (arquebuses) s'ajoutent au lot impressionnant des armes blanches. Le premier canon, la couleuvrine, pèse 3 200 kg et nécessite 17 chevaux pour le déplacer.

Aux progrès concrets s'ajoutent des idées nouvelles : la diplomatie, officialisée, tente de résoudre les conflits. Les droits de douane sont créés : ils sont destinés à protéger les industries nationales et à favoriser l'équilibre (la balance commerciale) entre les ventes et les achats. François Ier fonde en 1540 la première banque française.

L'Église doit à son tour tenir compte des nouvelles découvertes astronomiques pour recomposer son calendrier, devenu sous le pape Grégoire XIII le **calendrier grégorien**.

Cela n'évite pas les critiques envers elle, et avec la Réforme l'apparition de nouvelles religions.

# LES TRANSFORMATIONS RELIGIEUSES

On appelle Réforme l'ensemble des modifications subies par le christianisme européen aux xve et xvie siècles. Ces transformations sont nées des difficultés de l'Église, de ses abus et de ses échecs. Elles ont concerné aussi bien le dogme (les croyances) que les rites (les pratiques). Elles ont abouti à la création de trois religions nouvelles issues du christianisme et qui sont le luthérianisme, le calvinisme et l'anglicanisme. Guerres de religion et conflits politiques en seront la suite inévitable.

## Origines de la Réforme

L'humanisme a prôné le « libre arbitre » de l'homme pour le choix de ses croyances. Il a donc été le générateur de la « Réforme » qui refuse l'« ordre » établi par l'Église romaine. Ainsi les « vérités » enseignées dogmatiquement sont peu à peu détruites par les découvertes scientifiques. Le conflit entre la foi et la science apparaît.

Dans le domaine de la vie quotidienne, les abus cléricaux (abandon de charges pastorales, recherche de fonctions lucratives, perte de vocation réelle) paraissent en contradiction avec l'Évangile. La crise religieuse est née ; elle se cristallise, sous le nom de Réforme protestante, autour de Luther (1453-1546) en Allemagne et de Calvin (1509-1564) en France.

## Luther et le luthérianisme

Universitaire et prêtre de l'ordre des Augustins, Luther pensait que la « foi », plus que les pratiques religieuses, pouvait sauver l'âme de l'enfer où ses péchés la conduisaient. C'est pourquoi la « vente des Indulgences » par la papauté lui parut un moyen scandaleux d'acquérir, moyennant finances, le paradis. Or le paradis ne s'achète pas. Associant dans ses critiques et le pape et les gouvernants, il s'attira de solides inimitiés. Ses partisans, les « protestants », le soutinrent. À sa mort, il avait converti à ses thèses les deux tiers de l'Allemagne ainsi que les pays scandinaves.

## Calvin et le calvinisme

Né à Noyon en France en 1509, Jean Calvin était à la fois juriste et prêtre. Il participa aux mouvements de rénovation de l'Église. Puis, en 1536, il exposa sa pensée, affirmant que l'Église catholique romaine n'est pas forcément la véritable héritière du Christ et que l'homme, pauvre pêcheur, ne peut se sauver lui-même car il est « prédestiné » au salut (le paradis) ou à la damnation (l'enfer). Seuls les élus de Dieu ont la foi et sont sauvés. Mais, qui est élu ? qui est damné ? Dans le doute, il vaut mieux être vertueux.

Cette théorie de la prédestination obtint du succès en Europe centrale et de l'Est. Les « temples » furent les lieux de prières, les « pasteurs » devinrent les guides et les surveillants des croyants. Ils pouvaient se marier et se regrouper en « synodes » ou consistoires.

Luthériens et calvinistes, réunis sous le vocable de « protestants », s'opposèrent en particulier à la politique religieuse et conservatrice de Charles Quint.

## L'anglicanisme

La réforme anglaise est originale ; elle participe, certes, au courant européen de méfiance vis-à-vis du pape, mais elle met aussi en valeur la puissance du roi **Henry VIII** (1509-1547) qui, ne pouvant obtenir l'annulation papale de son premier mariage, décida de devenir le chef de l'Église d'Angleterre par l'« Acte de suprématie » en 1534. Divisions religieuses et politiques suivront, les sujets devant adopter la religion de leur monarque.

**Elisabeth I$^{re}$**, née de la deuxième union du roi, donnera à l'anglicanisme ses règles définitives.

## La Réforme catholique ou Contre-Réforme

Pour retrouver sa grandeur primitive, l'Église, consciente de ses faiblesses, entreprit au **Concile de Trente** en Italie (1545-1563) un certain nombre de réformes intérieures concernant le clergé plus que les laïcs. Dès 1641, des **séminaires** sont chargés de la formation des prêtres, qui doivent respecter leurs charges, leur temps de prière et instruire les enfants par le catéchisme. Des ordres religieux « missionnaires » les aident : celui des **jésuites**, directement rattaché au pape, et celui du **carmel** pour les femmes qui veulent, loin du monde, se consacrer à la prière rédemptrice et à l'oraison.

Une aide réelle fut apportée par l'Église aux malades, aux pauvres, aux orphelins, aux déshérités, aux prisonniers (saint Vincent de Paul 1581-1660), associant religieux et laïcs dans leurs efforts communs.

# LE RENOUVEAU ARTISTIQUE : LA RENAISSANCE

La Renaissance est la période de transformation complète de la société, des mœurs et des arts, qui suit les grandes découvertes, les progrès des sciences, l'affaiblissement de la féodalité et le développement du goût du luxe.

La Renaissance artistique est née en Italie (Florence, Rome, Venise). Elle s'appuie sur la redécouverte des chefs-d'œuvre de l'art antique, mais y ajoute sa créativité, le souci de la perfection (composition, volume, lignes, couleurs), l'atmosphère et, grande nouveauté, la maîtrise de la **perspective**.

Le plus grand représentant de la Renaissance artistique est **Léonard de Vinci** (1452-1519), à la fois penseur, savant, inventeur et ingénieur, architecte, sculpteur et peintre, véritable génie par toutes ses œuvres.

Les nombreux artistes italiens puis européens, et leurs « écoles » locales ou nationales, ne peuvent pas être cités dans le cadre de cet ouvrage. Il est indispensable de se référer aux histoires de l'art pour découvrir, comprendre et apprécier la richesse et la complexité de la Renaissance artistique, puis son évolution vers le « maniérisme », enfin vers le **baroque** dont l'Italie, l'Espagne et l'Europe danubienne se font les champions.

Par opposition, la France de Louis XIV s'oriente vers une sensibilité différente et donne naissance au **classicisme** souhaité par le « Roi-Soleil ».

Chacun de nous a ses préférences ; ce qu'il faut retenir, c'est la vitalité du génie humain, ses multiples facettes, exprimées à leur façon, par chaque œuvre, dans une époque donnée. Mais aux XVIIe, XVIIIe et XIXe siècles, la civilisation européenne est la plus brillante du monde. La France y tient une place prépondérante.

# L'EUROPE DES XVIIe ET XVIIIe SIÈCLES

Au cours de cette période, la France parvient à dominer une Europe où s'affrontent ses voisins.

## Évolution des États européens

### *L'Allemagne*

L'Allemagne du Saint Empire romain germanique est divisée en plus de trois cents principautés dont les huit plus importantes élisent comme empereur Ferdinand II de Habsbourg. Les crises religieuses nées du protestantisme ont accentué les rivalités politiques. Il s'y ajoute un conflit européen, la **guerre de Trente Ans**, auquel participe la France dans le but d'affaiblir la puissance impériale des héritiers de Charles Quint. Le pays est ravagé, l'empereur contesté, et la France y gagne une partie de l'Alsace (traité de Westphalie en 1648).

### *L'Espagne*

L'Espagne, qui a connu son « siècle d'or » au XVIᵉ siècle avec Philippe II, est en pleine stagnation économique. L'indépendance de ses possessions aux Pays-Bas (1581) marque le déclin de sa puissance, accentué encore par la perte, au profit de la France, de l'Artois et du Roussillon (guerre de Trente Ans puis paix des Pyrénées en 1659).

### *L'Angleterre*

L'Angleterre est en proie à des conflits politiques, économiques et religieux.

Le roi Charles Iᵉʳ, opposé au Parlement, quitte Londres en 1642, puis, au terme de trois ans de guerre civile (1645-1648), est exécuté. La dictature de Cromwell (1653-1658) suit. Sous Charles II, roi de 1660 à 1685, la monarchie tente de se maintenir. Jacques II, son frère et successeur, est déchu de ses fonctions par la révolution de 1688. Sa fille Marie et son gendre Guillaume d'Orange, protestant et hollandais, sont choisis comme roi et reine.

Ces derniers acceptent la limitation de leur pouvoir par le Parlement. Cette tradition s'est perpétuée jusqu'à nos jours où le roi « règne mais ne gouverne pas ».

Dès lors la stabilité politique favorise l'essor du commerce et de l'économie. New York est fondée en 1664. La marine anglaise devient la première du monde et jette les bases de l'empire colonial le plus vaste du globe. Beaucoup de penseurs libéraux se retrouvent à Londres.

### Les Provinces unies

Les Provinces Unies, dont la Hollande est le fleuron, forment les Pays-Bas depuis leur séparation de l'Espagne. Leur puissance et leur richesse s'appuient sur leur activité commerciale maritime. Les « polders », terres gagnées sur la mer et dessalées, procurent des sols propices à l'élevage puis aux cultures.

Les Provinces unies sont le refuge de nombreux penseurs hostiles à l'absolutisme royal et au conservatisme des catholiques.

### La France

La France connaît les règnes successifs de :

- Louis XIII, fils de Henri IV, de 1610 à 1643 ;
- Louis XIV, fils de Louis XIII de 1643 à 1715 ;
- Louis XV, arrière-petit-fils de Louis XIV, de 1723 à 1774 ;
- Louis XVI, petit fils de Louis XV, de 1774 à sa mort sur l'échafaud en 1793 (révolution de 1789).

## LA CIVILISATION FRANÇAISE DES XVII<sup>e</sup> ET XVIII<sup>e</sup> SIÈCLES

Durant deux siècles, la monarchie s'affirme, devient absolue sous le long règne du « Roi-Soleil », puis au terme de nombreuses difficultés s'abîme dans la Révolution française.

Pays le plus peuplé d'Europe, avec vingt millions d'habitants, et première puissance militaire du continent, la France du « **siècle de Louis XIV** » est à l'image de son roi, au faîte de sa grandeur et de son rayonnement, du moins de 1661 à 1689.

En 1715, son arrière-petit-fils et successeur, **Louis XV**, connaît, après la « Régence » de Philippe d'Orléans, un règne moins glorieux malgré l'acquisition de la Lorraine en 1766 et celle de la Corse en 1768. L'émancipation des esprits, encouragée par les philosophes, est si importante qu'elle favorisera la révolution de 1789.

À sa mort, en 1774, son petit-fils **Louis XVI** ne parvient pas à sortir le pays de la crise politique, économique et financière dans laquelle il s'enlise, et dont le roi est rendu, à tort, seul responsable. Des changements radicaux sont souhaités ; le peuple prend conscience de sa force, et la Révolution, qui commence avec la prise de la Bastille le 14 juillet 1789, entraîne tour à tour la fin de l'Ancien Régime puis l'établissement de la Première République le 21 septembre 1792.

Louis XVI est guillotiné le 21 janvier 1793 ; l'« histoire moderne » laisse la place à l'« histoire contemporaine ».

## Le Grand Siècle de Louis XIV

Par réaction contre les désordres suscités durant sa minorité par les seigneurs ambitieux et les parlements régionaux, **la Fronde**, Louis XIV décide de gouverner par lui-même. Son règne devient un modèle d'absolutisme royal.

### Le roi

Il s'établit au château de Versailles, construit et aménagé de 1561 à 1682. Il y « pensionne » et surveille ainsi une foule de nobles « courtisans », sortes de valets privilégiés. La « cour » respecte l'« étiquette », véritable code de la vie au château. Un cérémonial compliqué suit le roi, de son « petit lever » à son coucher.

### Gouvernement et administration

Roi « de droit divin », Louis XIV dirige la politique intérieure et extérieure d'une France qu'il veut puissante et respectée. Il dispose du pouvoir exécutif et législatif. Des ministres et des secrétaires d'État, souvent issus de la bourgeoisie, le conseillent. En province, les intendants qu'il nomme le représentent, supplantant les anciens féodaux. Les libertés locales sont occultées, les États provinciaux et les parlements privés de pouvoir réel. Le « Roi-Soleil » est au cœur du système.

### La vie religieuse

Elle est marquée par des persécutions contre les protestants : exclusion des charges publiques, sévices militaires appelés « dragonnades » et, en 1685, suppression de la liberté religieuse par la révocation de l'édit de Nantes. Beaucoup de protestants émigrent. L'Église catholique, seule acceptée, est aussi soumise au roi qui en nomme les prélats ; on l'appelle l'« Église gallicane ».

## La société française

Elle est répartie en « trois ordres » ; le clergé et la noblesse bénéficient, en raison de leur rôle social et militaire, d'exemptions d'impôts, ainsi que d'avantages juridiques et honorifiques.

Le peuple du « tiers-état », largement majoritaire, vit surtout dans les campagnes où s'active toute une hiérarchie sociale de paysans, depuis le « riche laboureur » dont parle La Fontaine dans ses fables, jusqu'aux « journaliers », « brassiers », « manouvriers » en quête de travail quotidien. Les récoltes, comme le temps, sont incertaines ; les famines fréquentes, d'autant que les céréales ne doivent pas circuler d'une province à une autre. Aussi des révoltes ou « jacqueries » éclatent-elles souvent.

Derrière leurs remparts qu'elles débordent, les villes sont insalubres et dangereuses la nuit. Le « couvre-feu » y reste une nécessité pour éviter les incendies. L'hygiène y est déplorable. Versailles n'échappe pas à la règle.

Paris, délaissée par le roi, compte environ 500 000 âmes. Lyon et Marseille regroupent chacune près de 100 000 habitants. Les autres villes ne dépassent guère 10 000 habitants.

## L'économie française

L'absolutisme royal s'y exerce aussi par le biais dirigiste des « ordonnances royales ». Des manufactures royales ou d'État fabriquent, suivant les règlements stricts de Colbert, des produits de qualité et de luxe, concourant à la gloire du royaume : manufacture de Saint-Gobain pour les glaces, de Sedan et Louviers pour les draps fins, de Beauvais, d'Aubusson et de la Savonnerie pour les tapisseries artistiques et les dentelles, et surtout celle des Gobelins pour les tapis et l'ameublement.

Quelques « grandes compagnies de commerce » bénéficient de « monopoles royaux » pour la vente à l'étranger de tous ces produits. Une flotte importante, de commerce et de guerre, est créée.

Des taxes douanières appliquées sur les importations favorisent la vente des marchandises françaises. Ainsi se développe le « mercantilisme », qui consiste à vendre le plus possible aux pays étrangers tout en leur achetant le moins possible.

Si les routes sont le plus souvent des chemins de terre, Colbert encourage les travaux sur les rivières pour les rendre navigables. L'ingénieur P. Riquet est chargé du creusement du canal du Midi entre l'océan Atlantique et la Méditerranée.

### La puissance française

Jusqu'en 1685, elle s'affirme au cours de guerres européennes victorieuses qui donnent à la France la Flandre, la Franche-Comté et l'Alsace. Des chefs prestigieux participent à la gloire française, parmi lesquels on peut citer Louvois, Condé, Turenne et Vauban pour ses fortifications.

Rochefort, Dunkerque, Brest et Toulon deviennent les quatre grands ports de guerre pouvant abriter autant les « vaisseaux de haut bord », portant de 60 à 120 canons, que les frégates plus petites, puis l'armada de corvettes, flûtes et goélettes.

Les « corsaires » sont des particuliers autorisés par le roi à la « guerre de course », c'est-à-dire à la capture des navires de commerce ennemis. Dunkerque ou Saint-Malo sont leurs ports d'attache ; Jean-Bart, Forbin, Duguay-Trouin comptent parmi les plus célèbres corsaires. La flotte française acquiert la maîtrise des mers, facilitant l'établissement de comptoirs français outremer.

Ainsi sont jetées, sur tous les continents, les bases d'un empire colonial dont les autres puissances européennes cherchent à s'emparer.

### Le rayonnement intellectuel et artistique français

Pour immortaliser son règne, Louis XIV encourage la création de nombreuses académies littéraires, scientifiques et artistiques. L'Académie royale de musique deviendra l'Opéra.

Peu à peu se forge le « classicisme français » qui, dans tous les domaines, cherche à concilier « raison et intelligence » associant, pour la gloire du roi, équilibre, ordre, mesure, symétrie, élégance.

La **littérature** crée des chefs-d'œuvre ; tragédies, comédies, fables, lettres, pensées, maximes, contes reflètent les idées, les goûts et les travers de la société de l'époque, mis en valeur par ces observateurs incisifs et talentueux que sont Corneille, Racine, Molière, La Fontaine, Boileau, La Bruyère, La Rochefoucauld, Madame de Sévigné, Charles Perrault et bien d'autres encore.

Les **philosophes** restent fidèles à Pascal et à Descartes dont le *Discours de la méthode* démontre le rôle indiscutable de la réflexion et de la raison dans toute recherche.

La **morale** propose aux « âmes bien nées » l'idéal de « l'honnête homme », maître de lui, cultivé, courtois et qui se veut mesuré en toute chose.

À leur tour, les **sciences** se dégagent de leur gangue de traditions et d'interdits ; l'« esprit critique » naissant refuse les idées toutes faites et s'ouvre aux hypothèses nouvelles.

Pascal, Papin, Mariotte s'illustrent par leurs recherches en physique. L'Observatoire de Paris est terminé en 1672. La botanique devient une science. Seule la médecine, très empirique, reste en retrait, continuant d'utiliser les lavements aux clystères, les tisanes, les baumes végétaux et les saignées ou scarifications. Quant à tous ceux qui utilisent leurs talents manuels sur le corps humain, ils forment la corporation des « chirurgiens-barbiers », coiffant, rasant, massant, arrachant aussi les dents aux patients venus s'en remettre à eux les jours de foire.

À la fin du trop long règne de Louis XIV les idées reçues sont mises en doute ; l'absolutisme monarchique, le christianisme autoritaire et les divisions sociales traditionnelles, source d'inégalités, sont refusés en bloc. Le XVIIIe siècle pointe sous ces critiques.

## Le XVIIIe siècle ou « siècle des Lumières »

En 1715, après la mort de Louis XIV, les idées nouvelles s'expriment au grand jour, favorisées par le « Régent », esprit brillant, ouvert au progrès et aux libertés qui servent aussi ses ambitions.

### *Idées philosophiques et politiques*

Des philosophes comme Montesquieu, Diderot, Voltaire, D'Alembert, Rousseau proclament les vérités nouvelles, « lumières » de leur époque. Ils critiquent toutes les formes d'absolutisme et deviennent, risquant la prison ou l'exil, des militants convaincus.

Dans les trente-cinq volumes de l'**Encyclopédie** publiés de 1751 à 1771, ils diffusent les idées et les connaissances acquises. Toute l'Europe s'enthousiasme pour leurs articles porteurs de messages. Par exemple, monarchie, torture, intolérance, religion donnent lieu à des critiques, tandis que séparation des pouvoirs, égalité sociale, pacifisme sont glorifiés. Révolutionnaires avant l'heure, les philosophes du XVIIIᵉ siècle influencent les monarques européens qui se veulent des « despotes éclairés » capables de concilier autorité, volonté populaire et nouvelles conditions de vie. Frédéric II de Prusse, Catherine II de Russie ou Charles III d'Espagne suivent ces principes.

## Les progrès scientifiques

Ils sont immenses et concernent des domaines de plus en plus variés. Citons pour mémoire :

- les **mathématiques** avec d'Alembert, Condorcet ;
- l'**histoire naturelle** avec Buffon, Jussieu, Lavoisier ;
- la **physique** avec les frères Montgolfier et Cugnot pour sa machine à vapeur ;
- la **chimie** où s'illustre Lavoisier.

La **pensée économique** aussi se modifie ; les physiocrates, dont Quesnay est l'inspirateur, cherchent à mieux adapter les ressources agricoles aux climats et aux sols et à éviter les disettes locales par une plus grande liberté de circulation des produits, des grains en particulier. Le libéralisme économique apparaît ; des penseurs comme le ministre Turgot ou le philosophe sensualiste Condillac le développent. Les réglementations sont refusées. N'oublions pas le rôle de Parmentier, qui tente de vulgariser la culture de la pomme de terre née aux Amériques.

L'Europe tout entière participe au grand élan scientifique ininterrompu depuis. Les découvertes se multiplient :

- Celsius (Suède) invente en 1742 le thermomètre ;
- Benjamin Franklin (Amérique), le paratonnerre en 1752 ;
- James Watt (Écosse), la machine à vapeur et le condensateur ;
- Jenner (Angleterre) découvre le principe de la vaccination.

Mais le rayonnement de la France est le plus grand, le français devient la langue internationale des diplomates. Les autres royaumes envient son style de vie, raffiné, confortable, gai ; les préoccupations religieuses marquent un recul. Le « sentiment » s'épanouit et deviendra au XIXᵉ siècle « romantisme ».

Chaque monarque imprime son style, dans l'architecture, la sculpture, la peinture, dans la décoration et l'ameublement qui apparaît comme une nouvelle forme d'art. La France est le cœur de l'Europe, et l'Europe devient le centre du monde par ses transformations démographiques, scientifiques, techniques et médicales. Les progrès des transports lui ouvrent un globe où désormais les grandes puissances européennes rivaliseront par leurs explorations et leurs conquêtes.

# LE TRIOMPHE DE L'EUROPE AU XIX<sup>e</sup> SIÈCLE

Si le XVII<sup>e</sup> siècle a été le siècle de l'absolutisme royal, le XIX<sup>e</sup> siècle est celui des révolutions. Il débute en fait avec celle de 1789 et se termine par le Premier Conflit mondial en 1914. Entre ces deux dates, l'Europe marque le monde de son empreinte, profitant de l'assoupissement des autres puissances et civilisations de la planète.

## Les révolutions politiques

La France révolutionnaire a donné le ton, et, par-delà les excès de la période 1789-1802 et la succession des assemblées jusqu'au triomphe de Bonaparte, un certain nombre de progrès ont été réalisés, étape par étape, en voici les principaux :

- affirmation du droit des hommes à la liberté, à l'égalité, à la propriété et à la résistance à l'oppression (**Déclaration des droits de l'homme et du citoyen**, en préambule à la constitution de 1791) ;
- établissement de « **constitutions** » propres à chaque pays, voire à chaque période, pour garantir :
  - la forme des gouvernements (monarchies constitutionnelles, républiques…),
  - la séparation des pouvoirs (législatif, exécutif, judiciaire),
  - le mode d'élection des représentants d'un peuple, dont les « sujets » sont devenus des « citoyens » responsables ;
- adoption du « principe des nationalités » qui, à l'encontre des annexions napoléoniennes ou autres, reconnaît aux peuples le droit à disposer d'eux-mêmes.

Les révolutions européennes qui suivront le Congrès de Vienne en 1815 et le démantèlement de l'empire napoléonien seront des révolutions nationalistes et libérales. L'Allemagne et l'Italie en sortiront unifiés.

## La révolution industrielle

Une multitude de progrès scientifiques et techniques aboutissent à la création de machines qui facilitent le travail humain ; l'agriculture, les mines et l'industrie en bénéficient. Une énergie nouvelle, l'électricité, trouve ses sources dans le charbon, la force hydraulique des rivières et le pétrole.

De nouveaux moyens de transports, plus sûrs, plus rapides, se développent. Les échanges intercontinentaux s'accroissent.

## La révolution démographique

Les progrès médicaux, nés de la chimie, de la technique et surtout des vaccins, permettent une diminution de la mortalité, l'accroissement de la durée moyenne de vie, qui approche cinquante ans, et, au total, l'augmentation de la population européenne.

Les conditions de vie s'améliorent, ce qui n'exclut pas pour les familles modestes et nombreuses des difficultés considérables. C'est pourquoi l'Europe devient un foyer d'émigration. Elle peuple les « pays neufs sous-peuplés » comme ceux d'Amérique du Nord, ou « **colonise** » de vastes territoires d'Afrique ou d'Asie. Partout la civilisation européenne s'impose.

## La révolution sociale

Elle naît des révolutions industrielles et démographiques, qui transforment les sociétés traditionnelles. Si les campagnes restent encore très peuplées, l'aristocratie terrienne perd peu à peu sa prépondérance au profit d'une bourgeoisie urbaine, active, ambitieuse et « capitaliste », et que les industries et le commerce enrichissent.

L'**exode rural** peuple les villes, surtout minières et industrielles. Une nouvelle « classe » sociale apparaît, celle des ouvriers, appelée « prolétariat » et dont les conditions de vie sont précaires. Pour améliorer son sort, le monde ouvrier s'organise d'abord en associations puis en **syndicats**. Les hommes politiques prennent conscience de leur rôle et de leur influence ; les doctrines socialistes, y compris celles d'un « catholicisme social », sont diffusées par une presse qui conquiert des lecteurs nombreux.

## Rappels historiques

La révolution intellectuelle et artistique touche tous les pays d'Europe dans une complémentarité surprenante et malgré les soubresauts politiques qu'ils connaissent.

### La France

| 1802-1815 | Épopée napoléonienne |
|---|---|
| 1815-1830 | Restauration monarchique avec Louis XVIII (1815-1824) puis Charles X (1824-1830) |
| 1830 | Révolution : « les Trois Glorieuses » (juillet) |
| 1830-1848 | Monarchie de juillet (Louis-Philippe I$^{er}$) |
| 1848 | Révolution de février, proclamation de la II$^e$ république, le prince Louis-Napoléon Bonaparte est élu président |
| 1852 | Coup d'État présidentiel, établissement du Second Empire avec Napoléon III |
| 1870 | Échec de la guerre de 1870 contre l'Allemagne, établissement de la III$^e$ République (jusqu'en 1940) |

### L'Angleterre

Le règne de **Victoria** de 1837 à 1901 marque l'apogée du Royaume-Uni, devenu première puissance coloniale, industrielle, commerciale. Londres est la grande place boursière et financière du monde.

Pourtant les problèmes avec l'Irlande s'accroissent et la concurrence des États-Unis gêne ses industries.

### L'Allemagne

Guillaume I$^{er}$ et son chancelier **Bismark** ont unifié les États allemands de 1871 à 1888. Guillaume II, qui règne jusqu'en 1918, accroît la puissance économique et militaire allemande. Les progrès concernent en premier les secteurs de la chimie et de la technologie.

### La Russie

C'est encore un empire où s'exerce le pouvoir autocratique des tsars qui se succèdent. Malgré les réformes et l'abolition du servage, **Alexandre II** (1855-1881) est assassiné. Ses successeurs Alexandre III (1881-1894) et Nicolas II (1894-1917) reviennent à une politique plus autoritaire. Lénine prépare la révolution bolchevique et complote contre le tsar.

*L'Autriche-Hongrie*

Elle est apparemment unifiée sous François Joseph (1848-1916). En réalité, des problèmes de nationalités (serbes, croates, slovaques) menacent de faire éclater cette double monarchie ; ils seront à l'origine de la guerre de 1914-1918.

## La civilisation européenne

Elle est, à l'image de la puissance de l'Europe dans le monde, respectée et enviée. Son mode de vie est imité, ses langues diffusées, ses techniques appliquées. Son rayonnement intellectuel, culturel et artistique est considérable. On ne peut ici que citer incomplètement ces acteurs et témoins d'une période particulièrement féconde.

*En littérature*

Le Romantisme s'épanouit en France avec les œuvres de Chateaubriand, Stendhal, Lamartine, Victor Hugo. Puis le réalisme apparaît dans les romans de Balzac, Flaubert, Zola.

À Byron et Shelley en Angleterre succèdent Dickens et Kipling. Dovstoïeski puis Tolstoï sont les grands représentants de la Russie.

Gœthe incarne le romantisme allemand, et, en 1848, Marx et Engels publient leur *Manifeste du Parti communiste*.

*En peinture*

Les influences sont variées. Ingres privilégie le dessin, Delacroix opte pour le mouvement et l'exotisme. Gros, Géricault glorifient l'armée napoléonienne stigmatisée par l'Espagnol Goya.

L'Anglais Turner et après lui en France Corot ou Th. Rousseau peignent des paysages lumineux. D'autres sensibilités s'épanouissent, les « Impressionnistes » Monet, Renoir, Manet, Pissaro, l'Anglais Sisley assouplissent mouvements et paysages. Ils sont suivis par Van Gogh puis Cézanne, Gauguin, exprimant chacun à sa façon sa vision des formes et des êtres. Ils annoncent le « fauvisme », les contrastes colorés des derniers nés du siècle, Vlaminck, Matisse, Derain et Picasso, qui ouvriront de nouvelles voies à l'expression picturale.

### La musique

Elle mérite une place à part par la qualité et la variété des œuvres produites. Citons Beethoven (Allemagne), Weber (Allemagne), Rossini (Italie), Berlioz (France), Chopin (Pologne), Schumann (Allemagne), Liszt (Hongrie), Wagner (Allemagne) qui associe musique poésie et théâtre, Verdi (Italie), Brahms (Allemagne), Bizet (France), Tchaïkovski (Russie), Puccini (Italie)…

### Sciences et techniques

Les découvertes du XVIII$^e$ siècle ont fait naître une civilisation scientifique et technique, toute à la gloire des Européens. Depuis le XIX$^e$ siècle, le mouvement s'est accéléré et les nouveautés succèdent aux nouveautés. Parmi les grands pionniers et inventeurs, en voici quelques-uns :

- **Pasteur** (France), vaccination, pasteurisation ;
- Pierre et Marie **Curie**, découverte du radium ;
- **Fulton** puis **Stephenson** (Angleterre), bateau à vapeur, locomotive ;
- **Gramme**, dynamo ;
- **Bell**, téléphone ;
- **Daimler** et **Benz**, moteur à explosion ;
- Clément **Ader**, premier avion.

D'autres découvertes concernent la photographie, les engrais, les industries du papier, la machine à coudre, la médecine et la chirurgie, les forages pétroliers, les tramways, les voitures. L'**Exposition universelle de Paris en 1900** clôture un siècle fertile en découvertes de toutes sortes, adoptées puis perfectionnées par les États-Unis en plein essor.

# L'essor des États-Unis

Depuis la découverte du Nouveau Monde, les rivalités européennes se sont déplacées sur le continent américain, en particulier rivalités hispano-portugaises et franco-anglaises. Les États-Unis d'Amérique naissent de ces conflits.

## Des conflits européens à l'indépendance

En 1763, au traité de Paris, Louis XV perd plusieurs territoires au profit de l'Angleterre : le Canada, l'Ohio, la rive gauche du Mississipi et la Louisiane.

Les colons anglais, installés à l'est des États-Unis et en pleine croissance économique, refusent de payer à leur mère patrie des taxes sur les produits de commerce et d'autres pour l'entretien de l'Église anglicane.

La guerre d'Indépendance se déroule de 1775 à 1783. Les Français, parmi lesquels Lafayette et Rochambeau, apportent leur aide aux Américains insurgés. Le 4 juillet 1776, l'indépendance des États-Unis est proclamée. Washington en devient le premier président. Dès lors, la vie politique et économique de la nouvelle nation se développe.

L'afflux d'immigrants européens accentue la conquête de l'Ouest. Ils se fixent en Californie dès 1820. La ruée vers l'or se poursuit jusqu'en 1900. En 1819, la Floride est achetée aux Espagnols.

### La guerre de Sécession (1861-1865)

C'est une guerre civile opposant les 23 États du Nord aux 11 États du Sud, partisans du maintien de l'esclavage des noirs. Le Sud est vaincu, mais le problème noir subsiste.

## La question indienne

Avant même l'indépendance des États-Unis, un problème s'était révélé : celui des Indiens, dont les terres étaient convoitées par les immigrants européens. Spoliés peu à peu malgré des accords, les Indiens tentent de résister par des moyens dérisoires, et en se groupant en confédérations. Une filmographie importante relate différents épisodes de ces guerres où se sont illustrés le Sioux Sitting Bull ou les Apaches Cochise et Geronimo. De nos jours, les vrais Indiens forment moins de 1 % de la population américaine.

Georges Washington et son ministre de la Guerre Henri Knox refusent l'extermination des Indiens. Ils tentent de réglementer les achats de terre et d'occidentaliser leur vie, en vain.

En 1828, un bureau des affaires indiennes est créé ; en 1830, une loi décide le déplacement des populations indiennes vers l'Ouest. Les Cherokees résistent le plus longtemps. Jusqu'en 1850, 100 000 Indiens sont déplacés, mais le « modèle américain » ne parvient pas à s'imposer.

1890 marque la fin des guerres indiennes. Ce n'est qu'en 1924 que le gouvernement américain accorde à la minorité indienne la citoyenneté.

Depuis 1944, les Indiens récupèrent bon nombre de propriétés. En 1962, une loi indemnise leurs descendants de plusieurs millions de dollars. En 1978, ils revendiquent toujours une autonomie économique et politique plus grande et obtiennent la liberté de culte. De plus en plus regroupés et actifs, ils attaquent le gouvernement fédéral pour spoliation. En août 2001, Georges Bush honore la mémoire de combattants navajos de la Seconde Guerre mondiale.

## La puissance économique

1900, c'est aussi pour les États-Unis le début de l'« âge doré », une grande période de prospérité. Le développement des voies ferrées facilite la marche vers l'Ouest. Agriculture, industrie, sources d'énergies progressent ; la population passe à 75 millions d'habitants ; mais surproduction, spéculation et mévente entraîneront le crash boursier de 1929, heureusement suivi d'un extraordinaire renouveau, le **New Deal**.

Le droit de vote des femmes est obtenu en 1919. La prohibition des alcools entraîne des guerres de clan entre 1919 et 1933, jusqu'à l'arrestation d'Al Capone.

# Partie IV

# L'espace planétaire à découvert

# Chapitre 15

# Unité et diversité de la civilisation indienne

Avec près de 4 millions de km² et plus de 900 millions d'habitants, l'Inde a été comparée à un sous-continent de l'Asie, développant ses vastes territoires entre le 35ᵉ et le 5ᵉ parallèle Nord, de l'Himalaya jusqu'à l'océan Indien.

L'actuelle République indienne née en 1947 a pour capitale New Delhi, 3ᵉ ville de l'Inde par sa population (5 millions d'habitants) après Calcutta (10 millions) et Bombay (8 millions). La monnaie est la roupie indienne ; la religion dominante est l'hindouisme ; les langues officielles, l'anglais et l'hindi, sont suivies d'une douzaine d'autres langues mettant en valeur la variété du peuplement de l'Inde.

## LE CADRE GÉOGRAPHIQUE

- Au **nord**, l'Inde est isolée de l'Asie par 2 500 km de chaînes himalayennes larges d'environ 300 km.
- Au **centre**, les vastes plaines de l'Indus à l'ouest, du Gange à l'est, accumulent alluvions et eaux pluviales au pied des montagnes.
- Au **sud**, le triangle du Deccan est un vaste plateau, séparé au nord de la plaine indo-gangétique par des collines de 500 à 1 300 m d'altitude, et isolé de l'océan Indien à l'est et surtout à l'ouest par des reliefs en escaliers, les Ghâtes.

Relief et climats combinés, permettent de déterminer deux Indes :

- l'Inde sèche, de l'Himalaya au Deccan ;
- l'Inde humide, créée par la mousson et densément peuplée.

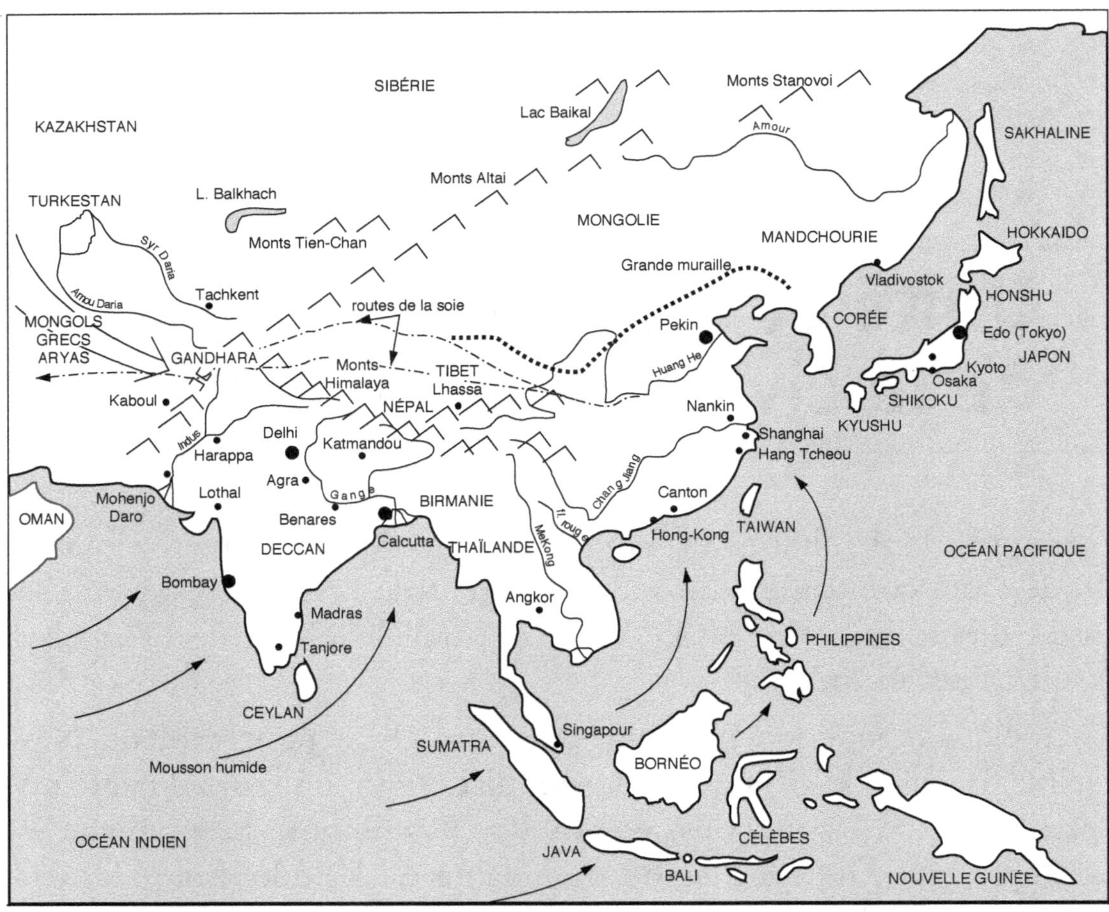


Cadre géographique des civilisations de l'Extrême-Orient (Inde, Chine, Japon)

## La mousson

La mousson est un vent provoqué par le contraste brutal et saisonnier des pressions et des températures entre une masse continentale et une masse océanique, à une latitude normalement composée de déserts.

- La mousson d'hiver est un vent sec qui souffle du continent vers l'océan ;
- la mousson d'été, surchargée d'humidité, souffle de l'océan vers le continent ; elle est la providence de l'Inde malgré ses excès (inondations catastrophiques) ; elle rythme le cycle des saisons et des cultures.

Le touriste doit en tenir compte dans le choix de ses circuits.

# RAPPELS HISTORIQUES

La civilisation de l'Inde est le résultat d'un cumul d'influences exercées au cours des millénaires, par des peuples différents.

## De 2500 à 325 avant J.-C.

Les traces de vie les plus anciennes ont été retrouvées dans la **vallée de l'Indus**, où des civilisations d'origine incertaine, inspirées probablement par les Sumériens, ont créé des centres à caractère urbain, comme **Mohenjo-Daro**, **Harappa** ou **Lothal** plus au sud. Les fouilles nous apprennent que leurs habitants connaissaient l'écriture, pratiquaient le commerce, avaient leurs propres croyances.

Au sud de l'Inde, les peuples indigènes étaient les **Dravidiens**.

La civilisation de l'Indus s'écroula avec l'arrivée d'envahisseurs **Aryas**, ou Aryens, venus du nord-ouest, et se réfugia au sud de l'Inde, chez les Dravidiens.

La civilisation des clans aryens venus des plateaux iraniens se développe alors de l'Indus au Gange. On l'appelle aussi **civilisation védique**. Les Aryas introduisent en Inde :

- la religion védique (le **Veda** forme l'ensemble des premiers textes sacrés du brahmanisme puis de l'hindouisme. Il a été rédigé vers 100 av. J.-C.) ;
- leur langue (indo-européenne), le sanskrit ;
- leurs techniques de travail, du cuivre et du bronze (armes) ;
- le cheval ;
- les chars de combat ;
- les bases religieuses de la division sociale en « castes ».

Les Aryas se mêlent aux indigènes et se sédentarisent, construisant plusieurs royaumes rivaux. Cette période épique est racontée dans deux séries de textes, à la fois guides historiques, guides religieux, sociaux et moraux :

- le **Mahabharata** pour la première période ;
- le **Ramayana** pour l'expansion vers le sud de l'Inde ; les « héros » sont inspirés dans leurs actes par **Brahma** et ses **Avatars**, c'est-à-dire ses autres formes divines. **Vishnou** et **Krishna**, par exemple, sont des avatars de Bouddha.

En 325, l'incursion d'**Alexandre le Grand** de Macédoine jusqu'à l'Indus marque la fin de cette première période ; l'influence hellénique se retrouve aux frontières de l'Inde (royaumes hellénistiques), surtout au nord-ouest, vers Gandhara, où se développe un art gréco-bouddhique.

## Les grands empires

Dans la complexité de l'histoire spatiale et temporelle indienne, deux périodes se distinguent :

- de 321 environ à 185 av. J.-C., l'empire **maurya**. Il doit à un de ses rois, **Açoka**, sa première centralisation administrative et des progrès dans l'économie. Le bouddhisme naissant est favorisé ;
- bien plus tard, aux IV<sup>e</sup> et V<sup>e</sup> siècles ap. J.-C., l'empire **gupta**. Ses monarques rétablissent l'ordre après des siècles d'invasion scythe et perse ; l'unité politique est recréée, la sécurité et la prospérité économique assurées. Durant cet âge d'or, les lettres, les sciences et les arts sont favorisés et le bouddhisme, à son apogée, gagne vers le Sud-Est asiatique.

## L'Inde médiévale de 700 à 1700

Mille ans de morcellement, de rivalités, de résistances locales secouent une Inde où s'affrontent essentiellement la civilisation hindouiste et la civilisation musulmane ; la dynastie Gupta est ruinée par les Huns ; le pays se morcelle en nombreuses principautés dont s'emparent les peuples voisins.

- Vers 711, les **Arabes** poursuivent pacifiquement puis violemment leur pénétration de l'Inde par le nord-ouest. Massacres et déportations s'ensuivent durant trois siècles (700-1000).
- Puis les **Turcs afghans** s'emparent à leur tour de la région de l'Indus.
- Vers 1220, les Mongols de **Gengis Khan** (khan, souverain) dévastent à leur tour le pays avant d'entreprendre une réorganisation rationnelle. **Koubilaï Khan** (1259-1294), petit-fils du célèbre Gengis Khan, est un monarque ouvert au progrès. Marco Polo fut son homme de confiance.
- À leur tour, les Perses de **Tamerlan** imposent leur domination vers 1400.

- Par vagues d'envahisseurs, les Moghols dévastent le pays jusqu'aux règnes autoritaires mais tolérants de **Babur** (1526-1530) et Akbar (1542-1605).

Ces invasions touchent surtout la plaine indo-gangétique, où la civilisation musulmane parvient à son apogée lors de la création du puissant **sultanat de Delhi** (1200-1500 environ).

L'Inde du Sud, terre de refuge, s'oppose à l'Inde du Nord, meurtrie par les invasions. Les princes indiens simulent la soumission à l'islam. En réalité, ils bénéficient de leur dispersion et de leur isolement géographique pour conserver leurs traditions et héberger les artistes traditionnels. **Aurengreb**, musulman orthodoxe et fanatique, devait donner le coup de grâce aux empires moghols.

Au terme de ce millénaire d'invasion, un bilan peut être dressé :

- les langues et dialectes se sont multipliés ;
- le brahmanisme a absorbé le bouddhisme pour devenir l'**hindouisme** ;
- la secte des **sikhs** s'est créée, combinant islam et bouddhisme ;
- une véritable civilisation indo-musulmane s'est développée.

Le grandiose mausolée d'Agra, le **Taj Mahal**, construit de 1630 à 1640 par des milliers d'ouvriers pour abriter l'épouse préférée du shah Jahan, morte en couches, est témoin à la fois du pouvoir et de la richesse immense des souverains, et l'exemple le plus parfait de l'art indo-musulman.

## Les influences européennes

Dès le XVᵉ siècle, de grands navigateurs et conquérants européens rivalisent pour créer en Inde des compagnies commerciales.

**Dupleix**

Joseph François Dupleix (1697-1763), gouverneur général des Établissements français de l'Inde, s'efforça de conserver à la France le vaste empire qu'il avait créé dans le Deccan et qui était convoité par les pays européens. Il se heurta aux Anglais et fut désavoué par la France. Il revint à Paris en 1754 et mourut ruiné.

Les Anglais restent vainqueurs et lord **Dalhousie** tente d'ouvrir l'Inde à la civilisation occidentale. Les heurts sont inévitables. La révolte des **Cipayes**, ces soldats hindous qui refusent d'utiliser dans leurs fusils la graisse animale, est le point de départ d'insurrections civiles. En 1859, une terrible répression arrête leur soulèvement à la fois politique et religieux.

En 1876, la reine Victoria devient impératrice des Indes. Administration anglaise et coutumes indiennes tentent de cohabiter…

Les industries, celle du coton surtout, se développent au profit de l'Europe ; l'art de la bijouterie utilise perles fines, rubis, émeraudes. Mais dans les villages, l'économie traditionnelle est perturbée par cette nouvelle économie de marché ; des famines s'ensuivent, la conscience nationale se réveille. Des réformes sont réclamées, puis, sous l'influence de **Gandhi** (1869-1948), l'autonomie du pays devient possible.

## L'indépendance de l'Inde

Elle est proclamée le 15 août 1947, tandis que le **Pakistan** musulman choisit la partition. **Nehru** en est le Premier ministre de 1947 à 1964 ; en accord avec les thèses hindouistes, il choisit en politique internationale la voie du non-alignement, refusant de prendre parti pour le communisme ou le capitalisme occidental. La doctrine du non-alignement affirme :

- le respect mutuel de l'intégrité et de la souveraineté nationale ;
- le refus d'ingérence dans les affaires des autres pays ;
- la coexistence pacifique garantie par un pacte de non-agression ;
- des avantages réciproques.

Nerhu périra assassiné en 1964, de même que ses successeurs, sa fille Indira Gandhi en 1984 et son petit-fils Rajwi Gandhi en 1991. Ces assassinats mettent en relief les luttes d'influences politiques et religieuses internes.

De nombreux problèmes viennent des **sikhs**, secte religieuse fondée par Nanak (1469-1538). Ils souhaitent en particulier la reconnaissance de leur originalité par l'État hindou. Les tensions semblent pourtant s'atténuer, beaucoup de sikhs s'étant enrôlés dans l'armée indienne.

# UNITÉ ET PLURALITÉ DE LA CIVILISATION INDIENNE

Malgré des périodes d'invasions et une cohabitation orageuse avec la civilisation musulmane, la civilisation indienne doit sa cohésion à l'hindouisme, fille du brahmanisme auquel s'est intégré le bouddhisme. L'hindouisme est aujourd'hui la religion de 80 % des Indiens.

## Les fondements de l'hindouisme

On connaît mal les croyances des Dravidiens, peuples indigènes du Deccan, mais on doit aux invasions aryennes le développement de l'ancêtre de l'hindouisme, le **brahmanisme**.

Le brahmanisme tire ses fondements du **Veda**, ensemble de textes écrits entre 1500 et 600 av. J.-C. relatant les croyances des **Aryens**, transmises jusque-là oralement.

Le Veda propose « sa » conception de la création dans laquelle il situe l'homme. C'est à la fois l'expression d'une pensée religieuse, politique, sociale et artistique. Le Veda comprend deux parties :

- la Révélation, ensemble des textes essentiels sur le fond des croyances ;
- la Tradition, composée de **sutras**, textes secondaires ayant trait à la vie sociale, à la vie familiale, aux obligations religieuses, publiques et privées.

## Les croyances

Les Hindous croient avant tout en un dieu unique mais impossible à définir et à concevoir. L'homme ne peut qu'en saisir les multiples apparences (plus de 2 000), qui sont les manifestations de sa puissance (feu, soleil, foudre par exemple) et qui forment le panthéon hindou.

Pourtant au sommet existent les trois formes les plus importantes de ce dieu unique. Ce sont :

- **Brahma**, essentiellement créateur ;
- **Vishnu**, conservateur et sauveur de la vie et qui dans sa neuvième réincarnation devient Bouddha ;
- **Shiva**, destructeur mais en même temps créateur.

Ces apparences de la divinité peuvent être empreintes de paix ou de violence suivant le cas, et l'iconographie (postures, aspects d'animaux, gestuelle) le met en relief.

Ces dieux, leurs épouses ou « parèdres », partenaires associées, et une trentaine de grands dieux et déesses symbolisent l'énergie créatrice divine. Ainsi :

- **Parvati**, parèdre de Shiva, peut être représentée sous l'aspect maternel d'Uma ou sous l'aspect terrifiant de Kali, force des épidémies et de la mort ;
- **Ganesha**, dieu à tête d'éléphant, deuxième fils de Shiva et Parvati, symbolise la destruction des obstacles et la réussite ;
- **Indra** la foudre, **Agni** le tonnerre, **Surya** le soleil, forces de la nature, sont aussi un des multiples aspects de la divinité.

Les Hindous croient aussi à l'immortalité de l'âme ; leurs dieux peuvent s'incarner dans des formes mythiques (demi-dieu), humaines ou animales. Conciliant, le brahmanisme a adopté les croyances des indigènes hindous. L'âme humaine aussi a droit à la réincarnation.

## La religion hindouiste

Elle est la loi éternelle dans laquelle fusionnent le divin, le cosmos, la nature (végétaux et animaux) et l'homme.

- Le **dharma** est la notion d'ordre universel qui régit toutes les existences (humaines, animales, végétales). Chaque être y est soumis, et la réincarnation sous quelque forme que ce soit est donc possible.
- Le **kharma** est la valeur, le poids des pensées et des actes réalisés dans une vie. Cette valeur conditionne toute réincarnation nouvelle. Elle suppose la nécessité prudente de ne pas nuire à autrui et explique le « pacifisme » hindou, la non-violence, privée ou politique.
- La **samsara** est la croyance dans les réincarnations sans fin de l'âme, sous des formes différentes. Elle est symbolisée par une roue en mouvement.
- Le **moksha** est le but final de tout être, sa libération par sa fusion dans la Divinité.
- Les **avatars** sont les réincarnations successives de Vishnu (Bouddha en est la neuvième).

- Le **yoga** est une forme d'ascétisme, un des moyens qu'a l'homme pour dominer son corps, faire le vide dans son esprit et retrouver, en communiant à lui, l'absolu divin.

## Le culte public

Il s'exerce dans des temples appelés **pagodes** qui sont à la fois :

- une réplique symbolique de l'univers céleste ;
- le siège de la divinité (statue-idole) ;
- l'expression, par sa beauté, de l'énergie divine.

Leur construction doit s'intégrer au paysage qui l'entoure et obéit à des règles précises. Elle doit comprendre plusieurs parties :

- une **enceinte** aux portes monumentales, lien entre l'humanité et la divinité ;
- des **salles** s'ouvrant vers l'Est destinées aux pèlerins ;
- un **mandaja**, vestibule précédant le sanctuaire ;
- le **vimana**, sanctuaire résidence de la statue divine ;
- la **tour** qui l'englobe et la surmonte représente la montagne divine, siège des premiers dieux.

La variété des toits, en dôme, en pyramide, en capsule, en cloche renversée, relève de l'influence architecturale locale. Les fontaines sont indispensables aux rites de purification. La décoration intérieure complexe, parfois grouillante d'êtres humains, de corps féminins, d'animaux, de motifs géométriques et de décors végétaux (Angkor au Cambodge, Tanjore en Inde du Sud) sculptés ou peints, est l'expression esthétique de la complexité de l'univers et de la vie.

Les **brahmanes** sont les prêtres, les gardiens du temple, les plus importants personnages de la création humaine et les plus savants (théologie, sciences, lettres). Ils forment la « **caste** » supérieure au sommet de l'échelle sociale.

Les pratiques religieuses consistent en un rituel d'adoration à la statue, forme du dieu suprême. Les fidèles se prosternent, brûlent des baguettes d'encens, offrent des aliments et des fleurs. Le rite de la purification par l'eau pour les vivants, par le feu pour les morts, est essentiel. La consommation de viande est interdite en raison de la croyance en la réincarnation et en la métempsychose.

Les lieux de pèlerinage sont nombreux. **Benarès** en particulier, sur le Gange, est l'endroit mythique où l'eau du fleuve détruit les péchés des hommes. Le pèlerin qui y meurt est assuré de trouver l'éternité auprès de Shiva.

## Originalité de la structure sociale hindoue

C'est pour l'Européen un sujet d'étonnement voire de révolte ; l'hindouiste l'accepte. Le Veda explique qu'à sa naissance chaque homme a une place qui lui est assignée et qu'il ne peut transgresser. Cette place est déterminée :

- par le kharma ou valeurs des actes d'une vie antérieure ;
- par le dharma, « ordre central » auquel sont soumises toutes les existences.

De plus, à l'origine, Brahma l'esprit créateur a fait naître les hommes des différentes parties de son corps. Ainsi sont nées 4 **castes** (*caste*, « pur » en portugais) :

- la caste supérieure des **brahmanes** est issue de la tête de Brahma ;
- la caste des **kshatriyas** est issue de ses épaules ; elle comprend les rois, leur famille, les chefs civils et militaires, les détenteurs du pouvoir temporel. Ils doivent se soumettre aux brahmanes ;
- la caste des **vaicyas**, née des cuisses divines, regroupe les propriétaires terriens, les agriculteurs, les éleveurs et la bourgeoisie des villes, commerçants et marchands.

  Ces trois classes privilégiées, représentées par des couleurs symboliques (le blanc, le rouge, le jaune), bénéficient d'une double naissance grâce à leur initiation religieuse. Le cordon blanc autour de la poitrine, reçu à l'adolescence, est leur signe commun.
- la caste des **soudras**, classe servile, comprend les paysans, les artisans, les ouvriers.

Les invasions et l'asservissement de la population ont fait apparaître peu à peu, des gens hors caste dont le Veda ne parle pas. Ce sont, dès l'époque moderne, les **parias** et les **intouchables** aux origines incertaines. Ils ne doivent pas vivre dans la communauté urbaine ou religieuse des castes supérieures. Les bidonvilles sont leur domaine, même si la République indienne a officiellement supprimé en 1947 le système des castes. Ils exercent des métiers « impurs » tels qu'éboueurs, tanneurs, fossoyeurs – qui permettent aux autres de conserver leur pureté.

Des règles coutumières continuent de régir les castes :

- pas de mariage hors caste ;
- nourriture végétarienne ;
- responsabilités et professions importantes réservées aux castes supérieures ;
- multiples règles précises d'organisation de la vie quotidienne (naissances, mariages).

Ces quatre castes se sont peu à peu subdivisées en sous-castes, les **jatis**, qui s'appuient sur les types socio-professionnels de vie.

Les Hindous acceptent avec fierté leur appartenance à une caste même inférieure et ne se révoltent donc pas. Ils sont non violents. Leur « libération » ne peut venir que de la pratique de vertus morales, condition indispensable à une réincarnation meilleure, dans le respect du dharma, le bon ordre divin et cosmique. Une descendance nombreuse est un signe de bénédiction constant.

Les traditions hindoues restent encore fortement ancrées dans l'âme indienne qui en tire même aujourd'hui son originalité et offre au monde, avec une natalité de 22 ‰, plus de 50 enfants par minute.

## Le bouddhisme et son influence

### Qui est Bouddha ?

Vers 558 av. J.-C., **Siddharta Gautama**, fils d'un roi du Népal, naît en Inde. À 29 ans, il renonce aux joies du monde, refuse le brahmanisme qui ne le satisfait pas, et par la méditation se met en quête de la « vérité » masquée par les illusions du monde et de la vie.

Grâce à sa méditation intense, il parvient à l'« illumination » et prend le nom de Bouddha, mot qui signifie l'Éveillé.

Il se met alors à prêcher, indiquant à ses premiers disciples la voie à suivre pour atteindre, par un total détachement du monde et de soi, le **nirvana** qui supprime les souffrances et les misères de l'existence.

Il mourut à 80 ans, devenant aussi un symbole de longévité.

### La doctrine du bouddhisme

Le bouddhisme officiel est né vers le IV<sup>e</sup> siècle ap. J.-C. (période gupta) lorsque son enseignement fut consigné « par écrit ». La doctrine de Bouddha enseigne :

- qu'il n'y a pas de Dieu éternel puissant et créateur ;
- qu'il n'existe pas d'âme éternelle, unique pour chacun de nous ;
- mais que les êtres et les choses sont les éléments d'un « tout ». Ils ne vivent qu'un temps et sont composés d'éléments mutables. C'est pourquoi mort et renaissance se retrouvent sans cesse par la métempsychose, transformation en animal ou végétal, et par la réincarnation en être humain nouveau ;
- que la valeur morale des actes de la vie conditionne un potentiel de bonheurs et de malheurs pour toute vie nouvelle.

Le bouddhisme propose l'extinction des illusions et des malheurs de toute vie par la recherche du nirvana, qui est l'état de sérénité totale. Il conseille, pour l'atteindre, différents moyens, physiques, mentaux ou moraux. Ainsi, en tout premier lieu, le corps doit être « dominé », soumis à une discipline stricte dont font partie l'ascèse ou la frugalité de repas souvent mendiés, ou plus exactement « quêtés ». L'esprit, détaché des contingences matérielles, peut alors se tourner vers la méditation mêlée de prières, de chants, de musique en l'honneur de Bouddha.

Les offrandes de nourriture (riz, fruits, légumes), de fleurs (jasmin), de parfums, de lumières allumées, et même de monnaie ou de feuilles d'or que chacun applique avec dévotion sur une statue, sont les marques de déférence envers Bouddha, le guide de chaque vie. Des pèlerinages peuvent accentuer la foi ; le Népal surtout, où vécut Bouddha, attire les croyants.

Mais, le plus important reste l'application, dans la vie courante, de la théorie de ne pas nuire à autrui, en pratiquant des actions justes, en faisant le bien, en étant tolérant et non violent. Cette morale rejoint donc celle de l'hindouisme, en qui le bouddhisme devait se fondre, en Inde du moins.

### Le symbolisme gestuel de Bouddha

Bouddha a été représenté sous plusieurs positions et chacun de ses gestes a un sens précis. En voici quelques aspects principaux :

- **Bouddha debout** symbolise la puissance, la souveraineté, l'enseignement ;

- **Bouddha assis**, jambes croisées, représente la concentration, la recherche, mais aussi l'enseignement ;
- **Bouddha couché**, toujours sur le côté droit, symbolise l'entrée dans le Nirvana, le **Parinirvana**, par l'extinction suprême des passions.

À cette distinction fondamentale s'en ajoutent d'autres, telle la position des mains et des doigts :

- la **main droite levée** symbolise la recherche et l'apaisement ;
- la **main gauche ouverte** est celle du don ;
- le pouce et l'index formant un cercle désignent le conseil, l'enseignement.

Les postures les plus connues sont :

- la **posture de la méditation** où Bouddha, assis en lotus, jambes croisées, garde les mains dans son giron, paumes vers le ciel ;
- la posture de l'**illumination** où, là encore assis en lotus, la paume de sa main gauche est tournée vers le ciel et la main droite désigne la terre ;
- la **posture du recueillement** est celle de Bouddha debout, tête penchée, yeux mi-clos, léger sourire aux lèvres, avec les mains à plat le long du corps.

Les oreilles aux lobes très pendants sont le signe de la longévité, soulignée encore par le **Tika**, petite boursouflure entre les sourcils, au bas du front.

### Les adeptes du bouddhisme

Les **laïcs** suivent les conseils de Bouddha dans leur vie quotidienne. Ils entrent pieds nus dans les temples, et les femmes prient accroupies. Toutes les offrandes sont un moyen d'acquérir des « mérites » pour une réincarnation plus heureuse.

Tout homme célibataire ou marié peut, un temps de sa vie, que ce soit quelques semaines, quelques mois ou quelques années, devenir moine et apprendre méditation et renoncement aux plaisirs de ce monde.

Les règles de vie à suivre sont simples :

- ne pas tuer ;
- ne pas voler ;

- ne pas mentir ;
- ne pas commettre l'adultère ;
- ne pas consommer d'alcool.

Les **bonzes** sont chargés de l'entretien des temples, ce sont des moines. Ils ont le crâne rasé et portent la longue robe drapée en coton, de couleur safran, symbole de leur renoncement définitif ou temporaire (certains laïcs). Ils se déplacent avec un bol et un sac pour les offrandes dont ils se nourrissent. Mais ce ne sont pas des mendiants. Les femmes ne doivent ni les approcher ni leur parler.

Le bouddhisme refuse le régime des castes. Aux temples et pagodes somptueusement décorés et aux sols recouverts de tapis, il faut ajouter les **stupas**, monuments funéraires, élevant aussi vers le ciel leurs bulbes, leurs clochetons et leurs toits. Les premiers furent construits sous Açoka pour abriter cendres et reliques du Bouddha et de ses disciples.

### Transformations du bouddhisme

Les divisions du bouddhisme s'appuient non pas sur des modifications de la doctrine, mais sur des méthodes différentes pour parvenir au nirvana.

- La tendance traditionnelle est la tendance **Himayana**, ou du **Petit Véhicule**. Elle reste très rigoureuse sur le plan doctrinal. Chacun est responsable de son propre salut et l'ascèse est nécessaire pour atteindre le nirvana. Il n'y a pas de dieu suprême ; Bouddha est le guide pour trouver le détachement. Cette forme du bouddhisme est pratiquée, même avec des nuances différentes, à Ceylan, en Birmanie et en Thaïlande, où elle revêt plutôt l'aspect d'une philosophie de vie que d'une religion.

- La tendance **Mahayana**, ou du **Grand Véhicule**, est la plus récente. Elle indique le chemin du salut. Or chaque vie étant unique (pas de réincarnation), la lumière infinie à découvrir derrière les illusions de la vie ne peut se trouver qu'en respectant l'« ordre » général englobant chaque vie. L'important est d'aider autrui, même au mépris de sa propre vie. Bouddha divinisé est la clef du destin de l'homme ; l'action collective est nécessaire au salut. La Chine, la Corée et le Japon suivent cette tendance.

- Le **bouddhisme tibétain** ou lamaïsme est dirigé par le **dalaï-lama** (*lama*, joyau). Il s'inspire du tantrisme bouddhique (de *Tantra*, ouvrages littéraires) qui conseille l'homme sur les moyens de se construire, de se libérer et de se purifier intérieurement. Le tantrisme accepte la magie. L'actuel dalaï-lama a reçu en 1989 le prix Nobel de la paix pour sa recherche pacifique de libération du Tibet face à la domination communiste chinoise.

- En Mongolie et au Népal, le bouddhisme utilise la magie des **chamanes**, maîtres en sorcellerie et capables d'extases maladives. C'est le chamanisme.

- Le **bouddhisme japonais** issu du Grand Véhicule insiste sur le rôle du physique sur le mental. Une respiration contrôlée, des postures complexes peuvent aider à trouver la concentration psychique nécessaire à la méditation. C'est, plus que le yoga, le **zen** que seuls des maîtres peuvent apprendre dans des centres ou des temples. Le vide cérébral obtenu ouvre la voie à la Sagesse.

### La civilisation khmère dans la péninsule indochinoise

Au IX<sup>e</sup> siècle, dans la péninsule indochinoise, un empire khmer avait été fondé. Sa prospérité fut réelle jusqu'au XVII<sup>e</sup> siècle, en particulier grâce à des travaux d'aménagement hydraulique (digues, canaux). Angkor est l'ancienne capitale des Khmers. Elle est composée de nombreux ensembles archéologiques, les plus anciens en briques, les plus récents en pierre. Le site, classé au patrimoine mondial de l'humanité par l'Unesco, est un complexe urbain couvrant une superficie de 3 000 km². Envahi par la végétation tropicale, miné au cours des conflits du XX<sup>e</sup> siècle, le site retrouve peu à peu son visage.
Les guerres avec les Thaïs entraînèrent le déclin du royaume khmer. La Thaïlande actuelle est l'héritière du royaume du Siam, qui a remplacé le royaume khmer.

Les persécutions musulmanes entraînèrent en Inde la fin du bouddhisme, qui s'est inclus dans l'hindouisme. Bouddha est devenu le 9<sup>e</sup> Avatar (réincarnation) de Brahma. Ailleurs, il a subsisté en s'adaptant aux conditions locales.

## Le sikhisme

Le sikhisme a été fondé au XVe siècle par le gourou (maître) Nanak qui prêchait la tolérance et cherchait à unifier hindouisme et islam. Le mot *sikkh* signifie « disciple » en sanskrit. Les sikhs forment une secte religieuse à part.

### *Leurs croyances*

- Ils croient en un Dieu suprême, le créateur ;
- ils admettent l'égalité de tous les hommes entre eux et refusent les castes ;
- les femmes valent les hommes, elles doivent se marier librement et non forcées, et ne doivent pas être brûlées après la mort de leur mari ;
- les infanticides sont refusés ;
- la viande animale peut être consommée si l'animal a été abattu d'un seul coup ;
- un pacifisme positif n'exclut pas les interventions militaires lorsqu'elles sont nécessaires.

### *Leurs signes de reconnaissance appelés les 5 k sont :*

- **kesh**, cheveux et barbes longs parfois tressés ;
- **kangh**, peigne de bois ;
- **kach**, pantalon court ;
- **kara**, bracelet d'acier ;
- **kirpan**, épée (ou dague) à la ceinture.

Pour eux, tous les hommes sont des « Lions » et les femmes des « Lionnes ». Condamnés à mort au XVIIIe siècle par les musulmans, ils sont majoritaires à 60 % au Pendjab hindou et nombreux au Pakistan. Ils veulent avoir « leur pays », le Khalistan, et sont pour cela en lutte ouverte contre la République indienne.

Suite à l'attaque militaire du Temple d'or le 4 juin 1984, qu'ils considèrent comme un lieu saint et où des militants sikhs armés s'étaient réfugiés, ils ont revendiqué l'assassinat d'Indira Gandhi en 1984 ; ils restent très surveillés dans le sud-ouest de l'Asie.

# Chapitre 16

# La civilisation chinoise

La civilisation chinoise est avant tout, celle de la Chine, aujourd'hui troisième pays du monde par sa superficie proche de 10 millions de km², et surtout le premier par sa population d'environ 1,4 milliard d'habitants.

Pourtant, l'aire culturelle chinoise est encore plus vaste, témoin de quatre millénaires d'histoire, d'invasions et de modifications des frontières. Ainsi, temporairement englobés dans l'empire chinois, la Corée, le Japon, le Vietnam, le Tibet et d'autres États frontaliers ont été « sinisés », sans pour autant perdre leur culture propre.

La civilisation chinoise est « unique » mais ses facettes sont multiples.

Le premier grand témoin de cette civilisation lointaine, isolée par son encadrement montagneux et son océan longtemps inconnu des Européens, fut au XIIᵉ siècle le marchand vénitien Marco Polo. Ses voyages terrestres le menèrent dans ce pays alors divisé et qu'il appelait le « Cathay » pour le Nord, et le « Mangi » pour le Sud.

Les Chinois, bien plus évolués par leur civilisation que les Européens, considéraient leur territoire comme le centre du monde, le **pays du Milieu**, appelant « barbares » et « monstres » les autres peuples. Au XVIᵉ siècle, les Portugais abordant les côtes chinoises marquèrent le début d'une pénétration européenne importante. En 1840-1842, la guerre de l'opium, que les Anglais voulaient à tout prix importer de l'Inde, montra la faiblesse impériale et militaire chinoise.

La mainmise économique et concurrente des Occidentaux, ces « diables étrangers », fut partiellement stoppée par l'écroulement du régime impérial en 1911, puis par la République populaire de Chine depuis 1949.

# CADRE GÉOGRAPHIQUE ET DONNÉES CLIMATIQUES

D'Ouest en Est, la Chine passe des sommets du monde au niveau océanique par l'intermédiaire de plateaux, de collines et de plaines alluviales que l'océan Pacifique borde sur 14 000 km de côtes. L'hémicycle de hautes montagnes (deux tiers du territoire) qui la séparent du reste de l'Asie est franchi par quelques passages, dont la future « Route de la soie », qu'utilisent nomades et caravanes en direction des civilisations méditerranéennes.

Deux grands fleuves puissants y naissent :

- l'**Huanghe** ou fleuve Jaune, (4 345 km) ;
- le **Yanzijang** ou fleuve Bleu (5 520 km).

Ils déterminent vers l'est les régions vitales de la Chine agricole, et sont les berceaux de sa civilisation.

Du nord au sud, sur 5 500 km entre les 50ᵉ et 20ᵉ parallèles, la Chine passe peu à peu des régions tempérées à la zone tropicale (tropique du Cancer 23°27'). Des nuances climatiques importantes sont apportées :

- par la « continentalité » du territoire chinois, du fait de sa position à l'est d'un continent, et de la présence de barrières montagneuses l'isolant des vents d'ouest ; cela se traduit par des amplitudes thermiques saisonnières très fortes ;
- par la « mousson d'été » humide qui corrige, dans la partie orientale et sud de la Chine, la sécheresse normale à cette latitude ; le Sud est devenu le domaine du riz et des productions tropicales.

Les deux tiers de la population se concentrent dans ces régions orientales humides, y pratiquant des cultures intensives. Les plateaux intérieurs et frontaliers restent le domaine des nomades.


# QUATRE MILLE ANS D'HISTOIRE EN ABRÉGÉ

Le peuple « **Han** » qui est à l'origine de 93 % des Chinois, de leur langue et de leur culture, est venu des plaines et plateaux du Nord. Puis il s'est répandu dans toute la Chine en privilégiant les grandes vallées fluviales.

Les premières dynasties se sont établies vers 2000 av. J.-C. La première est celle (légendaire) des Xia (Hia) de 2100 à 1600 av. J.-C.

## La dynastie des Shang de 1600 à 1100 av. J.-C.

C'est de cette période féodale que datent le développement du bronze, l'utilisation du ver à soie, la connaissance du calendrier agricole, l'élaboration d'une écriture encore réservée aux devins et la stylisation picturale.

Mais le point le plus important, la « constante » de la civilisation chinoise, est l'établissement du culte des ancêtres.

## La dynastie des Zhou ou Tchou, occidentaux puis orientaux, de 1100 à 221 av. J.-C.

Durant cette période de divisions politiques et sociales :
- l'enseignement de **Lao-Tseu** fait naître au VI<sup>e</sup> siècle av. J.-C. le **taoïsme** ;
- celui de **Confucius** au V<sup>e</sup> siècle aboutit au **confucianisme**.

## La dynastie Qin ou Ts'in, première dynastie impériale, de 221 à 205 av. J.-C.

De courte durée, elle a pourtant donné son nom à la « Chine ». L'État est unifié, subdivisé en commanderies et en préfectures. Un système unique de lois, de monnaie, de poids et mesures, d'écriture est appliqué partout.

La crainte des Huns entraîne la construction de la **Grande Muraille**, alors simple remblai protecteur.

La dévotion impériale nous est prouvée par la découverte en 1974 d'une nécropole souterraine où des milliers de statues en terre cuite, à taille humaine, protègent le souverain Qin. Des résistances à la centralisation impériale entraînent la fin des Qin.

## La dynastie des Han occidentaux et orientaux, de 205 av. J.-C. à 220 ap J.-C.

La centralisation politique et administrative est maintenue. Les « fonctionnaires » deviennent très puissants (impôts, sécurité, commerce).

La **route de la soie** (7 000 à 10 000 km) s'organise pour atteindre, à son terme, Rome. Le papier est découvert vers l'an 100 de notre ère ;

le bouddhisme venu des Indes attire la ferveur populaire, tandis que les Huns doivent être en permanence contenus hors des frontières.

De nombreux royaumes succèdent à l'empire des Han, de 220 à 618. Profitant des divisions, les Huns, les Turcs et les Mongols parviennent à s'infiltrer en Chine.

## La dynastie Tang (T'ang) du VI<sup>e</sup> au IX<sup>e</sup> siècle

Elle reconstruit l'unité chinoise et porte à son apogée l'histoire de la Chine. Bien protégé, le pays devient à son tour conquérant (Corée). La « route de la soie » et la « route maritime des épices » développent leur activité commerciale. Les fonctionnaires, recrutés par un système d'examens difficiles, deviennent la classe privilégiée et puissante des lettrés appelés « **mandarins** ».

Au IX<sup>e</sup> siècle, les rivalités régionales reprennent et cinq dynasties rivales se partagent le pays.

## La dynastie des Song (Nord et Sud)

Des différentes dynasties parallèles, celle des Song devient la plus importante, donnant à la culture chinoise un maximum d'éclat entre 960 et 1279. Le confucianisme devenu officiel supplante le taoïsme et le bouddhisme.

Des inventions témoignent d'une grande activité scientifique et technologique : ainsi, la boussole, la poudre à canon, les armes à feu, les écluses et le papier-monnaie en sont des témoignages. La peinture, les céramiques et porcelaines (vert tendre) se caractérisent par leur beauté.

## Les Yuan

De 1271 à 1368 les invasions mongoles (Gengis Khan) aboutissent à la disparition des Song et à l'établissement de la dynastie étrangère des Yuan. La Chine s'ouvre aux influences extérieures.

Marco Polo peut ainsi parcourir la Chine de 1275 à 1291, et les Turcs et les Arabes transmettent à l'Europe les découvertes chinoises. Deux religions tentent de s'implanter, l'islam et le catholicisme prêché par les jésuites.

## Les Ming

La dynastie chinoise des Ming chasse les Mongols, rétablit l'empire de 1368 à 1644, et ferme ses frontières aux Japonais et aux Européens. La Grande Muraille est achevée et compte 12 700 km.

**Pékin** est devenue la capitale officielle ; elle agrandit la « Cité interdite », le domaine impérial. L'architecture parsème le pays de palais, de ponts, de jardins et de pagodes veillées par des dragons.

Les fonctionnaires sont privilégiés, dans cette vie chinoise qui développe son savoir-vivre et ses raffinements. Des romans, des cartes géographiques, l'**acupuncture** témoignent de la créativité littéraire ou scientifique chinoise. Mais l'art le plus parfait est celui des céramiques et **porcelaines** à décor bleu et blanc.

Au Tibet, un chef religieux est élu, le dalaï-lama.

## La dynastie mandchoue des Qing (1644-1912)

C'est la dernière. Des despotes plus ou moins éclairés assurent un pouvoir absolu et policier. Le commerce avec l'Europe est rétabli par l'intermédiaire de firmes chinoises qui y favorisent la mode des « chinoiseries », porcelaines, laques, paravents, jardins et maisons de thé, jusque dans les cours royales ou impériales.

Mais la puissance chinoise s'étiole, victime de son traditionalisme figé. Le déclin s'amorce vers 1750. Les Européens s'imposent par un semi-colonialisme économique. Les Japonais lui font la guerre. 1900 marque la **révolte des Boxers** et le massacre des chrétiens.

## Les républiques de Chine

En 1912, Sun Yat Sen, créateur du Kuo-Min-Tang, proclame la république qui durera jusqu'en 1948. La dynastie mandchoue disparaît. Mongolie et Tibet deviennent indépendants. Les États-Unis soutiennent la pénétration européenne.

En 1949, après la **Longue Marche**, la république devient la République populaire de Chine, avec son président dictateur **Mao Zedong** (mort en 1976). Deng Xiaoping lui a succédé de 1976 à 1997.

# QUELQUES ASPECTS DE LA CIVILISATION CHINOISE

## Les langues et l'écriture

De très nombreux dialectes sont parlés en Chine ; seule la langue chinoise classique est écrite. Elle est un des vecteurs de l'unité chinoise. C'est une écriture idéographique, pictographique qui stylise en signes nombreux les objets, les personnages, les situations, les idées.

Ses 40 000 signes, nuancés par des pleins et des déliés, nécessitent un long apprentissage. Les lettrés ou **mandarins** devaient en connaître au minimum 10 000. Ils tiraient de leur savoir responsabilités administratives et puissance. Les traits, réalisés au calame (roseau taillé) et surtout au pinceau, avaient une grande valeur esthétique. La **calligraphie** chinoise est à la fois une science et un art, longtemps le premier en Chine. L'encre utilisée était composée de charbon de bois et de colle. Ni bavures ni retouches n'étaient permises.

## Les croyances

À l'opposé de l'Inde, ancrée dans un mysticisme profond, la Chine, jusqu'au v$^e$ siècle av. J.-C., s'est contentée de croire à la survie de l'âme et aux forces de la Nature.

Cela l'a conduite à pratiquer dans chaque cellule familiale le **culte des ancêtres** et, à de multiples occasions, des rites festifs et des offrandes aux divinités de la Nature et de la Terre. La géomancie s'est penchée sur l'interprétation des signes terrestres, l'essentiel étant d'obtenir du ciel les conditions matérielles d'une vie agréable, dans une entente harmonieuse entre la Nature et l'homme.

Pourtant, quelques siècles avant notre ère, trois courants de pensée devaient séduire les intellectuels avant de trouver un écho populaire. Ce sont le taoïsme, le confucianisme puis le bouddhisme hindou.

### Le taoïsme

Le mot « tao » synthétise les croyances chinoises les plus anciennes, codifiées seulement au v$^e$ siècle ap. J.-C. par le sage Laozi (Lao-Tseu). Le tao désigne le principe fondamental de l'Univers, de toute Création et de la Vérité. Il est l'« Être », unité formée de la fusion de deux forces distinctes, contraires mais complémentaires et inséparables, le yin et le yang.

Ces forces en perpétuelle activité et en renouvellement constant produisent les êtres, les choses, les événements, les pensées. Elles sont porteuses de progrès et d'immortalité :

Le yin représente le féminin, la lune, la terre, le froid, la faiblesse, le sucré, l'ombre, la nuit et la mort…

Le yang, principe masculin, détient la force, la vie, il est soleil, chaleur, jour, salé…

L'idéogramme du chemin les représente ou, plus symboliquement, un cercle que divise une spirale, l'une noire avec un point blanc, l'autre blanche avec un point noir.

Pour beaucoup de Chinois, le taoïsme a inspiré la recherche politique d'une voie libérale et progressiste.

Symbole du yin et du yang

### Le confucianisme

C'est l'adhésion à une philosophie et à une morale sociale, enseignées par le sage Confucius (Kong-Zi), qui vécut de 551 à 479 av. J.-C., et transmises par ses disciples. Le confucianisme propose à l'homme de l'aider à se perfectionner au sein d'un monde de désordre qu'il faut comprendre, expliquer, combattre. La sagesse recherchée repose sur la raison et la bonne conduite, dans le respect des traditions, de l'ordre, des hiérarchies.

Cette morale a été adoptée par les « lettrés » qui y trouvaient, tout comme l'aristocratie impériale, une justification idéologique de leur pouvoir, de leur hiérarchie et des obligations d'obéissance dues au père, socialement aux supérieurs, et au sommet, à l'empereur. Le confucianisme devint une sorte de morale d'État dans un empire qui se figea par une organisation si rigide et conservatrice que seule une révolution pouvait le libérer.

### Le bouddhisme

Le bouddhisme hindou devait aussi avoir son heure de succès. Les taoïstes surtout s'y intéressèrent. Ils se mirent à croire à la réincarnation de l'homme (proche de leur croyance en l'immortalité) et à rechercher ce « Nirvana », libération à la fois de la matière et de l'illusion qu'est la vie. Du IV$^e$ au IX$^e$ siècle, son succès fut immense ; il fut interdit en 845. Son influence s'est surtout exercée dans le domaine des arts.

À terme, le peuple chinois, sensible à tous ces courants de pensée, a fini par les imbriquer, les associer dans une sorte de religion commune dont l'essentiel demeurait le culte des ancêtres.

## Société et traditions sociales

Jusqu'à la révolution communiste, la société chinoise millénaire s'est repliée sur elle-même, privilégiant en particulier :

- une organisation familiale patriarcale ;
- le népotisme des lettrés, fonctionnaires tout puissants d'un empire centralisé ;
- le développement d'une civilisation essentiellement agraire.

### L'organisation familiale

La famille est le fondement de la société chinoise, elle préfigure la hiérarchie politique et l'ordre social. Son chef en est l'« homme », père, époux, frère ou fils suivant les circonstances (un décès par exemple).

Le respect est la règle de base, tout autant que l'obéissance pour les femmes. La piété filiale, exercée du vivant du père, se prolonge après la mort par un deuil de plusieurs années et par le culte des ancêtres. Ainsi, des offrandes végétales et de l'encens brûlé marquent dans chaque maison la dévotion à plusieurs générations de défunts. Leur aide est invoquée ; leurs noms gravés ou leurs portraits rappellent, à tous, l'immortalité de l'âme.

La femme, discrète et soumise, vit au service de sa famille. Elle ne possède rien ; le père organise les mariages, le mari peut imposer des concubines, l'adultère peut être puni de mort et le remariage est interdit en cas de veuvage. L'un des signes de la beauté féminine dans les familles aisées était « les petits pieds des femmes ». Dès les premiers pas, et vers six ans au plus tard, les orteils, repliés sous la plante des pieds, étaient maintenus par des bandages très serrés empêchant leur croissance, à l'exception du gros orteil. Cette méthode barbare donnait une démarche anormale, sautillante, mais très prisée des élégantes de l'époque. Il faudra attendre 1950 pour que les femmes chinoises obtiennent l'égalité nominale avec les hommes.

Une originalité de la mode masculine, empruntée aux dynasties mandchoues, était le port de la « natte », seule à l'arrière d'un crâne rasé, ou assemblant des cheveux tirés et lissés. Elle pouvait atteindre un mètre de long et elle était le signe de la virilité masculine. Un maître mécontent de son serviteur pouvait la raccourcir...

### Importance des lettrés

Les fonctionnaires civils et militaires ont composé l'élite de la société chinoise traditionnelle, parallèlement aux membres des grandes familles aristocratiques. Leur savoir leur a ouvert les portes du pouvoir et de la richesse.

Dès l'an 1000, ils ont été recrutés par des examens difficiles sans limite d'âge. Leur maîtrise de l'écriture en faisait à la fois des savants et des artistes, mais pas forcément de bons administrateurs. Hiérarchisés, honorés, servis, riches et puissants, ils ont été souvent corrompus et corrupteurs. Les Portugais les premiers les ont appelés **mandarins** (de *mandar*, « ordonner »).

À côté d'eux, les autres classes, artisans, marchands et paysans (à eux seuls 80 % de la population) ne détenaient aucun pouvoir politique.

### La civilisation agraire

Les Chinois forment un peuple d'agriculteurs soigneux, méticuleux, souvent misérables, utilisant aussi l'engrais humain pour leurs champs.

Les céréales cultivées, blé et millet dans le Nord, et riz dans le Centre et le Sud, l'ont été dès le II millénaire av. J.-C. Mais, c'est à partir du XI siècle qu'une nouvelle variété de riz à croissance rapide a permis deux récoltes annuelles et l'accroissement global de la production. La Chine, comme tout le Sud-Est asiatique, a vu alors se développer la **civilisation du riz**. Plusieurs milliers de variétés ont été cultivées dans toute l'Asie des moussons, que ce soit dans les rizières inondées des deltas, les champs irrigués des plaines alluviales, ou les rizières étagées des collines et des montagnes.

D'autres productions ont été associées aux céréales comme les fruits et les légumes, et dans le sud tropical, le bambou, le thé et le mûrier.

L'élevage se réduit à celui des porcs et des volailles ; les bœufs au Nord et les buffles au Sud servent aux labours. La cuisine chinoise est restée aujourd'hui encore le témoin de cette utilisation constante du riz, mangé avec des baguettes, associé à des préparations à base de légumes, de viandes et de poissons toujours coupés en petits morceaux. Les sauces sont très parfumées (soja, nuoc-mam) et épicées (gingembre, piment, poivre).

Le **thé** est la boisson par excellence. Les meilleures qualités proviennent des feuilles de la première des trois récoltes annuelles. Comme pour nos vins français, elles sont le reflet du terroir et du savoir-faire.

Le **théâtre** est longtemps resté une distraction favorite des Chinois qui se mêlent au jeu des acteurs professionnels. Marionnettes et ombres chinoises ont eu un grand succès populaire.

Le **calendrier chinois**, calendrier lunaire de douze ou treize mois, était organisé en fonction des saisons régissant la vie agricole. Les fêtes en marquaient des épisodes précis. Depuis 1912, la Chine a adopté le calendrier solaire international. L'horoscope chinois, très proche de la nature, utilise les connaissances astrologiques et géomanciques des chinois.

## L'artisanat

L'habileté technique des artisans chinois est très ancienne, elle a été valorisée par les commandes des empereurs et des mandarins. Voici quelques exemples de leurs réalisations.

### À partir de la paille de riz

Toitures, nattes de repos, paravents, chapeaux, corbeilles, objets et récipients courants…

### À partir du bambou

Échafaudages, radeaux, paniers, seaux, chaussures, cannes à pêche…

### À partir des argiles

Poteries communes imperméabilisées par un glaçage imitant le bronze et les laques, et poteries émaillées.

L'argile, très pure, très fine et très blanche (la **barbotine**) a donné des porcelaines dont la réputation est mondiale. Les « familles » de porcelaine les plus célèbres sont :

- les porcelaines Song, bleu-vert (**céladon**) ;
- les porcelaines Ming, à décoration polychromes et surtout bleues et blanches.

### Les soieries

L'élevage du ver à soie et la culture des mûriers ont permis dès le vi[e] siècle la création de ces tissus précieux. À l'origine, les soyeux vivaient à Nankin, ou Hang Tcheou. Les ateliers utilisaient la main-d'œuvre habile et docile de milliers de personnes travaillant sur des métiers à tisser.

Il faut ajouter la peinture et la broderie sur soie, ainsi que la fabrication toujours actuelle des fleurs artificielles.

### La laque

Elle est fabriquée à partir de la résine ou gomme arabique de certains arbres. Elle peut recouvrir des objets de bois ou des meubles et doit être passée à la main, au tampon. C'est une technique originale.

### Les pierres dures

Les pierres semi-précieuses, le jade surtout, ont été utilisées en incrustations décoratives de meubles divers, dans la sculpture et l'orfèvrerie.

### L'ivoire

Les défenses d'éléphants d'Asie, puis d'Afrique, ont servi à créer aussi bien des objets usuels (peignes, hochets de bébé) que des statues, véritables œuvres d'art.

# Les inventions chinoises

Elles sont très nombreuses ; plus d'une centaine ont été transmises à l'Europe par l'intermédiaire des caravanes nomades et des savants arabes. En voici quelques exemples :

## Le papier

Il était formé de feuilles (et non de tiges) de mûrier et de bambou, réunies et collées. Il devint au XI^e siècle, en raison de la pénurie d'or, papier-monnaie, billet de banque, lettre de change, dont s'inspireront les Européens.

## La poudre

C'est un mélange explosif de salpêtre, de soufre et de charbon. Sa fabrication a permis l'amélioration des explosifs, de l'armement, et plus pacifiquement l'invention des feux d'artifices.

## Les progrès médicaux

Les Chinois ont su inventer toute une pharmacologie à base de plantes, plomber les dents, créer des prothèses oculaires en bois peint.

Mais ils ont surtout découvert et perfectionné la technique de l'acupuncture qui cherche à réactiver, à l'aide de piqûres, les fluides vitaux de l'organisme. Ces fluides suivent des méridiens, lignes invisibles dont chaque point correspond à un organe du corps. L'acupuncture est maintenant reconnue et enseignée dans le monde entier.

## Progrès scientifiques et techniques divers

- Fabrication de la fonte au coke, construction de barrages, d'écluses, d'arches pour les ponts ;
- invention du gouvernail d'étambot et réalisation de cartes géographiques ;
- observations sur les astres et mesure des méridiens terrestres ont trouvé leur application dans la géomancie et le calendrier divinatoire chinois ;
- progrès en mathématiques, en algèbre surtout ;
- invention des étriers et du harnais pour les chevaux, et celle à l'origine du « cardan » pour l'entraînement des roues avant des véhicules ;

- enfin, la création de caractères de bois puis de métal a, semble-t-il, donné naissance à l'imprimerie antérieurement à l'Europe.

Que reste-t-il aujourd'hui de cette « Chine éternelle » dont les paysages immuables et les vestiges historiques ou religieux s'offrent, depuis peu, à l'admiration des touristes ?

- L'image d'un peuple en pleine vitalité qui donne au monde, chaque année, malgré des mesures restrictives draconiennes, près de vingt millions d'enfants ;
- l'image d'un peuple qui a su garder ses qualités traditionnelles de fierté, de courage, de discipline, de résignation, de dureté parfois, pour les mettre au service de l'avenir et du progrès, dans la voie révolutionnaire tracée par le « Grand Timonier » ;
- l'image enfin d'un peuple ingénieux, bouillonnant d'activité, capable de sacrifices comme de révoltes, et dont les capacités portent la Chine parmi les grandes puissances mondiales du troisième millénaire. Une nouvelle civilisation est peut-être en train de naître.

# Chapitre 17

# La civilisation japonaise

Parmi les pays d'Extrême-Orient temporairement « sinisés », le Japon mérite une place à part pour sa civilisation originale, combinant les qualités nippones et les emprunts étrangers sélectionnés et recomposés.

Restée terre de contrastes, le Japon offre à ses visiteurs l'image d'une superpuissance ouverte au modernisme de pointe, mais fidèle à ses traditions. Nation volontaire, disciplinée, solidaire et dynamique, le « Cipangu » de Marco Polo doit son âme et sa culture aux forces conjuguées de son isolement géographique, de son peuplement et de son histoire.

## ISOLEMENT GÉOGRAPHIQUE ET PEUPLE

L'archipel nippon, « à la source du soleil », associe quatre vastes terres essentiellement montagneuses à près de 4 000 îles. Ce sont, du Nord au Sud, Hokkaïdo, Honshu, Shikoku et Kyushu.

L'ensemble, 3 000 km du Nord au Sud et moins de 300 km d'Est en Ouest, reste proche des grandes fosses du Pacifique et témoigne des efforts d'une tectonique active qui lui vaut, outre ses volcans comme le Fuji (3 778 m) et l'Asama, des séismes destructeurs et des raz de marée appelés « tsunamis » (Fukushima, 11 mars 2011).

La Corée, sa plus proche voisine, est à 200 km de ses côtes. Cette réelle insularité explique un peuplement lent, du II^e siècle av. J.-C. au IV^e siècle ap. J.-C., par des groupes probables de pêcheurs venus d'horizons différents, des Mélanésiens, puis des Sibériens ou **Ainos** (civilisations pré-jomon et jomon), enfin des migrants de Corée et de Chine au III^e siècle av. J.-C.

Ces derniers introduisent les techniques de la riziculture et celles du travail des métaux ; c'est la civilisation dite de «Yayoi » (site archéologique). Elle est suivie par la civilisation des « Kofun », grandes sépultures mal connues encore. À la fin du Ve siècle, un clan important, celui de **Yamato**, formé de guerriers et de paysans impose sa domination aux autres clans. Son chef prend le titre de Tenno, empereur céleste, futur Mikado, et fait entrer le Japon dans l'Histoire.

Croyances religieuses et histoire légendaire se développent alors sous l'influence des Ainos. Il s'agit d'un culte animiste fondé sur l'observation, l'amour et la crainte de la Nature. Ses forces en sont déifiées, avec au sommet la déesse soleil, **Amaterasu**, et d'autres dieux comme celui de la Lune et celui des Océans.

Dans un panthéon immense se côtoient des milliers de **kami**, divinités invisibles de tout et de rien, représentant aussi bien le tonnerre, la rivière, la source, l'herbe, l'arbre, la fleur et le vent que des métiers et des objets. On se souvient des *kamikazes* (vent divin), ces pilotes-suicides héros de l'aviation japonaise de la Seconde Guerre mondiale, assimilés à leur dieu, le vent. Les kami sont partout priés, adorés, honorés par des offrandes végétales, des parfums et des objets divers « faits main ».

De simples cabanes destinées à des cultes agrestes sont à l'origine de sanctuaires célèbres. **Ise** et **Izumo** sont les plus anciens. La légende raconte que le petit-fils du Soleil serait descendu du ciel à Kyushu au sud du Japon. Cumulant pouvoirs religieux et pouvoir temporel, il serait devenu le premier empereur et le premier grand prêtre. Les kami lui ont offert les trois trésors symboliques de sa puissance et, à travers lui, de celle du Japon :

- le miroir de vérité et de lumière ;
- l'épée de vertu et de bravoure ;
- le joyau, image de la domination de la terre.

Par son mariage avec une mortelle, il a perdu l'immortalité. Mais ses descendants, son clan, ont conservé leur origine solaire divine ; cela leur vaut le respect et l'obéissance d'autrui. Le chrysanthème à seize pétales, emblème impérial, représente les rayons solaires et la rose des vents, et symbolise la longévité, l'immortalité et la domination de l'espace.

Les ablutions sont le signe de la pureté rituelle. Mais la propreté est un signe permanent de la civilisation japonaise.

Les **tori** sont des portiques de bois, parfois situés en pleine nature ; ils indiquent un lieu saint. En les franchissant, le Japonais s'unit aux divinités qui l'entourent. Ce culte a pris, longtemps après sa création, le nom de culte shintô ou **shintoïsme** (voie des dieux). Spéculations métaphysiques et dogmes en sont absents, mais ces croyances ont influencé l'âme et les traditions japonaises.

« Tori » shintoïste

Ainsi :

- jusqu'en 1945, l'empereur est déifié ;
- les « héros » qui, d'une manière ou d'une autre, ont participé par leurs actes à la grandeur de leur clan ou de leur « nation », sont des privilégiés des dieux ;
- la « Nature » est au cœur de la vie et de l'art japonais.

Le shintoïsme, assimilé au bouddhisme, est resté la base religieuse de la majorité des Japonais.

# RAPPELS D'HISTOIRE

Chaque période de l'Histoire du Japon a participé à la formation de la civilisation nippone. On peut les regrouper en trois époques :

- du VIe au IXe siècle, les influences chinoises prédominent ;
- du IXe au XIXe siècle, le Japon crée ses propres structures et connaît mille ans de « Moyen Âge féodal » ;
- au XXe siècle, le Japon choisit la voie du modernisme.

## Le Japon à l'heure chinoise

Du VI<sup>e</sup> au IX<sup>e</sup> siècle, les bonnes relations sino-nippones favorisent la culture chinoise. Diplomates, étudiants et commerçants séjournent en Chine, y découvrant, langues, écriture, sciences, techniques, arts et même la mode vestimentaire. Peu à peu, les caractères de l'écriture chinoise sont adaptés à la phonétique japonaise et simplifiés.

La centralisation et l'administration chinoises sont prises comme modèle, sans pour autant être totalement acceptées, car les « clans » de guerriers primitifs refusent de perdre leur pouvoir au profit des « lettrés » à la chinoise.

Seule l'implantation du bouddhisme, devenu religion officielle en 538, est une grande réussite. Les textes sacrés sont diffusés, des pagodes édifiées, et tout l'art s'inspire de l'iconographie religieuse bouddhiste.

Le shintoïsme s'en accommode, car le bouddhisme n'exclut aucune de ses divinités. Ainsi Amaterasu, déesse du soleil, devient-elle une nouvelle réincarnation, un « avatar » de Bouddha. Croyances et rites fusionnent dans l'individualisme japonais.

## IX<sup>e</sup>-XIX<sup>e</sup> siècle, mille ans de féodalité

Au IX<sup>e</sup> siècle, dans un Japon qui se replie sur son identité, trois pouvoirs rivalisent :

- le pouvoir impérial, plus religieux que réel ;
- le pouvoir des intellectuels, à l'école des « lettrés » chinois ;
- celui des guerriers traditionnels et de leurs chefs, organisés en clans rivaux, qui dépassent en indépendance, en puissance, en richesse et en ambition celui de l'empereur.

C'est pourtant à ces derniers que les souverains confient la réalité du pouvoir, au risque d'être eux-mêmes évincés. Ils organisent ainsi le **shogunat**, par lequel le personnage le plus important après l'empereur est le shogun, aux fonctions de généralissime, de régent et de maire du palais.

Des liens de vassalité s'organisent entre le shogun, les grands seigneurs ou **daymyô** et leurs chevaliers, les **samouraïs** au code d'honneur impitoyable. L'escrime, le sabre, l'arc, la lutte à main nue ou jiu-jitsu n'ont aucun secret pour eux. Le suicide en cas de trahison ou d'échec est leur seule issue (hara-kiri).

Yedo (future Tokyo) devient le siège du shogunat, grâce auquel le Japon garde son indépendance et son intégrité, loin de toute pénétration étrangère.

Durant cette période d'isolationnisme, les valeurs caractéristiques de la civilisation japonaise prennent toute leur importance, par exemple :

- le **sens de l'honneur** et des vertus guerrières. On les a retrouvés dans l'agressivité industrielle et commerciale de ses chefs d'entreprise, les **zaïbatsu** issus des grandes familles japonaises, et de leurs représentants à l'étranger. Au XXI$^e$ siècle, ce sont les **keiretsu** ;
- la transformation du bouddhisme, devenu le **zen**, qui propose la libération de l'« Être » par la domination du corps et les vertus de la méditation.

C'est de l'association des vertus guerrières et du zen que sont nés les arts martiaux, au renouveau actuel incontestable.

## Pérennité de quelques traditions

### *Les arts martiaux*

Ils sont à la fois des exercices physiques et mentaux, exigeant concentration de l'énergie, maîtrise de soi et courtoisie, cette autre valeur japonaise.

À la base de leur pratique, l'éducation de la respiration et celle de la paroi abdominale sont fondamentales car le ventre est le centre vital de l'homme. On peut citer :

- le **kuydo** ou tir à l'arc, le plus noble et le plus mental des exercices ;
- le **judo**, ancien jiu-jitsu, le plus populaire et le plus répandu, devenu un sport de compétition ;
- le **sumo**, ou lutte spectaculaire, réservé à des professionnels de « poids » ;
- le **karaté** (*kara :* « vide », *te :* « main »), technique de combat destinée, pour sa propre défense, à frapper d'un seul coup rapide un endroit vulnérable du corps de l'adversaire ;
- l'**aïkido**, « voie de l'union avec l'esprit », qui consiste à contrôler puis à immobiliser un adversaire en utilisant une série de mouvements tournants ;
- le **kendo**, une technique du sabre, arme privilégiée des Japonais ;

- le **nitto**, qui utilise deux sabres, l'un court dans la main gauche, l'autre long dans la main droite ;
- le **naginata**, qui utilise la lance dans une sorte d'escrime ;
- le **shuri-ken-jitsu**, l'art de lancer le poignard.

Un code de politesse régit entre eux les acteurs de la vie japonaise. Cet aspect beaucoup plus serein de la civilisation japonaise se retrouve aussi bien dans le « salut » des participants aux arts martiaux que dans la vie courante.

La cérémonie du thé et l'« ikebana », ou art de composer des bouquets, sont aussi liés au zen.

### La cérémonie du thé

Le thé fut introduit au Japon au XII^e siècle, et la cérémonie du thé devint un rituel au XV^e siècle. Les taoïstes considéraient le thé vert comme un médicament, en particulier un élixir de longue vie, une boisson indispensable à l'équilibre du corps pendant la méditation. Pour contribuer à l'harmonie intérieure, il fallait une mise en scène dont le cadre était la « maison de thé », et les ustensiles, des exemples de beauté et de sobriété. La cérémonie finit par être codifiée, puis les rites enseignés aux jeunes filles.

### L'ikebana

L'ikebana, l'« arrangement floral », s'associait à la cérémonie du thé, aux offrandes des temples et au zen qui prône la contemplation de la nature. Cerisiers ou pommiers en fleurs, glycines, azalées, pivoines, aubépines, roses et chrysanthèmes devaient suggérer à la fois la beauté et la fragilité, leçon d'humilité pour l'homme. De nos jours encore, il existe des centaines d'écoles qui apprennent à harmoniser quelques fleurs, quelques plantes, pour en tirer la quintessence de la beauté.

Les « geishas », à l'origine prostituées, maîtrisaient la cérémonie du thé et l'ikebana, créant ainsi une ambiance intime et chaleureuse. De nos jours, elles doivent aussi charmer leurs clients de marque par leur beauté, leur culture, leur esprit et leur discrétion.

L'amour de la nature, si présent dans la civilisation japonaise par l'ikebana, s'exprime aussi par l'admiration éperdue portée aux paysages naturels.

Les peintures et les **estampes** furent à leur tour un moyen de communiquer avec la Création en y associant l'eau, l'air, les rochers et l'homme ; le trait d'union est souvent un pont. Scènes populaires et portraits s'y ajoutèrent, alliant finesse et sobriété du trait. Les **jardins japonais** savamment composés de plantes et les **jardins de pierre** associant roches et sable sont chargés de suggérer le bonheur de la vie et la valeur inestimable de la méditation.

Enfin, les fêtes rituelles s'appuient sur les rythmes des saisons et des cultures, en particulier les cycles de la riziculture.

## *La richesse de la civilisation japonaise*

La richesse de la civilisation japonaise se retrouve aussi dans le **théâtre nô**, à l'origine théâtre purement aristocratique, dont les acteurs silencieux et masqués miment et dansent le texte d'un lecteur. Plus proche de la vie quotidienne, le **théâtre kabuki**, avec ses acteurs richement costumés et maquillés, met en scène des drames ou des comédies. Le **bunraku**, théâtre de marionnettes de 1 m de haut, participe aussi à cet élan à la fois vers les dieux et vers l'homme.

Plus récemment, l'arrivée des **mangas**, BD traditionnellement en noir et blanc, contribue à un regain d'intérêt pour le Japon. Dans ces BD, on retrouve les principaux caractères du japon :

- avance technologique ;
- sens de l'honneur hérité des samouraïs ;
- vision particulière de la femme en quête de puissance (voir le succès réel des aventures du jeune ninja Naruto).

C'est un nouveau vecteur de diffusion de la civilisation japonaise, qui garde son âme malgré des mutations importantes.

# Chapitre 18

# Les civilisations de l'Afrique noire

Le continent africain n'a été connu dans son ensemble qu'après le XVI^e siècle lorsque les progrès de la navigation eurent permis aux caravelles de se risquer loin de leurs bases, le long des côtes en général peu découpées et inhospitalières (courants, déserts, mangrove). Il faut attendre 1487 et Barthélemy Diaz pour que soit doublé le cap de Bonne-Espérance.

Seuls, au nord, ses rivages méditerranéens et ceux de la mer Rouge abritaient depuis le IV^e millénaire av. J.-C. des civilisations brillantes déjà évoquées dans cet ouvrage.

Quant aux routes terrestres, amorcées au Maghreb en Libye ou en Égypte, elles finissaient toujours par disparaître dans l'immensité du désert saharien, vraie frontière d'une Afrique que les Latins appelaient *Terra incognita*.

Trois constats ont pu être envisagés :

- l'Afrique a été, semble-t-il, le **berceau de l'humanité**, que les découvertes archéologiques abondantes placent vers le Sud Éthiopien. Mais depuis 1994, de nouvelles découvertes au Tchad sont en cours d'étude. Il y a environ 2 millions d'années environ, des vagues humaines auraient migré par le Moyen-Orient vers l'Europe et l'Asie. Au Néolithique, certains de leurs descendants seraient revenus vers l'Afrique, apportant aux peuples autochtones leurs rudiments d'organisation et se mêlant à eux ;

- l'Afrique noire, au sud du Sahara, tire une certaine unité de sa population mélano-africaine à carnation plus ou moins sombre suivant les régions sans qu'on puisse l'expliquer. Il existe aussi des ethnies locales (Pygmées, Hottentots, Boschimans) et des métissages créateurs de groupes distincts par leur aspect physique, leurs dialectes, leurs croyances, leur mode de vie ;

- la civilisation négro-africaine existe, même si elle paraît n'être qu'une association en « mosaïque » des diversités ethniques et culturelles. Elle s'est maintenue, surtout dans les campagnes, sous le vernis d'une modernisation à l'européenne créée par la colonisation aux XIX$^e$ et XX$^e$ siècles. Elle est remise en valeur par les jeunes États africains et malgré leur éclatement politique actuel.

## LES DONNÉES DE L'ESPACE ET DU CLIMAT

Les civilisations négro-africaines sont restées inconnues jusqu'à la conquête coloniale au XIX$^e$ siècle. Pourquoi ?

Le continent, 30 millions de km$^2$, deuxième après l'Asie, est immense, compact. Il s'étend sur 8 000 km du nord au sud, de part et d'autre de l'équateur, et même s'il finit en pointe triangulaire dans l'hémisphère sud, il s'étend aussi à la latitude du Sahara sur 8 000 km d'est en ouest. Ses côtes peu découpées n'ont pas connu le cabotage. La masse continentale est surtout tabulaire avec de vastes cuvettes intérieures (Niger, Tchad, Congo, Afrique du Sud) et des reliefs souvent plus élevés à la périphérie. Les plus importants sont en Afrique orientale, le Kilimandjaro (6 900 m) et le mont Kenya (5 200 m), témoins d'un volcanisme puissant le long des grandes fractures de la Rift Valley qui court du lac Nyassa à la mer Rouge.

Plus que le relief, les vrais obstacles au peuplement de l'Afrique sud-saharienne ont été les climats toujours chauds, les sols peu propices aux cultures et la densité de la végétation équatoriale. L'Histoire montre qu'il y a eu pourtant peuplement de l'Afrique et créations de royaumes.

## LE PASSÉ DE L'AFRIQUE

Même si c'est de façon fragmentaire, nous connaissons le passé de l'Afrique depuis ces deux derniers siècles grâce aux travaux des chercheurs associés à la colonisation européenne.

## La préhistoire

Au **Paléolithique**, le continent se peuple, tels que l'attestent les vestiges retrouvés.

Au **Néolithique**, les peuples passent de la prédation à l'agriculture et l'élevage ; la poterie est inventée. Des villages se créent, puis des tribus, enfin de petits États protégés par leur isolement géographique.

Vers 3000 av. J.-C., le dessèchement du Sahara entraîne des migrations vers l'Égypte ou vers le sud. Repoussés, les Bantous chassent à leur tour les Pygmées vers la forêt équatoriale.

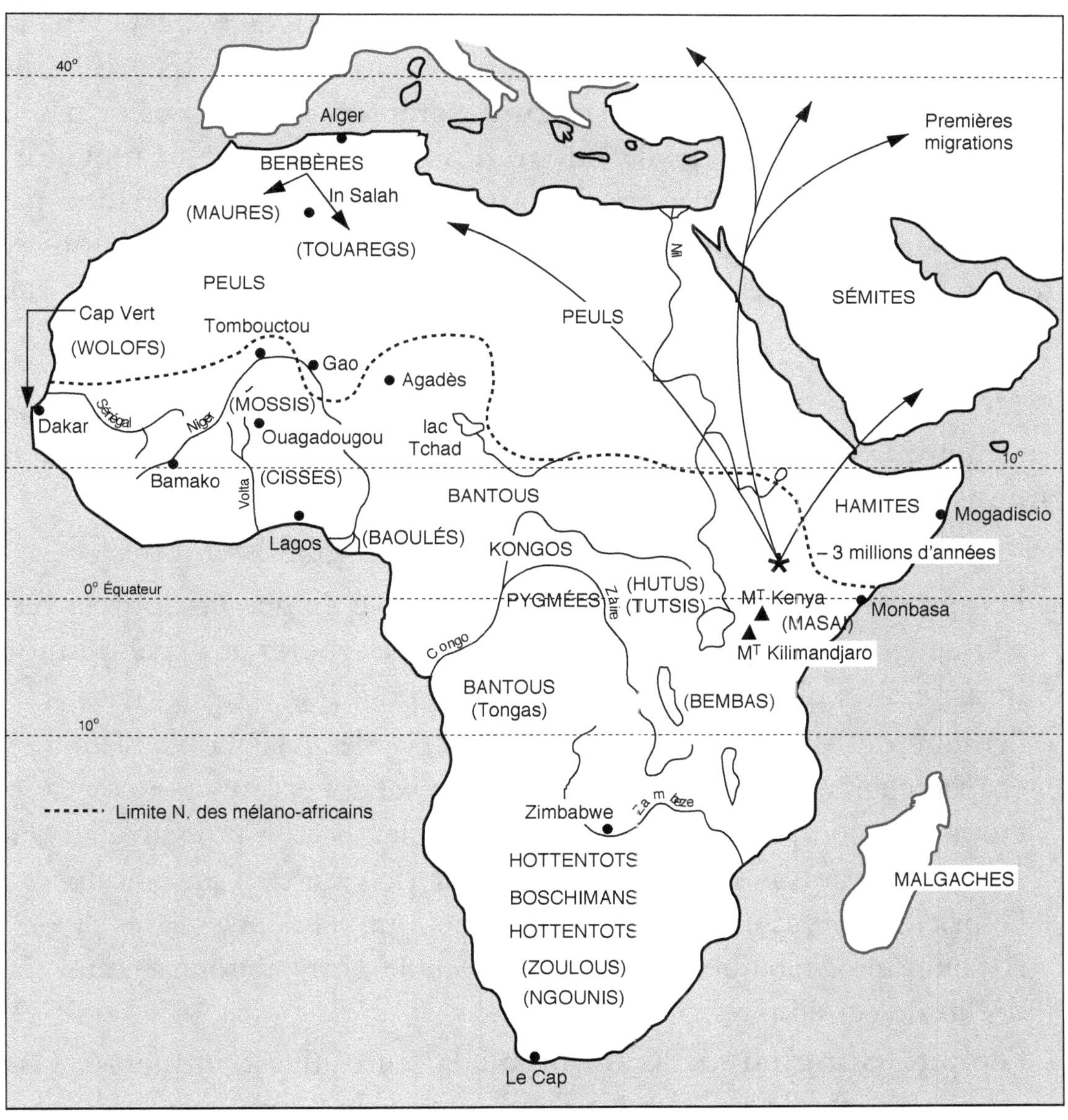


Sociétés mélano-africaines et nord-africaines

## L'histoire

### L'Antiquité

Dans l'**Est africain**, la civilisation égyptienne déteint sur les peuples voisins. Vers 1000 av. J.-C., le déclin de la XX$^e$ dynastie égyptienne permet l'essor du royaume voisin, le **Koush**, au Soudan, puis au VI$^e$ siècle av. J.-C. celui de **Méroë** en Nubie, enfin celui d'**Axoum** en Éthiopie de 50 av. J.-C. à 330 de notre ère, où se mêlent influences égyptiennes, arabes et chrétiennes (coptes).

Dans l'**Ouest africain**, la civilisation dite de **Nok** (village) amorcée vers − 1000 caractérise les groupes espacés au Niger et au Ghana et connaît une expansion considérable jusqu'au II$^e$ siècle ap. J.-C. Elle est célèbre par ses têtes de terre cuite sculptées et stylisées et par la décoration à l'aide de fils de cuivre d'objets usuels. Cette métallurgie comme celle du fer a été découverte et diffusée en Afrique par les Bantous, mais la roue reste inconnue. Le peuple « peul » qui se crée est un mélange de Noirs et de Berbères repoussés vers le sud par les Romains.

### Le Moyen Âge

Il est marqué par l'expansion des Arabes et de l'islam, auquel se mêle l'animisme d'empires locaux de l'Afrique tropicale.

À l'ouest de l'Afrique, on peut citer quelques grands empires :

- l'empire du **Ghana** entre le Sénégal et le Niger et dont la ressource essentielle est l'or. Attaqué par les Berbères et privé d'union interne, il explose et s'intègre au Mali en 1240 ;
- l'empire du **Mali** s'étend du Cap Vert à Agadès. Marabouts islamiques et magiciens animistes opposent leurs croyances et leurs pouvoirs. Cet empire, à son apogée aux XIII$^e$ et XIV$^e$ siècles, doit sa puissance au travail de ses paysans-soldats qui tirent leur richesse de l'agriculture, et à l'esprit d'entreprise de ses commerçants qui vendent esclaves et or à la péninsule Arabique. Des rivalités pour le pouvoir sont la cause du déclin de cet empire ;
- l'empire **Songhaï** de **Gao** prend la suite. Il est immense. Gao en est la capitale politique ; Tombouctou le centre islamique. Les Marocains détruisent cet empire en 1591.

Par ailleurs, de multiples États à base ethnique se forment :

- le **Bénin**, dont l'économie repose sur la traite des hommes, femmes ou enfants, qu'ils capturent au cours de guerres tribales ou prennent même dans leurs propres clans. Les profits sont destinés à l'« Oba », le roi-divin ;
- l'État des **Mossi** en **Haute-Volta**, dont les masques de danse permettent à ceux qui les portent de s'identifier à des esprits ou des animaux, et d'être ainsi protégés ;
- l'État des **Yoruba** au **Nigeria**, venus du Tchad, et qui éliminent tout roi qui commence à vieillir ;
- le **Kongo**, découvert par les Portugais, dont la population de « Kongo » mêle Bantous et Pygmées, alimentant tous, de leurs guerres tribales, la traite des esclaves vers le Moyen-Orient.

À l'est de l'Afrique, l'empire **Shona**, appelé ensuite le **Monomopata**, dont les forteresses tombées en ruine s'appelaient des **Zimbabwe**. Elles protégeaient les mines d'or et leur souverain, le Ménamotapan, des incursions bantous, de celles des Zimba cannibales, ou des destructeurs Zulu et Nguni.

D'autres États s'étaient créés, associant des groupes ethniques différents qui se superposaient en une hiérarchie sociale de domination. Ainsi, les Hamites venus du nord-est de l'Afrique dominaient les Bantous, qui marquaient à leur tour leur supériorité sur les Pygmoïdes.

Au sud de l'Afrique, les pouvoirs appartenaient à des lignées et des chefferies bantoues, ngounies ou zouloues, ou à des chasseurs boschimans. L'or et les esclaves demeuraient les ressources essentielles du commerce avec le monde musulman.

### *L'époque moderne et contemporaine*

Elle est celle de l'implantation de comptoirs littoraux européens, escales de nouvelles routes maritimes destinées à éviter la mainmise commerciale des Arabes sur l'or, les épices et l'ivoire.

Les Portugais, les premiers, souhaitent implanter le christianisme, supprimer le cannibalisme et donner à leur pays une puissance plus importante en Europe. La **traite des Noirs** en direction du Nouveau Monde, dès le XVIe siècle, ternit ces idéaux, accentuant l'hémorragie démographique dont tout le continent noir est, depuis l'Antiquité, la victime.

La Grande-Bretagne puis la France interdirent ce trafic dès 1807. Il continua dans la clandestinité jusqu'à la fin de la guerre de Sécession aux États-Unis (1865). La traite musulmane par l'océan Indien, le Soudan et l'Égypte resta encore très active de nombreuses années.

Les explorateurs, les conquérants puis les politiques européennes parviendront, parfois non sans mal, à superposer la civilisation occidentale aux civilisations traditionnelles. Il est vrai que l'Afrique était plutôt désorganisée et en marge des grands progrès mondiaux. Ses associations de communautés villageoises, plutôt rivales, cherchaient à se dominer mutuellement et non à créer de véritables États. La colonisation en a profité.

# VIE ET TRADITIONS DES SOCIÉTÉS MÉLANO-AFRICAINES

La civilisation africaine est unique malgré sa multiplicité d'expressions et de cultures.

## La diversité africaine

Elle tire ses caractères de plusieurs sources.

Les différences physiques de la race noire multiplient les types, à l'égal des races blanches ou jaunes. Elles concernent aussi bien la carnation, la taille, la silhouette, la forme du crâne, les traits du visage que l'implantation des cheveux. Les métissages atténuent encore les caractères originaux.

La multiplicité des langages s'est traduite, au-delà de quelques grandes familles linguistiques, par l'existence de près de 1 500 idiomes, simplifiés parfois en « langues véhiculaires » communes comme le **swahili** en Afrique orientale ou le **diola** en Afrique occidentale. Les traditions sont purement orales. Les langues européennes se sont superposées.

Les principales différences sont celles des modes de vie, en relation avec les climats et les sols.

Les premiers occupants ont vécu en groupes, indispensables à la survie de l'individu dans un milieu hostile, répartissant les tâches entre les hommes chargés de la pêche et surtout de la chasse à l'arc, et les femmes occupées à la cueillette et au ramassage.

À ce groupe appartiennent les **Pygmées** (Congo, Oubangui, Gabon), repérables à leur taille (1,30 à 1,50 m maximum), et les **Boschimans** (Kalahari, Afrique du Sud), un peu plus grands. Dans les deux cas, les vêtements font défaut, l'habitat est itinérant (cabanes de branches et feuilles).

Les croyances succinctes admettent un vague dieu créateur, le culte des ancêtres dont l'esprit se réincarne, et des génies bienfaisants ou malfaisants de la nature. La grande étape de la vie est le passage de l'adolescence à la vie adulte, surtout pour les garçons, initiés aux dures lois de la chasse.

D'autres modes de vie sont plus évolués. Ils combinent, en proportions variables, les ressources de l'élevage et des cultures, et différencient les groupes.

Le **nomadisme pastoral** est l'activité essentielle, pour ne pas dire unique, des **Hottentots** (proches des Boschimans) en Afrique du Sud, des **Peuls** du Soudan sahélien et des **Touaregs** du Mali et Sahara. Bovins et dromadaires puis moutons sont, suivant les peuples, à l'origine des ressources. L'élevage est considéré comme un critère de noblesse et l'animal est aussi précieux que l'homme.

La conjonction de l'élevage et de l'agriculture marque plusieurs peuples comme les **Massaïs** du Kenya, qui vivent surtout des laitages et du sang de leurs bovins, tiré de la veine jugulaire ; le sorgho est cultivé en complément. Les femmes se parent de bijoux importants de perles colorées, passent leur corps à l'urine de leur bétail, et les hommes incluent dans le lobe de leurs oreilles des morceaux de bois et maintenant des boîtes vides de Coca-Cola, qui les étirent jusqu'à l'épaule. Les safaris photographiques ne manquent jamais leurs villages.

Les **Tutsis** du Rwanda ont aussi tendance à se sédentariser par la culture.

Les **Mossis** en Haute-Volta associent les cultures à l'élevage bovin, ovin, porcin, et à celui des animaux de basse-cour, ce qui explique en partie leur puissance née de richesses complémentaires.

Tous les groupes ne peuvent être cités ici.

Les peuples agriculteurs ont leurs propres techniques agricoles :

- les terres sont défrichées par le feu ;
- elles ne sont travaillées que superficiellement (latérite dure en profondeur) par des instruments comme la houe ;
- elles sont abandonnées au bout de quelques années (épuisement du sol).

La sédentarisation nécessaire a permis une organisation politique et sociale plus grande et une cohésion des peuples réunis en royaumes. À ces groupes appartiennent, entre autres, les Bemba, les Luba et les Lunda au Zaïre, les Achanti au Ghana, les Yorouba au Nigeria.

## Unité des traditions africaines

On retrouve une certaine unité dans les cultures africaines au travers des croyances, des organisations sociales et familiales et de l'expression artistique.

### Les croyances

Avant de connaître les influences du christianisme et de l'islam, les peuples de l'Afrique étaient uniquement animistes, c'est-à-dire qu'ils croyaient aux âmes et aux Esprits maîtres de toutes formes de vie dans la nature, la société, la famille, le travail, les ressources.

Les Esprits existent partout ; les offrandes et sacrifices sont destinés à attirer leurs faveurs, surtout dans les moments délicats de la vie (naissance, initiation, mariage, maladie, mort). Les « interdits » doivent être respectés par tous pour obtenir leur bienveillance, et les rites, parfois cruels (scarifications, tatouages, circoncision des garçons, excision des fillettes), sont la preuve de la soumission aux forces invisibles dont toute vie dépend. Les **fétiches** sont la représentation sacrée (mais pas divine) des phénomènes naturels, des génies du Cosmos. Seuls les initiés et les magiciens ou sorciers en connaissent les pouvoirs occultes. Certains en tirent des privilèges de toutes sortes.

**L'animal-totem** du clan exprime l'harmonie homme-nature. Il se retrouve dans les **masques** porteurs des pouvoirs des sorciers.

Les chants, les danses, les transes, les gestes rituels sont vécus par tous comme une forme d'union des hommes avec les esprits. Le culte des ancêtres fait partie de cette communion avec la force vitale toujours renouvelée, jamais éteinte. Chaque ethnie a eu ses propres rites et les respecte encore de nos jours.

### Les sociétés

La structure de base est la famille élargie par **lignage** (ancêtre commun). Si elle dépend du lignage paternel elle est dite « patrilinéaire », si elle dépend du lignage maternel elle est matrilinéaire. Plusieurs lignages forment un **clan**, plusieurs clans forment une **tribu**. Chaque être, homme ou femme à l'égal de l'autre, exerce des fonctions dans le groupe. Il n'existe pas de véritable hiérarchie sociale en fonction des métiers exercés. Mais quelques aspects sont spécifiques :

- les « anciens » détiennent la sagesse par l'expérience. Ils sont respectés et honorés, ils deviennent les chefs détenteurs des responsabilités ;
- chaque sexe a son rôle précis au sein de la société ;
- l'initiation des adolescents est un passage indispensable à la vie adulte et à la survie du clan.

L'individualisme dans ces conditions ne peut pas exister, c'est pourquoi le plus souvent la propriété est collective et tout villageois a sa part de travail et de profit.

Les rois, lorsqu'il en existe, sont des personnages sacrés aidés de conseillers puissants. Les guerriers forment une armée de métier. Des liens de vassalité se sont créés, beaucoup de conflits ethniques actuels en sont le reflet.

# L'HÉRITAGE CULTUREL

Il s'est transmis par la tradition orale ; les chanteurs appelés « **griots** » l'ont véhiculé de génération en génération. Ils sont les balladins-historiens de l'Afrique.

Si l'habitat et les techniques sont restés simples, l'art s'est épanoui de façon originale. L'artisanat des bijoux, des textiles, les tissages, la fabrication d'objets usuels ou décoratifs témoignent de la simplicité des ressources et de l'originalité des Africains.

Les plus beaux témoins de l'« art nègre », ainsi appelé au XXe siècle, se trouvent dans les sculptures (bois, pierre, ivoire, bronze), les céramiques, les peintures même corporelles et les costumes.

Toute expression artistique est en relation avec le monde mystique, elle est porteuse d'un message. Son but est de suggérer une force, un sentiment, une idée. La stylisation en est la règle la plus commune. La place la plus importante est donnée aux têtes, visages, masques, et au mouvement, sans respect forcé des proportions. L'Europe a été séduite par cette spécificité à l'antipode des règles du classicisme antique. La musique et la danse sont aussi une expression de l'art africain si diversifié dans son unité.

L'Afrique actuelle, et ses 900 millions d'habitants, cherche peut-être sa route au travers de conflits renouvelés, mais la pérennité de certains traits de civilisation devrait lui permettre de trouver une voie originale l'intégrant au monde du XXI$^e$ siècle.

# Chapitre 19

# Peuples et traditions d'Océanie

Il est impossible d'appréhender dans sa totalité le monde océanien du Pacifique, vaste, complexe, contrasté, maritime plus que terrestre.

Il est aussi étonnant de constater que des peuples autochtones, décrits par les premiers explorateurs comme des « primitifs » ou des « sauvages », ont survécu jusqu'à nos jours, conservant leurs traditions malgré des aléas et bravant les influences de l'européanisation, de la sinisation et de l'américanisation. L'isolement géographique les a sauvés temporairement.

Depuis le XXe siècle, ils ont été confrontés à la modernisation et pris dans des conflits politiques, économiques et militaires (deux guerres mondiales), puis de Bikini (1946 à 1958) à Mururoa (1962 à 1998), confrontés au monde du nucléaire.

En réaction à la colonisation, ils tentent de retrouver leurs racines et leurs traditions, dont la diversité, le sens et la richesse nous sont révélés par les ethnologues, les chercheurs du CNRS, ceux de l'Université française du Pacifique et ceux de la Nouvelle-Calédonie.

Les musées des capitales du Pacifique, divers musées en France et, depuis 2006, le musée des Arts premiers à Paris nous aident à mieux les apprécier.

## LA CINQUIÈME PARTIE DU MONDE

L'Océanie regroupe, entre le tropique du Cancer, l'Amérique du Sud et l'Asie du Sud-Est, des îles dispersées dans le plus vaste océan mondial. Trente-cinq millions d'habitants y vivent, soumis au régime des pressions, des vents (les alizés) et des pluies équatoriales et tropicales.

Ces îles sont aux antipodes de l'Europe, où le méridien 180° marque la ligne de changement de date.

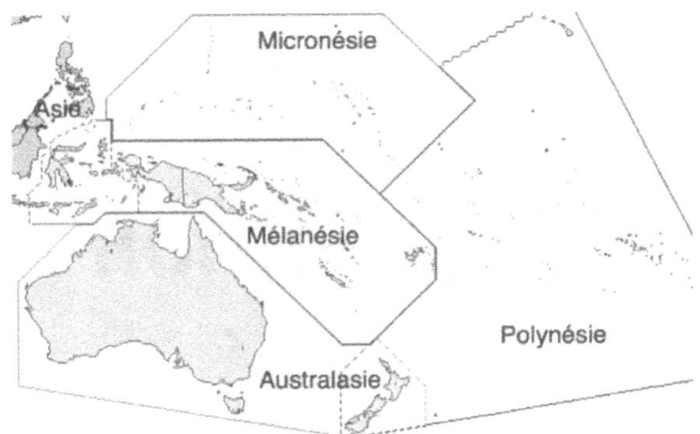



Les îles du Pacifique

## Variété des îles

Les îles les plus grandes sont d'origine continentale :

- l'**Australie :** 8 millions de km², près de quinze fois la France, couvre 85 % des terres d'Océanie. C'est un continent à elle seule ;
- la **Nouvelle-Guinée** et la **Nouvelle-Zélande** font partie de ce groupe, auquel on peut rattacher structurellement le « caillou » isolé de la **Nouvelle-Calédonie**.

Il s'agit des régions les plus élevées d'un ancien plateau continental appelé **Sahul** soudé à l'Asie et se terminant en Tasmanie.

Il y a 6 000 ans, la fin des grandes glaciations du début du quaternaire a entraîné l'élévation progressive du niveau des océans de 150 mètres environ, jusqu'à notre niveau zéro actuel, noyant les parties basses et créant ces îles.

Le reste de l'Océanie est composé de plus de 10 000 îles, souvent inhabitées. Elles sont regroupées en trois archipels :

- la **Mélanésie** ou « îles noires », en raison de la couleur de peau de ses habitants ;
- la **Micronésie** ou « poussières d'îles », aux 2 000 îlots dont une centaine seulement est habitée ;
- la **Polynésie** aux « îles nombreuses » dispersées dans l'aire triangulaire Hawaï, Nouvelle-Zélande, île de Pâques.

Deux origines différentes, conjuguées ou non, expliquent leur formation :

- une origine volcanique, au contact des grandes plaques tectoniques de l'écorce terrestre ;
- une origine corallienne, par l'accumulation de **coraux**, polypes vivant en colonies dans des fonds ne dépassant pas 30 m et dans des eaux calmes, salées, à température idéale proche de 25 °C. Leurs squelettes calcaires forment des récifs, des barrières plus au large, ou des atolls isolant un lagon central.

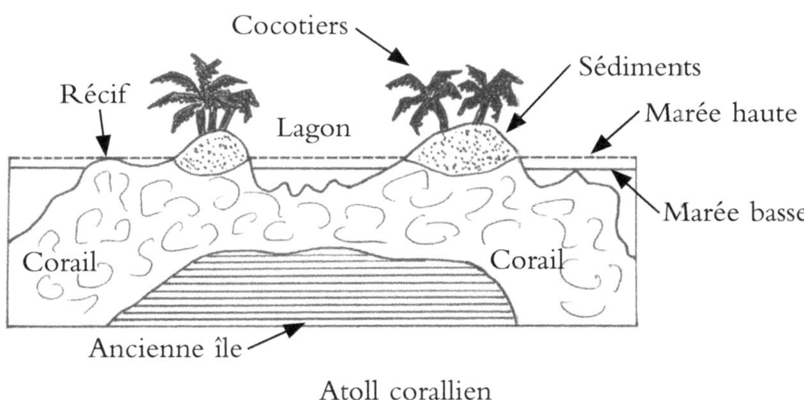


Atoll corallien

Leur altitude ne dépassant pas trois mètres, l'élévation actuelle du niveau des mers, due au réchauffement climatique, en menace l'existence.

# IDENTITÉ DES PEUPLES D'OCÉANIE

Depuis le premier tour du monde de Magellan et Del Cano en 1520-1522, de multiples expéditions espagnoles, portugaises, hollandaises et françaises se sont succédé, suivies par celles des Anglais, des Allemands et des Russes.

| Navigateurs et explorateurs | Pays commanditaires | Dates | Objectifs atteints Découvertes Expéditions |
|---|---|---|---|
| Magellan (Portugais) et Del Cano | Espagne | 1520-1522 | Philippines au cours du 1er tour du monde |
| Jorge de Meneses | Portugal | 1526 | Nouvelle-Guinée Les Moluques ou « Ilhas das Papuas » |
| Lieutenant de Cortes Hernando de Gryalva Luis Vaez de Torres | Espagne Portugal | de 1537 à 1606 | Nouvelle-Guinée Marquises, Touamotou Australie |

| Navigateurs et explorateurs | Pays commanditaires | Dates | Objectifs atteints Découvertes Expéditions |
|---|---|---|---|
| Compagnie des Indes Orientales | Hollande | 1660 | Moluques Nouvelle-Guinée |
| William Dampier (pirate) William Carteret | Angleterre | de 1700 à 1760 | Exploration de la Nouvelle-Guinée |
| S. Wallis<br>L. A. de Bougainville<br>J. Cook<br>La Pérouse<br>Amiral Marchand<br>Dumont d'Urville | Angleterre<br>France<br>Angleterre<br>France<br>France<br>France | <br><br><br>1785<br><br>1832 | Tahiti<br>Nouvelle-Guinée<br>Tahiti, Nouvelle-Guinée<br>Hawaï |
| Expédition russe | | 1871 | Idem |
| Luigi Maria d'Albertes | Italie | 1871-1878 | Nouvelle-Guinée intérieure |
| Expéditions allemandes | | 1884-1885 | Nouvelle-Guinée Nord, Ouest, Est |
| Rivalités coloniales entre Hollande, Allemagne et Grande-Bretagne | | XX$^e$ siècle | |
| Conflits mondiaux | | Guerres de 1914-1918 et 1939-1945 | |
| Expériences nucléaires internationales | | | |

Elles entraient dans le cadre des « rivalités internationales » du XVI$^e$ au XX$^e$ siècle pour la conquête et la domination du monde. On peut en résumer la progression :

- découverte d'une terre ;
- essai d'entente oral, ou matérialisé par un objet ou une signature si possible, avec les indigènes ;
- inventaire des ressources et richesses espérées ;
- création d'une base administrative, civile, navale ou militaire ;

- arrivées de missionnaires protestants ou catholiques chargés de répandre la « civilisation européenne » grâce à la religion chrétienne, à l'enseignement de techniques nouvelles et à l'écriture.

La réalité pouvait être plus complexe, et les « portraits » inquiétants des indigènes ne facilitaient pas les contacts.

## Les données de l'archéologie

Les découvertes archéologiques sont postérieures à la Seconde Guerre mondiale et datées grâce au carbone 14 :

- les plus anciennes traces d'ossements humains retrouvés ont presque deux millions d'années ;
- les premiers peuplements se sont produits entre 70 000 et 40 000 av. J.-C. par voie terrestre, en provenance d'Afrique et d'Asie du Sud-Est. Le musée de Tahiti consacre, depuis novembre 2011, une exposition sur les ressemblances entre les Taïwanais et les Polynésiens qui sont en partie originaires de Taiwan ;
- vers 30 000 av. J.-C., des restes de sites d'occupation humaine (éclats de pierre, silex, outils) prouvent que la Nouvelle-Guinée et l'Australie ont fixé quelques groupes ;
- dans tout l'Ouest Pacifique, des tessons de poteries utilitaires appelées poteries **lapita** (du nom d'un site calédonien) attestent pendant près de mille ans des progrès des peuples : sédentarisation, cultures, échanges commerciaux… Ces motifs sont tracés en particulier au peigne, créant des pointillés, des courbes, des lignes parallèles, et parfois des esquisses de figures anthropomorphiques.

Les connaissances fragmentaires se lient peu à peu, les archéologues, les ethnologues, les anthropologues font appel à l'aide des linguistes qui traquent les ressemblances des mille huit cents langues inventoriées. À leur tour, les ethnobotanistes se penchent sur l'origine géographique des plantes et sur leur domaine d'extension. Plus récemment, la génétique compare les ADN des peuples pour découvrir l'origine des populations et leurs migrations.

Vers 400 av. J.-C., le peuplement des îles est en grande partie réalisé. Les descendants de ces premiers occupants sont :

- les **Aborigènes** d'Australie ;
- les **Papous** de Nouvelle-Guinée ;

- les **Kanaks** de Nouvelle-Calédonie ;
- les **Polynésiens** et **Maoris** de Nouvelle-Zélande.

À ces peuples peu à peu métissés, s'ajoutent peut-être des apports d'Indiens du Pérou (c'est la thèse de Thor Heyerdahl et de son expédition du Kon-Tiki en 1947).

Des émigrants du Japon, de Chine, d'Europe et d'Amérique ont contribué, par la suite, au peuplement de l'Océanie.

## La pirogue océanienne

Elle a été l'artisan de l'expansion des peuples îliens, probablement les premiers navigateurs au monde. Au début, c'étaient de simples radeaux que l'expérience a perfectionnés en pirogues simples, puis à balancier, puis doubles et capables de supporter de lourdes charges.

Reproduction de pirogue de l'île des Pins (Nouvelle-Calédonie)

La coque était taillée dans un seul tronc d'arbre ; les chefs les choisissaient religieusement, en fonction des lunaisons, de la densité du bois, de sa hauteur, de ses qualités de flottaison. De nos jours encore, la taille d'un arbre et son transport jusqu'au lieu de fabrication de la pirogue donnent lieu à des réjouissances.

Les plus grandes pirogues pouvaient dépasser vingt-cinq mètres de long, une deuxième coque latérale distante de deux à cinq mètres assurait la stabilité de l'ensemble. Un ponton de bois réunissait les coques, dont la plus grande supportait un ou plusieurs mâts.

Les voiles triangulaires étaient tissées en feuilles séchées de pandanus, un genre de palmier.

Un abri servait aux provisions, à quelques animaux (poules ? porcs ?) et aux familles. Les plus grandes pouvaient supporter jusqu'à une trentaine de personnes et effectuer des traversées journalières estimées par Cook à 200 km.

Les navigateurs partaient souvent au hasard, mais se guidaient sur la course solaire, les étoiles, les vents, les courants marins, le sens de la houle, les bancs poissonneux et la présence d'oiseaux indiquant la proximité d'une terre. Sans doute pêchaient-ils et profitaient-ils de cette manne flottante que sont les noix de coco portées par les courants jusqu'à de nouvelles îles où elles s'échouent et s'enracinent. Certains partaient même à contre-courant, espérant atteindre de nouvelles terres. À défaut, ils se laissaient guider par les vents réguliers pour revenir à leur point de départ.

La voile, la rame-gouvernail à l'arrière et les pagaies permettaient de manœuvrer avec succès ces esquifs solides et rapides. Les catamarans modernes s'en sont inspirés.

## ESSAI DE COMPRÉHENSION CULTURELLE DES PEUPLES OCÉANIENS

Longtemps, les peuples océaniens ont été exclus des grands courants de l'évolution mondiale en raison de leur éloignement et de leur isolement. Les témoignages inquiétants des premiers visiteurs explorateurs n'incitaient pas à mieux connaître certaines tribus à l'anthropophagie avérée.

On doit beaucoup aux expéditions maritimes de Duperrey (1823) et Dumont d'Urville (1823, 1827, 1832), qui ont observé scientifiquement les caractères physiques, les mœurs, les sociétés, l'habitat, l'expression artistique des peuples rencontrés. Ils ont différencié :

- les **Mélanésiens** à la peau noire ;
- les **Austronésiens** venus de Taïwan et de Chine, navigateurs et potiers ;
- les **Polynésiens** à la peau plus claire et aux qualités d'adaptation certaines à leur environnement.

Sont Mélanésiens :

- les Aborigènes d'Australie ;
- les Papous de Nouvelle-Guinée ;
- les Kanaks de Nouvelle-Calédonie.

Les Polynésiens occupent un domaine géographique très vaste. Les Maoris en sont les descendants en Nouvelle-Zélande. La génétique accorde une origine commune aux Mélanésiens et aux Polynésiens. Les linguistes les regroupent sous l'appellation d'Austronésiens en raison de la parenté de leurs langues originelles.

Les missionnaires, les aventuriers, les commerçants puis les condamnés à la déportation (Nouvelle-Calédonie pour les Communards de 1871, Australie pour les pénitenciers anglais) contribuèrent à une meilleure connaissance des grandes îles mélanésiennes.

## Le cas des Aborigènes d'Australie

Ils ont été décrits comme des êtres primitifs vivant à l'âge de pierre.

Ils connaissaient le feu mais pas l'écriture, et vivaient des ressources de la nature par la cueillette et la chasse itinérantes. Ils consommaient des baies, des fruits, des bulbes et racines, des insectes, des vers, des larves, des serpents, des mollusques, des poissons (mer ou rivière), des rongeurs ou mieux des kangourous.

Des huttes grossières leur servaient d'abri et ils disposaient de quelques outils simples, comme des pieux, des bâtons à fouir le sol, des haches de pierre, des récipients de bois puis de fibres tressées, et des pierres à écraser.

Le **boomerang** était, suivant la définition du *Larousse*, « une arme de jet faite d'une lame étroite de bois coudée, capable en tournant sur elle-même de revenir à son point de départ, si la cible est manquée ». Les premiers boomerangs étaient sans retour. Des boucliers de bois servaient à se protéger.

Les Aborigènes vivaient nus ou à peine vêtus. Leurs cheveux noirs, épais, crépus, pouvaient être enduits d'ocre, leur donnant une couleur rousse. Ils peignaient sur leur corps des motifs de poudre blanche, qui pouvaient être les os blanchis et broyés des morts, et dont les vertus étaient plus magiques que décoratives.

Le **totem** marquait l'identité du clan et de la personne.

**Le Rêve**

À l'origine des croyances des Aborigènes, on trouve les mystères de la vie, de la nature, et les phénomènes inexpliqués qu'ils résolvent en créant des mythes. Le mythe fondamental est le « Temps du Rêve » qui imbrique le passé, le présent et l'avenir. Les « Ancêtres du Rêve » en sont les héros, créateurs de tout ce qui existe – la matière comme l'esprit – et qui se renouvelle.

Le mot « Rêve » désigne la force originelle puissante. La mort, normale, est le retour aux « Ancêtres du Rêve ».

Les cérémonies rituelles, chants et danses assuraient la cohésion religieuse et sociale. La nature offrait de quoi se parer : terre, fibres, plumes, cheveux, dents, os, liés par du sang ou de la sève des arbres.

Des peintures pariétales ou sur écorce d'eucalyptus représentent les héros fondateurs du Temps du Rêve en particulier le python, et le kangourou.

Le savoir, fruit de l'expérience des générations, se transmettait oralement. Des repères graphiques (points, traits, lignes, cercles) encore mal connus pouvaient en faciliter la mémorisation sans représenter une véritable écriture.

Intégrés physiquement et spirituellement à la nature généreuse qu'ils respectaient, ils refusaient la propriété individuelle. La vie sociale était donc tribale, et le territoire non cessible.

Les Aborigènes d'Australie, décimés par les conflits tribaux et les guerres de colonisation, les épidémies et l'alcool, ne sont plus que 1,5 % de la population australienne. Ils ont été relégués dans des réserves. De nos jours, ils revendiquent leurs droits sur la terre de leurs ancêtres et la réhabilitation de leur culture. Le 12 février 2008, l'Australie leur a demandé pardon officiellement. Évolution et métissage à suivre…

## Les Papous

Venus du Sud-Est asiatique, leur domaine de prédilection a été la Nouvelle-Guinée littorale puis intérieure.

Les premiers visiteurs furent frappés par leur aspect : peau noire, nudité, malgré des étuis péniens, taille moyenne, vigueur et agilité. Ils possédaient une chevelure volumineuse touffue et crépue. Ils embellissaient leur visage de colliers imposants et perçaient leurs narines, leur lèvre supérieure et leurs oreilles de tiges de bambou ou d'os.

Les Papous ont connu les stades classiques d'évolution :

- chasseurs-cueilleurs nomades, ils utilisent la hache à lame de pierre polie ;
- semi-nomades et cultivateurs sur « brûlis », ils ajoutent à leurs ressources des tubercules comme le taro ou l'igname, l'arbre à pain, le bananier ; quelques animaux, dont le porc, sont domestiqués ;
- les immigrants d'Asie leur font connaître le riz, le millet, les patates douces (pourtant originaires d'Amérique) ;
- aux cultures déjà citées s'ajoute celle de la canne à sucre.

Des ressources complémentaires sont apportées :

- par la pêche à l'arc, au filet, aux pièges ;
- par la traque et la chasse aux oiseaux dont les espèces se raréfient (casoar, oiseaux de paradis).

Le **chien** est domestiqué. Le **porc**, le **sanglier** et le **phacochère** aux défenses incurvées sont des signes de richesse, de protection divine et de pouvoir. Les forêts primaires si précieuses ne sont pas défrichées.

Les Papous se transmettaient oralement leurs connaissances, en langues « vernaculaires » propres à chaque tribu ; il existait un millier de tribus… Le mélange avec les langues européennes crée le **pidgin**, langue commune aux tribus. Parallèlement, les langues européennes devenaient langues officielles.

Parmi les aspects les plus marquants de la culture papoue on peut évoquer :

### La terre

Valeur suprême, don divin, bien collectif confié aux clans, la terre est transmise de génération en génération. Les **clans**, composés de groupes familiaux, sont coiffés par les **tribus** aux mythes ancestraux communs.

### Hommes et femmes

Les uns et les autres ont des fonctions bien définies.

Les femmes s'occupent des enfants, des jardins nourriciers et de l'élevage des porcs, biens sacrés, sorte d'enfants adoptés, qu'elles n'ont pas le droit de consommer.

Les hommes construisent les huttes, les enclos, chassent, pêchent et se battent contre les tribus voisines. Ils se retrouvent dans la « maison sacrée », hutte particulière par sa forme pointue et élevée et par sa décoration. Elle est interdite aux femmes.

La polygamie est rare, trop coûteuse. En effet, le mariage est surtout un échange vénal entre clans ou entre familles d'un même clan, dont tous doivent assumer le prix, parfois durant plusieurs années. La femme est échangée contre des biens domestiques (objets, tabac, riz), des parures tressées, tissées, des bijoux de coquillages et de dents et, de nos jours, contre des billets de banque. Les mariages créent des alliances utiles dans les règlements de litiges et les guerres tribales.

Le prix de la vie était le plus fort, ce prix du sang correspondait à des situations précises dont voici trois exemples :

- dans les rites d'initiation des jeunes gens, un père de famille jeune et vigoureux pouvait être sacrifié, son sang répandu sur la terre et sa chair partagée, en signe de transmission de la puissance virile et de la prospérité ;
- ailleurs, un premier-né était sacrifié aux Esprits par la jeune mère elle-même ; les porcs en dévoraient le corps et elle choisissait un porcelet qu'elle nourrissait au sein. Si l'animal grossissait bien, c'était le signe que les forces spirituelles acceptaient le sacrifice et que de nouveaux enfants naîtraient sains et forts ;
- en cas de guerres tribales coutumières, le cannibalisme était le moyen de détruire totalement un ennemi tué au combat et de s'approprier sa force et son esprit.

## Chefs et sorciers

Le rôle des sorciers et des chefs est primordial. Seuls, ils comprennent le monde invisible des Esprits, leurs exigences et leurs rapports avec les hommes. Ils veillent à les ménager pour obtenir des bienfaits.

Les rituels des cérémonies et l'art papou sont le reflet de ces croyances et des exigences rituelles ou culturelles.

### *L'art papou*

L'art papou surprend, effraye et passionne de plus en plus les ethnologues.

Par sa richesse symbolique, il prend peu à peu une dimension spirituelle intense incomplètement décryptée. Porteur de messages, il ne laisse rien au hasard : ni les matériaux utilisés, ni les formes, les motifs, les couleurs, ni les supports, en particulier le corps humain.

Les scarifications corporelles prouvent le passage de l'enfance à l'âge adulte.

Les **masques** incarnent des esprits craints ou vénérés, celui d'un ancêtre, d'un héros, d'un animal, d'un végétal ou d'un élément de la nature : terre, eau, feu, air.

Leur beauté est intérieure. Destinés à une cérémonie unique, ils ne sont pas appelés à durer, car le bois, les bambous, les fibres, l'argile utilisés ne s'y prêtent pas.

Leur complexité fait aussi appel aux défenses de sangliers, aux tresses de lianes, aux nœuds de fibres mêlées de perles en nacre, aux coquillages, aux ossements et même aux cheveux humains.

La culture papoue n'a pas fini de livrer ses secrets ni ses règles ; les amateurs d'art premier ne sont pas au bout de leurs découvertes.

Masque de Papouasie-Nouvelle-Guinée
(bois, plumes, cheveux, coquillages, fibres, défenses de phacochère)

# Traditions et coutumes des Kanaks de Nouvelle-Calédonie

Les Kanaks sont des Papous ayant développé leur propre exigence culturelle sur un territoire précis. Le mot *kanak* signifie « homme ».

## Les croyances

Leurs croyances tentaient d'expliquer le monde physique et ses relations avec l'humain, lui aussi source de mystères, par le mythe des **Ancêtres**.

Toute la société kanak descendait d'un même « Grand Ancêtre d'origine » et d'Ancêtres premiers dieux, en lignages complexes de groupes de « Paternels » et de « Maternels » aux fonctions bien précises.

Les prêtres tissaient le lien entre les Ancêtres et les hommes. L'ensemble des « Aînés » des divers lignages, imbriqués en clans ou tribus, formaient le « conseil des Anciens » chargé avec l'Aîné du clan « Aîné » de prendre les décisions importantes.

L'Âme étant immortelle, elle retrouvait après la mort l'« Au-Delà », village invisible proche de celui des vivants.

Dans les cérémonies rituelles, la « Parole » tenait une très grande place. Elle expliquait les filiations et les alliances. De nos jours, lors de cérémonies familiales, sociales ou politiques, appelées la « coutume », les discours durent plusieurs heures à évoquer les « grands-pères », les Aînés, leurs actions, les lignages. C'est utile à la décision finale afin de ne vexer aucun clan. Un échange de cadeaux suit les paroles.

Dans la mythologie kanak, tout est symbolique et animé de pouvoirs magiques. Citons pour exemple le rôle des **pierres magiques** vénérées par les hommes et par les clans. En fonction de sa forme, la pierre trouve son destin :

- pierre pour la culture de l'igname — enterrée dans les champs, elle assure une bonne récolte ;
- pierre pour la culture des bananiers ;
- pierre assurant la victoire au combat si elle touchait l'arme du combattant ;
- pierre phallique pour la virilité ;

- pierre ronde pour la fécondité féminine ;
- et quantité d'autres pour le soleil, la pluie, etc.

### *La « Grande Case »*

La « Grande Case » ronde, au toit de chaume très haut, accueillait les hommes (seuls) parmi les Esprits et les Ancêtres.

Chaque tribu possédait et possède encore sa case, originale, unique. Les mâts sacrés qui l'entourent représentent les racines du clan.

Pas besoin d'écriture : chaque matériau, sa position, sa dimension expriment un aspect de l'appartenance classique, de l'histoire, de la conscience morale de la tribu.

Les « portraits des Ancêtres » présents partout sont le portrait type de l'ancêtre commun. Chacun y voit le sien. Il est caractérisé par un nez large, une arcade sourcilière marquée, une bouche ouverte ou la langue tirée pour la parole, un regard scrutateur incitant à la réflexion.

On les retrouve aussi sur les deux « chambranles » en bois, profondément gravés, de la porte d'entrée des cases.

La tête sculptée représente l'âme, l'esprit ; le poteau-tronc représente le corps. Les dessins et entrelacs symbolisent le moyen de capter l'énergie magique.

La **flèche faîtière** au sommet de la hutte est le portrait, la représentation du clan dans la continuité des générations.

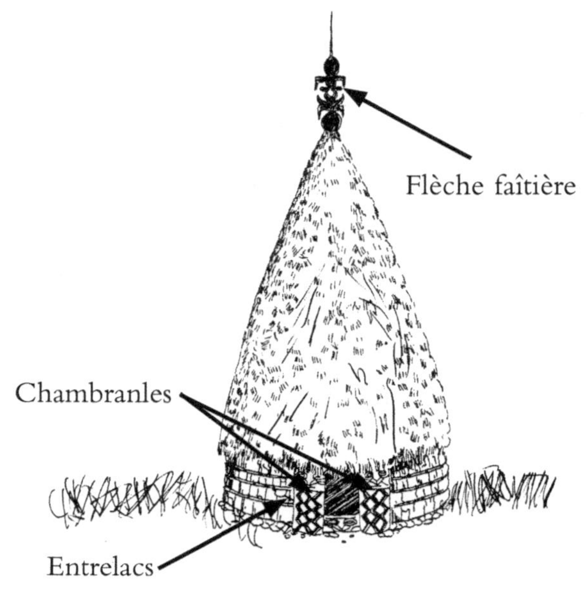


La « Grande Case » des hommes et du clan

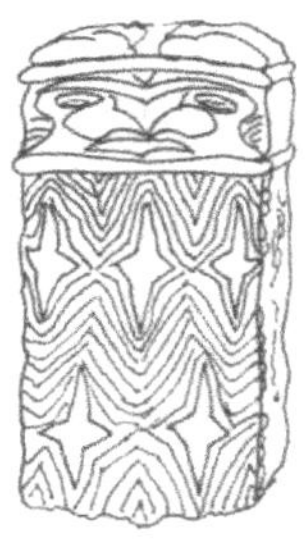

Chambranle        Flèche faîtière

## *La monnaie kanak*

Ce n'est pas de l'argent, mais c'est un contenant et son contenu de valeur spirituelle permanente. C'est un objet (sac, collier, ceinture), signe d'alliance morale très puissante entre clans, associant des perles de coquillages (obtenues par usure), des lamelles de nacre, des vertèbres de poissons ; l'étui de **tapa** (fibres tressées) est un panier sacré fermé par une aiguille en os d'oiseau. Il est « témoin » dans les échanges. C'est un trésor familial qui peut s'accroître.

Les sagaies, les haches, les massues, les bâtons de chef, les bambous gravés font aussi partie des trésors kanaks, révélateurs d'une civilisation riche et complexe, très distincte de la civilisation européenne.

# Polynésiens et Maoris

Les Polynésiens d'Hawaï, des îles Marquises et de Tahiti se sont installés, en dernier, vers l'an 1000, en Nouvelle-Zélande. Ils étaient et sont toujours de remarquables navigateurs. Les Maoris de Nouvelle-Zélande forment une souche actuelle de près de 600 000 habitants.

Leur originalité spirituelle reposait sur une **conception très particulière du temps** :

- le passé est devant soi, en liaison avec les Ancêtres dont ils ont hérité la vitalité ;
- l'avenir est derrière, inconnu.

Il en résulte que la place des aïeux, idéalisés au travers des arbres généalogiques, est importante et peut être source de puissance. La filiation détermine le droit d'accès aux terres, aux ressources et les règlements de conflits sociaux.

Les « cases » réservées aux réunions et au culte symbolisent le corps de l'ancêtre. La poutre faîtière en est la colonne vertébrale. Les personnages peints sur les mûrs ou sculptés représentent leurs « héros » qui s'incarnent dans leur image, devenant réels.

Les guerres étaient nombreuses ; les têtes coupées des vaincus prouvaient l'accomplissement de la vengeance et le nécessaire transfert de la vigueur du vaincu sur le vainqueur.

Le défi rituel, le **haka**, se marquait par des mouvements du corps, répétés et scandés violemment. La langue devait être tirée marquant le défi, l'intimidation ou la guerre. Il était destiné à la déstabilisation de l'ennemi (coutume qui se perpétue de nos jours dans l'équipe de rugby de Nouvelle-Zélande, avant ses matchs).

Les traditions se transmettaient oralement par de longs discours, des récits épiques qui reprenaient les contes destinés aux enfants. Elles racontaient la succession des hommes, mais aussi des terres, dont les colonisateurs avaient pu les déposséder.

La pratique du **tatouage** est constante. Elle est vraiment la marque de la société polynésienne. Le mot vient de *tatau*, qui désigne l'une des îles Salomon. Des ossements humains épointés ou des bambous taillés servaient d'instruments, l'eau mêlée au charbon de bois en était le colorant.

Le travail pouvait durer plusieurs mois, car c'était une œuvre unique, adaptée à l'âge, au sexe, au rang social et au prestige de l'individu. Corps et visages pouvaient être tatoués en fonction des critères cités.

Des **scarifications** pouvaient s'y ajouter, augmentant l'effet décoratif et la puissance de séduction masculine comme féminine. Mais elles devaient aussi effrayer l'ennemi. Par les souffrances endurées, elles permettaient à l'être humain d'« exister » en une sorte de complémentarité, essence et existence.

Les **tapas** consistaient en nattes, ou en vêtements rituels, façonnés par les femmes à partir d'écorces de mûrier, martelées finement, mouillées, et collées par la sève gluante. Les tapas avaient aussi un rôle magique protecteur ; les Maoris s'en servaient pour les cérémonies : naissance, passage à l'âge adulte, mort.

Les **tikis** sont des sculptures polynésiennes. Elles peuvent être réalisées en bois ou en pierre, plus rare en Océanie. On en retrouve à Mooréa où, fichées dans le sol, hautes de 1 m à 1,50 m, elles regardent, du seuil de la maison, les arrivants qui s'en approchent.

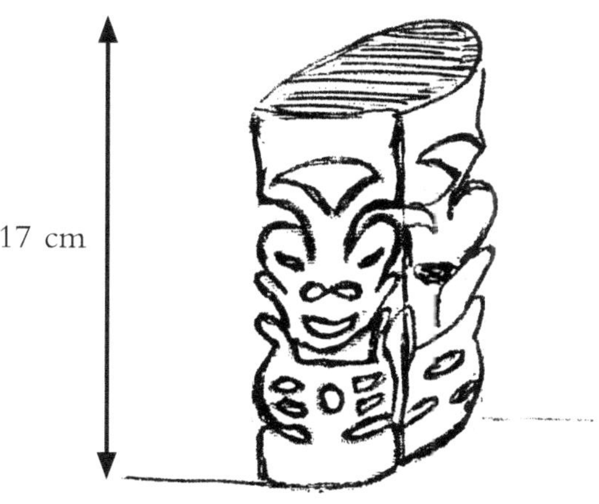



Tiki polynésien

Les plus grandes sont celles de l'île de Pâques. Plus petits, les tikis sont des statuettes en ronde-bosse, en bois ou en corail noir. Elles représentent les Esprits protecteurs. D'autres sont, enfin, de véritables bijoux où se concilient le corail noir, l'os et l'or.

Elles peuvent représenter aussi, sur le plan décoratif, des animaux, des poissons ou des pirogues.

N'oublions pas d'évoquer pour, le $XX^e$ siècle, le nom du peintre Paul Gauguin !

Depuis 1960, des fermes d'élevage d'huîtres perlières se sont créées. Elles font connaître les perles noires irisées, créées par un dieu pour sa princesse de Bora Bora, avec l'aide de l'arc-enciel ; elles sont un gage d'amour.

Du rêve à la réalité, la singularité de la civilisation océanienne repose sur une curieuse complémentarité :

- l'évidente diversité géographique, ethnique et culturelle ;
- en même temps, un attachement commun des peuples du Pacifique à leurs origines qu'ils veulent protéger et affirmer sur la scène politique. Le centre Jean-Marie-Tjibaou, à Nouméa, en est le témoin.

# Épilogue

L'Histoire des civilisations se poursuit chaque jour et ne s'interrompt pas avec le début du XXI$^e$ siècle. Cet ouvrage en a rappelé les fondements.

Le XX$^e$ siècle a été un siècle de bouleversements constants. Les deux guerres « mondiales », les progrès scientifiques, techniques, médicaux et la rapidité des transports ont marqué ses premières décennies. Ainsi ont été facilités les échanges des idées, des hommes et des biens.

La deuxième partie de ce siècle a vu s'étendre le règne des médias. L'avènement d'Internet a gommé les distances entre les hommes, les réunissant au travers de réseaux sociaux de plus en plus présents. Cette seconde période a révolutionné l'échange de l'information.

Allons-nous vers une civilisation universelle ou vers la création de sphères d'influences dominantes risquant d'engendrer de nouveaux conflits ?

Le XXI$^e$ siècle nous le dira.

# Conseils bibliographiques

Voici quelques outils de travail faciles à utiliser pour toute recherche complémentaire.

*Grammaire des civilisations*, F. Braudel, Flammarion

*Histoire du monde*, Berghorn et Hattstein, National Geographic

*Toute l'histoire du monde : de la préhistoire à nos jours*, Barreau et Bigot, Le Livre de Poche

*Les Civilisations oubliées*, F. Braunstein et J.-F. Pepin, Ellipses

*« Le temps d'avant », la préhistoire de la Nouvelle-Calédonie*, C. Sand, L'Harmattan

*Patrimoine et Histoire de l'art*, M.-A. Caradec, Éditions d'Organisation

*Le Grand Atlas des religions*, Universalis

Collection « La vie quotidienne », Hachette

Collection « Que sais-je », PUF

Collection « Découvertes », Gallimard

Guides verts Michelin des différents pays du monde

# Remerciements

J'adresse mes remerciements sincères à tous ceux et celles qui, par leur aide ou leurs encouragements, m'ont permis de terminer ce tour d'horizon des civilisations du monde. En particulier : mon mari, Gilbert Lopez, pour ses croquis ; mes enfants pour leurs invitations aux voyages ; mes petits-enfants, Marion, Margaux, Romain, Raphaël et Diane, pour leur complicité ; Francette et Jean-Marc Oliver pour leur patient travail de frappe.

J'ai une pensée émue pour mes « maîtres » exceptionnels de l'université française d'Alger avant 1962, et pour les élèves et étudiants de Saint-Étienne et de Nice qui ont partagé une belle partie de ma vie.

Merci à mon éditeur pour sa confiance.

ÉLIANE LOPEZ

# Table des matières

Imprimé en Allemagne par BoD